WordPress 3

un CMS pour créer votre site web

ISBN : 978-2-7460-6123-1
Imprimé en France

Editions ENI

ZAC du Moulin Neuf
Rue Benjamin Franklin
44800 St HERBLAIN
Tél : 02.51.80.15.15
Fax : 02.51.80.15.16

e-mail: editions@ediENI.com
http://www.editions-eni.com

Auteur : Christophe AUBRY
La collection **Objectif Solutions** est dirigée par Corinne HERVO

Chapitre 1

Le projet de conception d'un site web

Chapitre 2

L'installation de WordPress

Chapitre 3

L'administration du site

Chapitre 4

Le thème du site

Chapitre 5

Organiser le contenu rédactionnel

Chapitre 6

Rédiger le contenu

Chapitre 7

Gérer le contenu

Chapitre 8

Les pages spéciales

Chapitre 9

La navigation dans le site

Chapitre 10

Les thèmes de WordPress

Chapitre 11

La personnalisation du thème Arras

Chapitre 12

Les utilisateurs

Chapitre 13

Optimiser le site

Chapitre 1

Le projet de conception d'un site web

A. Les outils de publication de contenu web

Commençons par exposer quelques « définitions ».

WordPress est originellement un « moteur de blog ». Un **blog** est un type de contenu web qui permet l'affichage de textes (on parle d'articles ou de billets pour les blogs) qui apparaissent de manière chronologique : le dernier article rédigé apparaît en début de liste. La deuxième caractéristique principale d'un blog est l'interaction avec les lecteurs. Ces derniers peuvent réagir aux articles publiés par l'intermédiaire de « commentaires ». Ces commentaires sont rédigés par les lecteurs et apparaissent sous l'article commenté. Dans la vaste panoplie des moteurs de blog, WordPress est sans conteste le plus utilisé, depuis janvier 2004, date de sortie de la version 1.0.

Pour utiliser WordPress comme moteur de blog, reportez-vous à l'ouvrage « WordPress 3 - Créez et gérez votre blog », par le même auteur, chez le même éditeur.

Les CMS permettent un autre type de publication de contenu web. **CMS** signifie *Content Management System*, ou Système de Gestion de Contenu dans la langue de Molière. Un CMS permet de gérer des sites web « classiques », des sites web « vitrines » permettant de présenter l'activité d'une entreprise par exemple. Contrairement aux moteurs de blog, les CMS créent des pages d'information affichées selon un schéma structurel et pas forcément chronologique.

Ces deux outils de gestion de contenu web fonctionnent avec des technologies serveurs :

- Un serveur de base de données pour stocker toutes les informations, toutes les données de site. C'est principalement MySQL qui est utilisé.
- Un serveur d'applications permettant la liaison à la base de données et l'affichage des pages HTML. C'est principalement PHP qui est utilisé.

Ces deux types d'outils utilisent une interface d'administration pour la gestion du site qui s'affiche dans un navigateur web. Ainsi la gestion des sites est indépendante de tout système d'exploitation.

B. Pourquoi utiliser WordPress comme outil de CMS ?

1. WordPress est un outil simple et efficace

Pourquoi vouloir utiliser WordPress comme CMS, alors qu'il existe maintes solutions de « vrais » CMS ?

Le principal argument est : la simplicité d'utilisation !

Nombre de CMS ont été développés par des techniciens, des informaticiens. Il en résulte deux conséquences : une profusion de fonctionnalités et une interface pas franchement ergonomique et simple d'utilisation. Certains CMS sont devenus de véritables « usines à gaz » dans lesquels les utilisateurs finaux, ceux qui doivent contribuer à la vie du site sont totalement perdus. Un CMS aura beau avoir toutes les fonctionnalités possibles (dont parfois seulement 20 % seront utilisées au final), si l'utilisateur doit suivre une formation de 10 jours pour en acquérir les bases, c'est un pari perdu d'avance. Les utilisateurs finaux ont-ils besoin de toutes les fonctionnalités « complexes » de certains CMS ? L'outil doit être pensé pour l'utilisateur et non pas pour les informaticiens. Dans ce contexte WordPress est vraiment très simple d'utilisation et sa prise en main est très rapide.

Certains CMS permettent de créer plusieurs types de contenu, WordPress vous permet d'utiliser des **Pages** qui sont des contenus d'information généraux (dits « statiques ») et des **Articles** qui sont des contenus d'événements réguliers (dits « dynamiques »). Ceci est extrêmement pratique pour organiser le contenu à afficher dans le site, selon ces deux types de contenu.

Les CMS organisent leur contenu de manière structuré : les articles sont organisés dans des sections, dans des rubriques, dans des catégories... WordPress permet le même type de structuration des contenus avec des catégories hiérarchiques.

WordPress ajoute en plus un autre type de structure : les mots-clés. Chaque contenu peut être associé à des mots-clés qui vont permettent à l'utilisateur de trouver très rapidement tous les contenus partageant les mêmes mots-clés.

WordPress interagit avec les lecteurs par l'intermédiaire des commentaires, ce qui n'est pas forcément le cas des CMS. Nous profitons alors de ce potentiel dans WordPress. Mais c'est au concepteur de décider s'il met en place ou pas les commentaires. Mais quoi qu'il arrive cette fonctionnalité peut être activée ou pas au niveau du site entier ou uniquement pour tel ou tel article.

La plupart des CMS ont une gestion des contributeurs selon des profils donnés : qui peut faire quoi ? WordPress possède lui aussi une gestion des utilisateurs avec des droits d'écriture, de relecture et de publication.

Au final, la simplicité d'utilisation de WordPress va de paire avec une installation très rapide et très légère, ce qui est toujours un plus ! Pas besoin de serveurs survitaminés pour gérer un site sous WordPress !

Pour terminer, sachez que 8.5 % des contenus web (tout type de site confondu) sont créés sous WordPress !

Enfin, le site de WordPress France (http://www.wordpress-fr.net/) l'annonce clairement : **WordPress est un CMS**.

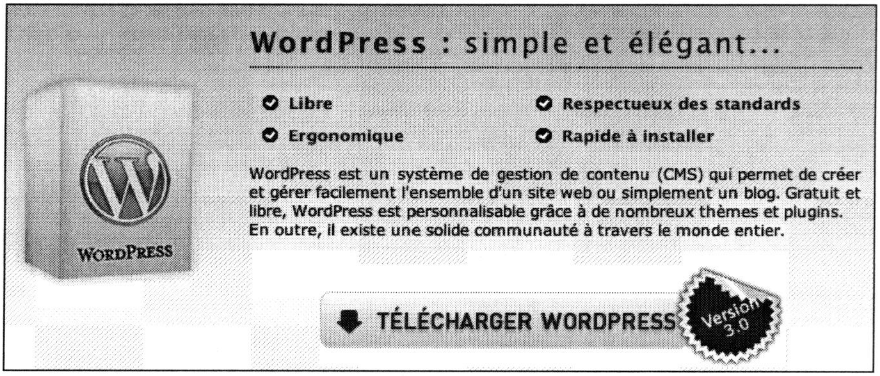

2. WordPress est extensible

Comme tout produit Open Source, WordPress est extensible. À l'installation de WordPress, vous disposez d'un outil de publication de site web déjà très performant, mais vous aurez peut-être besoin de fonctionnalités supplémentaires pour des besoins spécifiques. Sachez qu'il existe plus de 12 500 extensions pour WordPress (http://wordpress.org/extend/plugins/) pouvant répondre à vos besoins (Janvier 2011). Ces **extensions**, ou « **plugins** » en anglais, vont permettre l'ajout de fonctions diverses et variées. Dans cet ouvrage nous allons utiliser un certain nombre de plugins.

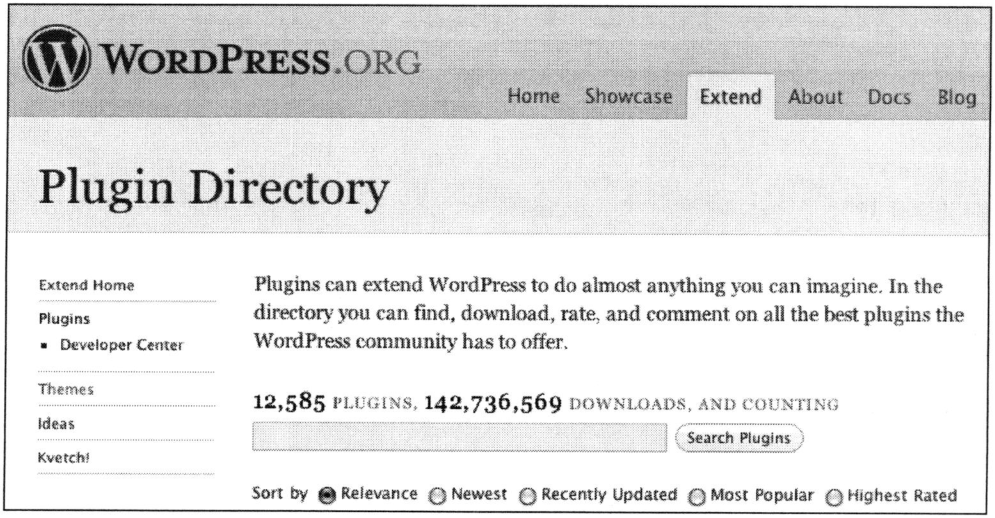

L'ajout de plugins se fait par le concepteur du site, pour l'utilisateur. Cela permet une utilisation simple dans l'interface d'administration. Dans certains cas, l'ajout de plugins peut être équivalent à une modification du code de WordPress, ce sont les « hacks ». Mais dans ce cas, l'utilisateur final ne peut pas gérer cette fonctionnalité supplémentaire et il faut être « un peu » développeur PHP pour le réaliser. Il convient donc de bien réfléchir à l'ajout de fonctionnalités supplémentaires : est-ce que l'utilisateur final aura besoin de gérer des options de paramétrage ? Si oui utilisez un plugin, si non, utilisez un hack si vous êtes développeur web.

3. Les thèmes pour WordPress

Chaque site doit être unique : il doit être fait à l'image de l'entreprise et pour ses lecteurs. WordPress permet de choisir parmi des milliers d'apparences, d'affichages, de présentations à l'écran différents. Tous ces modèles de présentation s'appellent des « **thèmes** » pour WordPress.

Vous allez trouver des thèmes pour tous les goûts, avec toutes les présentations imaginables. Il existe des centaines de designers spécialisés dans la production de thèmes pour WordPress. Vous trouverez aussi bien des thèmes gratuits que des thèmes payants (dits « premium ») spécialisés dans tel ou tel domaine (site vitrine, e-commerce, immobilier, presse en ligne, restauration...). Pour notre projet, les thèmes dits « magazine » seront appropriés. Bien sûr, tous ces thèmes sont modifiables par le concepteur du site afin de l'adapter aux besoins spécifiques du client. Nous allons apprendre à personnaliser le thème choisi pour le site créé dans ce livre.

4. WordPress comme outil de conception de site web

Si vous cherchez un outil de conception de site qui soit léger, WordPress est fait pour vous.

Si vous cherchez un outil de conception de site qui soit fiable, performant et stable, WordPress est fait pour vous.

Si vous cherchez un outil de conception de site qui soit ouvert, extensible et évolutif, WordPress est fait pour vous.

Si vous cherchez un outil de conception de site qui soit facile d'utilisation, WordPress est fait pour vous.

C. Le projet décrit dans ce livre

1. Le site d'une mairie

Pour utiliser WordPress comme un outil de conception de site web, nous allons prendre pour exemple la création d'un site web pour la mairie d'une commune nommée Maville. Tout au long de cet ouvrage nous allons mettre en pratique les techniques nécessaires pour mettre en œuvre ce site web. Ce type de projet répond bien à la création d'un site web avec un contenu varié :

- des pages d'information générales,
- des pages d'actualités régulières,
- une gestion structurée et organisée des pages,
- une navigation faite pour l'utilisateur,
- une gestion des contributeurs.

Nous allons aussi utiliser de nombreuses extensions pour ajouter de nouvelles fonctionnalités.

Nous allons apprendre à personnaliser le site et à optimiser son référencement.

2. Le site finalisé

Voilà le site que nous allons mettre en œuvre dans ce livre.

3. L'en-tête

Dans la partie supérieure, l'en-tête du site, nous avons une barre de navigation qui contient des liens vers des pages générales de la Mairie :

- un lien vers la page d'accueil,
- un lien vers une page contenant un formulaire de contact,
- un lien vers une page contenant le plan du site Internet de Maville,
- un lien vers une page contenant un agenda d'événements,
- et une zone de saisie pour faire une recherche dans le contenu du site.

En dessous, nous avons un bandeau contenant une image fixe de la mairie de Maville qui fait aussi office de lien vers la page d'accueil.

L'en-tête se termine par une barre de navigation contenant des liens vers des pages concernant la mairie : La Mairie, le Plan de la ville, les élus et une « Histoire » de Maville.

4. La partie centrale

La partie centrale du site est dédiée à l'affichage des nouvelles. Les nouvelles sont organisées en trois catégories :

- les nouvelles qui apparaissent sous la forme d'un diaporama d'images, dans la partie supérieure,
- les nouvelles qui apparaissent sous forme de blocs, juste en dessous,
- et les nouvelles brèves qui apparaissent en liste.

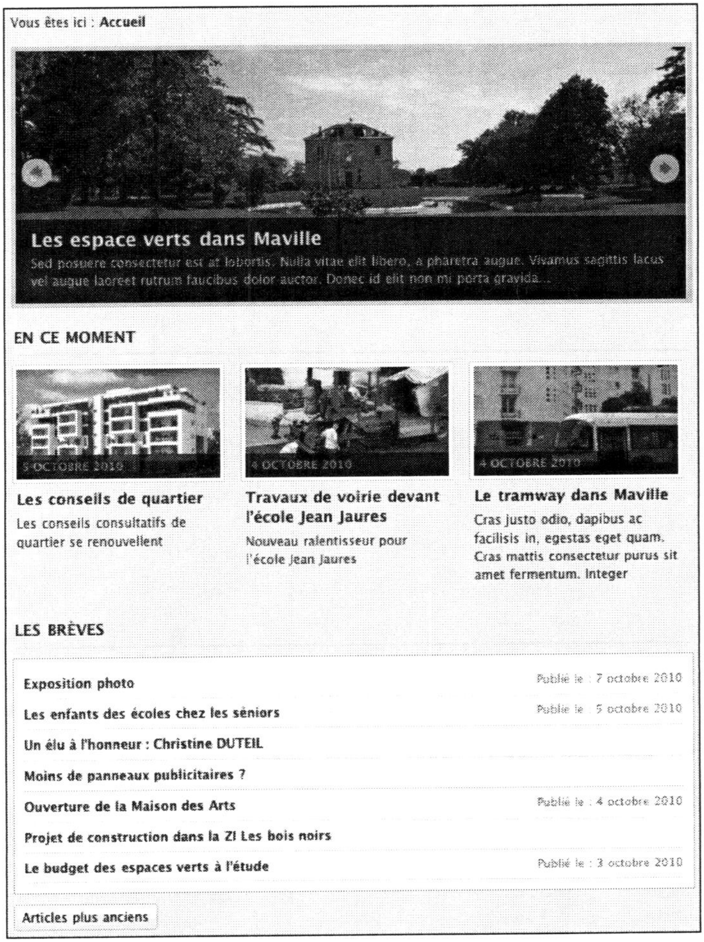

En dessous, nous trouvons deux blocs :

- un bloc d'information concernant la publication du site,
- un bloc contenant des liens vers d'autres sites.

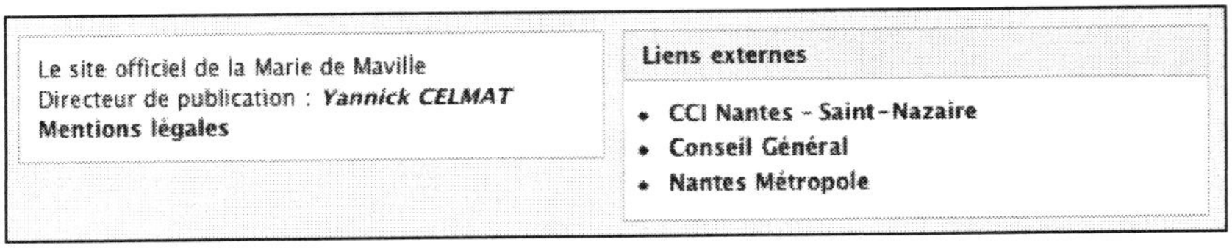

5. La colonne de droite

Sur la droite nous avons la « colonne latérale droite » (**sidebar** en anglais) qui contient des blocs affichant :

- des pages sur différents services de la Mairie,
- une liste de catégories de contenu qui présente les articles et les pages appartenant à ces catégories,
- les articles les plus anciens classés par mois, mais toujours accessibles,
- le fameux « nuage de mots-clefs » qui caractérisent les contenus rédactionnels,
- les articles les plus lus.

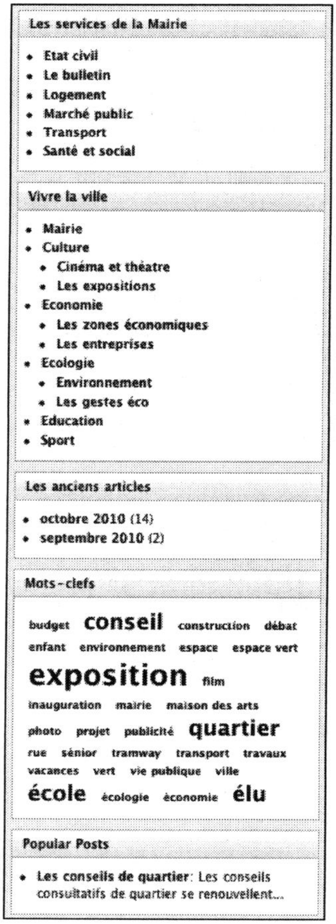

6. Le pied de page

Enfin, le site se termine par le pied de page contenant le copyright et des informations concernant le concepteur du site.

D. Fichiers à télécharger

Les images et vidéos utilisées pour la création du site sont disponibles sur le site des Editions ENI ainsi que la webographie (liste des adresses web mentionnées dans le livre, ces adresses sont cliquables).

- Accédez au site des Editions ENI : **www.editions-eni.fr**
- Tapez la référence du livre **OS3CMWORP** dans la zone de recherche puis validez.
- Cliquez sur le titre du livre puis sur le lien **Télécharger les exemples du livre**.
- Tapez votre adresse mail puis validez par **OK**. Cliquez, si besoin est, sur le lien de téléchargement.
- Dans la boîte de dialogue **Téléchargement de fichiers** cliquez sur **Ouvrir** : une fenêtre contenant le dossier **OS3CMWORP** apparaît.
- Cliquez sur le lien ou le bouton **Extraire tous les fichiers** : l'**Assistant Extraction** apparaît.
- Utilisez, si besoin est, le bouton **Parcourir** pour modifier le dossier de destination.
- Cliquez sur **Suivant** (ou **Extraire**).
- Refermez les fenêtres de dossier.

E. Des ressources sur Internet

Internet regorge de sites sur WordPress. Mais je vous propose quelques sites francophones très intéressants :

- Commençons par le site **WordPress de la communauté internationale** : http://wordpress.org/.
- Le site des extensions : http://wordpress.org/extend/plugins/
- Le site des thèmes : http://wordpress.org/extend/themes/

- Le site de la communauté **WordPress francophone** : http://www.wordpress-fr.net/. Pour suivre tout ce qui fait l'actualité de WordPress dans la francophonie.
- Le site **Geekeries** est le site de la « galaxie » WordPress : http://www.geekeries.fr/galaxie/. Un concentré d'astuces techniques, de tests d'extensions et de nouvelles très régulièrement mis à jour.
- **WordPress Channel**, http://wpchannel.com/, vous propose des podcats et des tutoriels, des informations sur les thèmes, les extensions.
- **SEOMIX**, http://www.seomix.fr/, vous informe très régulièrement sur le monde de WordPress, le référencement et le webmarketing.
- Le nom du site **WordPress Traductions** est très explicite : vous y trouverez des extensions et des thèmes traduits dans la langue de Molière : http://www.wptrads.fr/.
- Chez **4h18**, http://4h18.com/, vous trouverez des aides et des tutoriels pour les débutants.
- Le site **Blog Tool Box**, http://blogtoolbox.fr/, vous informe sur les nouveautés techniques du monde du blog et notamment de WordPress.
- Le site **Fran6art**, http://www.fran6art.com/, fait le point sur l'actualité de WordPress côté design.
- **Le journal du blog**, http://www.lejournaldublog.com/, vous informe régulièrement des nouveautés sur les thèmes, les extensions et le design, principalement autour de WordPress.
- Le titre de **WordPress TUTO** est limpide : des tutoriels, des conseils, des astuces sur WordPress, http://wordpress-tuto.fr/.
- **WP Spirit**, http://wordpress-spirit.com/, vous propose des informations, des astuces, des tutoriels et des extensions pour WordPress.

Chapitre 2

L'installation de WordPress

A. L'objectif

Dans ce chapitre nous allons apprendre à installer WordPress chez un hébergeur, ou en local sur votre machine (Windows, Mac ou Linux) pour effectuer des tests avant de vous lancer.

B. Les pré-requis et les hébergements

1. Les serveurs nécessaires

Nous l'avons évoqué dans le chapitre précédent, WordPress utilise des serveurs pour fonctionner. Voilà les pré-requis pour pouvoir installer et utiliser WordPress dans sa version actuelle, la 3.0.1.

- PHP 4.3 ou supérieur,
- MySQL 4.1.2 ou supérieur,
- Le module mod_rewrite d'Apache.

La plupart des hébergeurs proposent ces solutions serveurs.

2. Les serveurs locaux

En ce qui concerne l'installation en local, sur votre machine, pour tester le site WordPress que vous souhaitez mettre en place, utilisez les packages serveurs gratuits :

- Sous **Windows**, vous avez **WAMPserver** (http://www.wampserver.com/), **XAMPP** (http://www.apachefriends.org/fr/xampp.html), **easyPHP** (http://www.easyphp.org/) et bien d'autres encore...
- Sous **Mac**, vous avez principalement **MAMP** (http://www.mamp.info/en/index.html).
- Sous **Linux**, cela dépend essentiellement de la distribution que vous utilisez. La plupart d'entre elles ont par défaut ces serveurs prêts à être installés.

Une fois téléchargé, installez le package souhaité.

3. Installation en local sous Windows

➽ Si vous utilisez WAMPServer, une fois l'installation terminée, démarrez les serveurs en allant dans le menu **Démarrer** de Windows, choisissez **start WampServer**.

- Dans la barre des tâches, dans la zone de notification à droite, l'icône de WampServer apparaît, en passant d'une couleur rouge (serveurs non démarrés), à jaune (en cours de démarrage) à blanc (serveurs démarrés).
- Pour gérer les serveurs et notamment la base de données MySQL, afin de créer la base de données nécessaire à WordPress, cliquez sur l'icône de WampServer dans la zone de notification.

Le dossier de publication web est alors **c:/WAMP/www**.

4. Installation en local sous Mac

- Pour lancer MAMP, allez dans le dossier **Applications / MAMP /** et lancez **MAMP**.

- Lorsque vous lancez MAMP, ce dernier ouvre votre navigateur et affiche la fenêtre de gestion des serveurs.

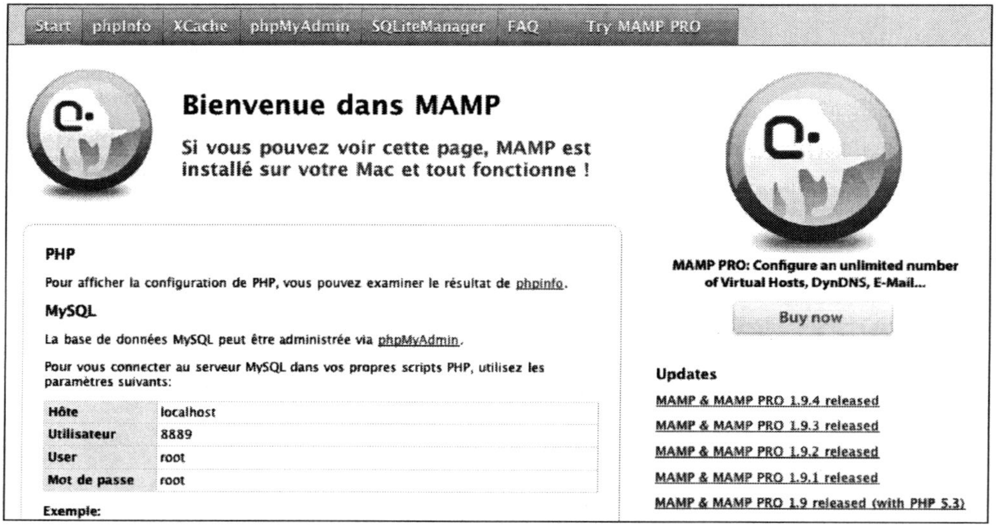

Le dossier de publication est **Applications / MAMP / htdocs /**.

5. Installation chez un hébergeur

Chaque hébergeur aura sa propre procédure pour activer le serveur MySQL et PHP. Il vous revient de voir cela avec votre hébergeur.

C. Installer WordPress

1. Créer la base de données

Dans tous les cas de figure (chez un hébergeur ou en local), la première étape consiste à créer la base de données qui va contenir tout le contenu de votre site web sous WordPress.

Quand vous travaillez avec un hébergeur, à vous de voir comment activer votre base et de connaître son nom. Il est assez courant que ce soit votre nom de domaine ou votre identifiant.

Lorsque vous travaillez en local et que vos serveurs sont installés, lancer **phpMyAdmin** pour créer la base de données, dans le menu **WAMPserver** sous Windows, dans la fenêtre d'ouverture MAMP sous Mac.

- Dans le champ **Créer une base de données**, saisissez le nom de la base de données.

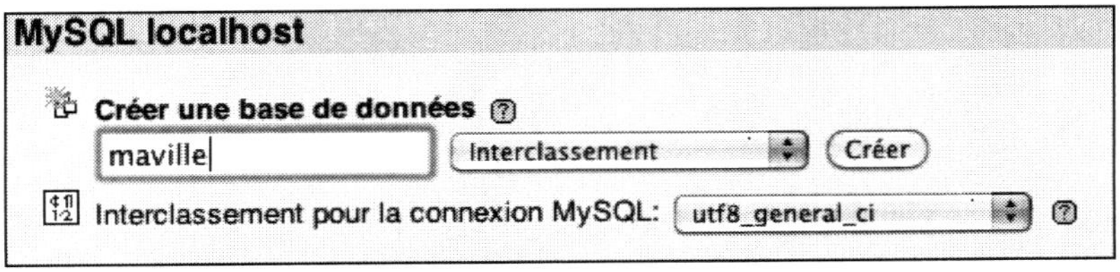

- Cliquez sur le bouton **Créer**.

La base est créée et elle est vide pour le moment.

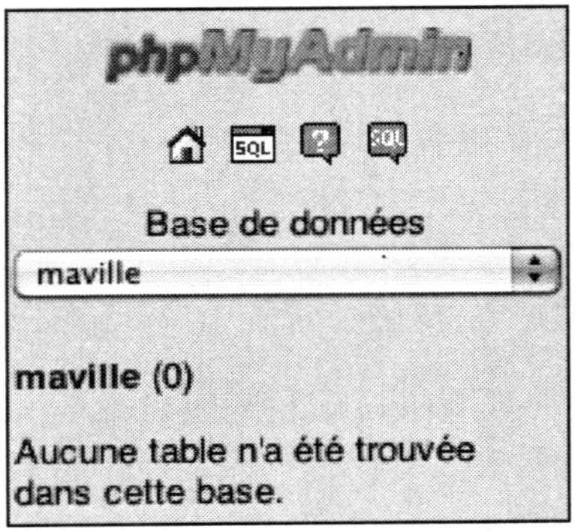

2. Télécharger WordPress

- Allez sur le site de WordPress France, http://www.wordpress-fr.net/ et cliquez sur le bouton **Télécharger WordPress**. Vous récupérez alors un fichier d'archive nommé **wordpress-3.0.1-fr_FR.zip**.
- Décompressez cette archive. Dans le cas d'un hébergement chez un professionnel, c'est le contenu de ce dossier que vous téléchargerez dans votre dossier dossier de publication.
- Dans le cas d'un hébergement local pour test, décompressez et renommez le dossier par le nom que vous souhaitez. Ce nom correspondra à l'URL que vous devrez saisir en local. Dans l'exemple de cet ouvrage, l'URL est **maville**. Puis placez ce dossier dans le dossier de publication de votre serveur web local (dossier **www** avec **WAMPserver**, dossier **htdocs** avec **MAMP** par exemple).

3. Lancer l'installation

Vous avez deux solutions pour installer WordPress. Vous pouvez utiliser l'assistant à l'installation, ce que nous allons voir dans ce paragraphe, ou modifier le fichier de configuration, ce que nous allons voir dans la section suivante, Installation rapide.

- Dans le cas d'un hébergement professionnel, dans votre navigateur, saisissez cette URL :

  http://www.nomdedomaine.fr/wp-admin/setup-config.php, ou simplement : http://www.nomdedomaine.fr/

- Dans le cas d'un hébergement local, saisissez ces URLs :

  http://localhost/maville/wp-admin/setup-config.php sous Windows ou simplement : http://localhost/maville/,

  http://localhost:8888/maville/wp-admin/setup-config.php sous Mac ou simplement : http://localhost:8888/maville/.

> ! Notez bien que tout le paramétrage que nous allons réaliser avec l'assistant d'installation va modifier un fichier de configuration nommé **config.php**.

Le premier écran vous rappelle les pré-requis :

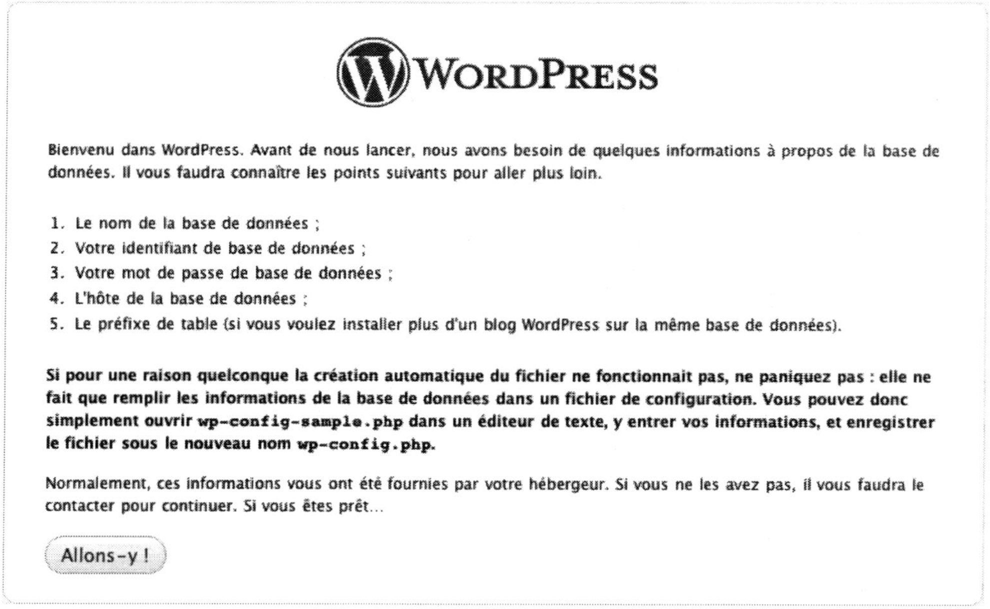

- Cliquez sur le bouton **Allons-y !**.

La deuxième étape vous demande de renseigner les différents paramètres techniques :

- **Nom de la base de données** : c'est le nom que nous avons indiqué lors de la création de la base de données dans phpMyAdmin dans le cas d'un hébergement local. Pour un hébergement professionnel, contactez votre hébergeur pour connaître le nom de votre base de données.
- **Identifiant** : c'est l'identifiant qui permet d'accéder à la base de données. Chez un hébergeur professionnel, voyez avec lui. En local, c'est toujours **root**.
- **Mot de passe** : c'est le mot de passe qui permet d'accéder à la base de données. Chez un hébergeur professionnel, voyez avec lui. En local, c'est **root** sous **Mac** ; laissez le **champ vide**, sous **Windows**.
- **Hôte de la base de données** : chez un hébergeur professionnel, voyez avec lui. En local, c'est toujours **localhost**.
- **Préfixe de table** : c'est le préfixe qui est utilisé pour nommer les tables dans la base. Vous pouvez le modifier quand vous avez plusieurs sites WordPress dans la même base de données.

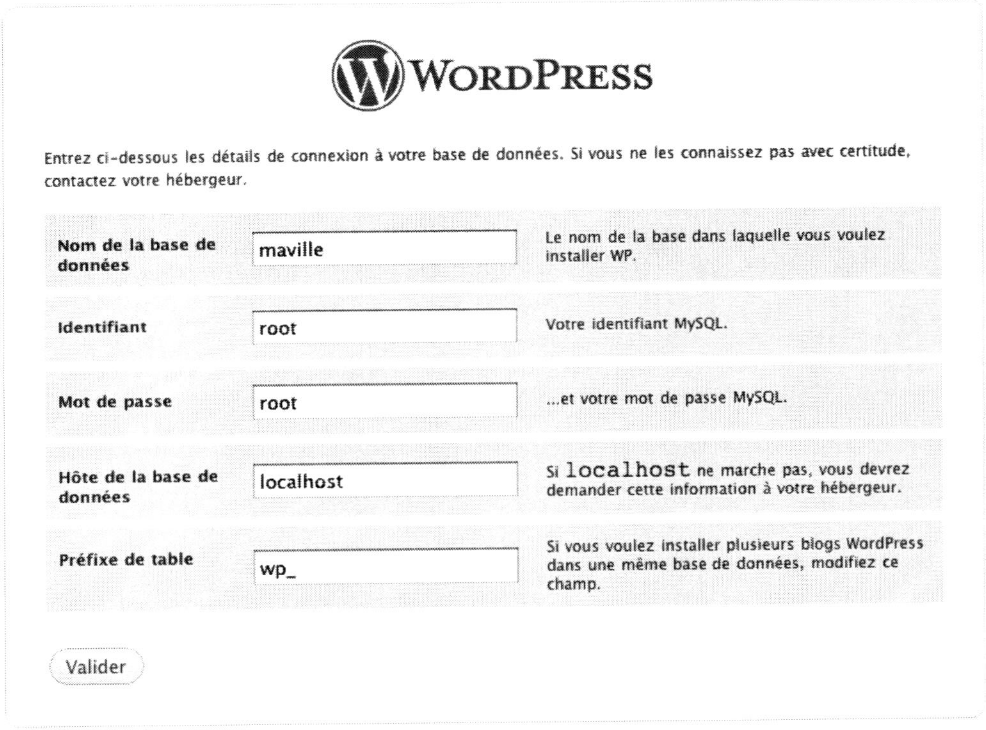

- Cliquez sur le bouton **Valider**.

Le paramétrage est terminé.

- Cliquez sur le bouton **Lancer l'installation !**.
- Maintenant, saisissez les informations concernant votre site. Sachez que vous pourrez les modifier par la suite.
  - **Titre du site** : saisissez le titre que vous souhaitez. Ce titre pourra apparaître à plusieurs endroits du site.
  - **Identifiant** : c'est le nom pour vous connectez en tant qu'administrateur à l'interface de gestion de votre site. Pour avoir une bonne sécurité, saisissez un identifiant complexe contenant uniquement comme c'est précisé : des caractères alphanumériques, espaces, tirets bas, tirets, points et le symbole @.
  - **Mot de passe, deux fois** : là encore faites « compliqué » ! Un testeur de qualité passera du rouge, **Très faible**, au vert, **Forte**.
  - **Votre adresse de messagerie** : pour que les utilisateurs et les contributeurs du site puissent vous contacter.
  - L'option **Autoriser mon site à apparaitre dans les moteurs de recherche comme Google et Technorati** permet l'indexation de votre site dans les moteurs de recherche.

➧ Cliquez sur le bouton **Installer WordPress**.

La dernière étape vous indique que l'installation s'est bien déroulée.

➧ Cliquez sur le bouton **Se connecter** pour vous connecter à l'interface d'administration de votre site WordPress.

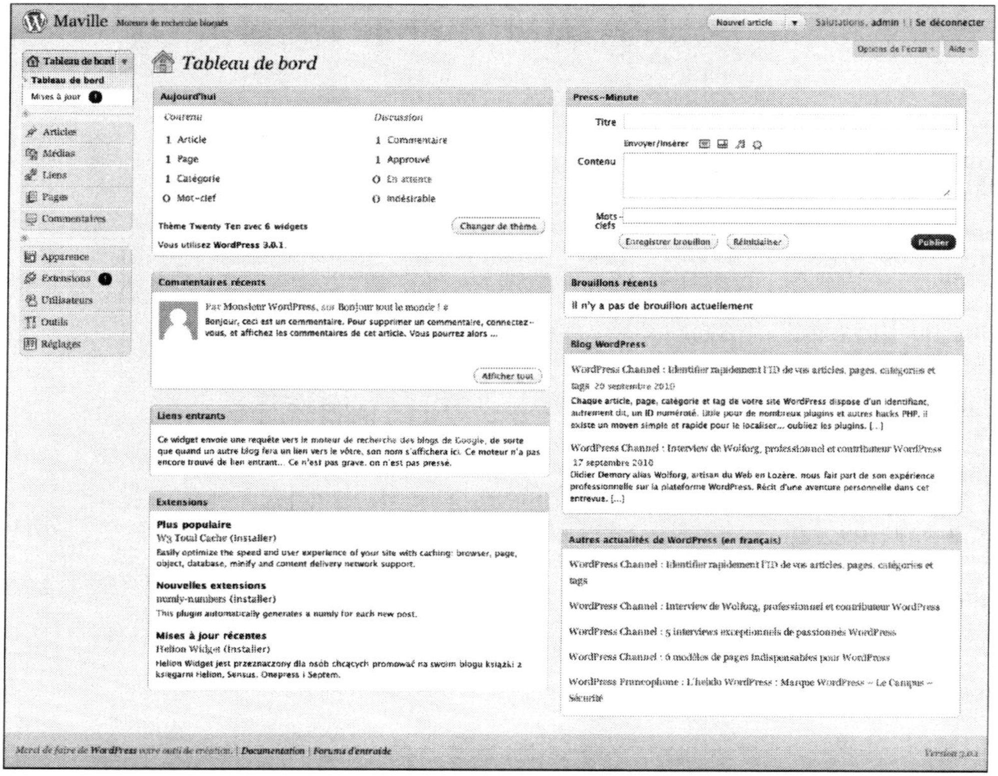

4. Installation rapide

Nous allons maintenant voir la deuxième solution pour installer WordPress. Attention, c'est bien une autre solution par rapport à celle que nous venons de voir. Pour tester cette deuxième solution, vous devez créer une autre base de données et créer un autre dossier de publication.

Vous pouvez modifier directement le fichier **config.php**.

- Dans les fichiers téléchargés dans le dossier de publication, renommez le fichier **wp-config-sample.php** en **wp-config.php**.
- Avec un éditeur de code, ouvrez ce fichier.

```
20 // ** Réglages MySQL - Votre hébergeur doit vous fournir ces informations. ** //
21 /** Nom de la base de données de WordPress. */
22 define('DB_NAME', 'votre_nom_de_bdd');
23
24 /** Utilisateur de la base de données MySQL. */
25 define('DB_USER', 'votre_utilisateur_de_bdd');
26
27 /** Mot de passe de la base de données MySQL. */
28 define('DB_PASSWORD', 'votre_mdp_de_bdd');
29
30 /** Adresse de l'hébergement MySQL. */
31 define('DB_HOST', 'localhost');
```

- À la ligne **22**, saisissez le nom de la base de données pour WordPress à la place de **votre_nom_de_bdd**.
- À la ligne **24**, saisissez le nom de la base de données MySQL à la place de **votre_utilisateur_de_bdd**.
- À la ligne **28**, saisissez le mot de passe d'accès à la base de données à la place de **votre_mdp_de_bdd**.
- À la ligne **31**, renseignez si c'est nécessaire le type d'hébergement à la place de **localhost**.

```
20 // ** Réglages MySQL - Votre hébergeur doit vous fournir ces informations. ** //
21 /** Nom de la base de données de WordPress. */
22 define('DB_NAME', 'maville');
23
24 /** Utilisateur de la base de données MySQL. */
25 define('DB_USER', 'root');
26
27 /** Mot de passe de la base de données MySQL. */
28 define('DB_PASSWORD', 'root');
29
30 /** Adresse de l'hébergement MySQL. */
31 define('DB_HOST', 'localhost');
```

- Enregistrez les modifications.
- Dans votre navigateur, saisissez l'URL du site (celle correspondant au deuxième dossier de publication créé) : vous accédez directement à la dernière étape de l'installation.

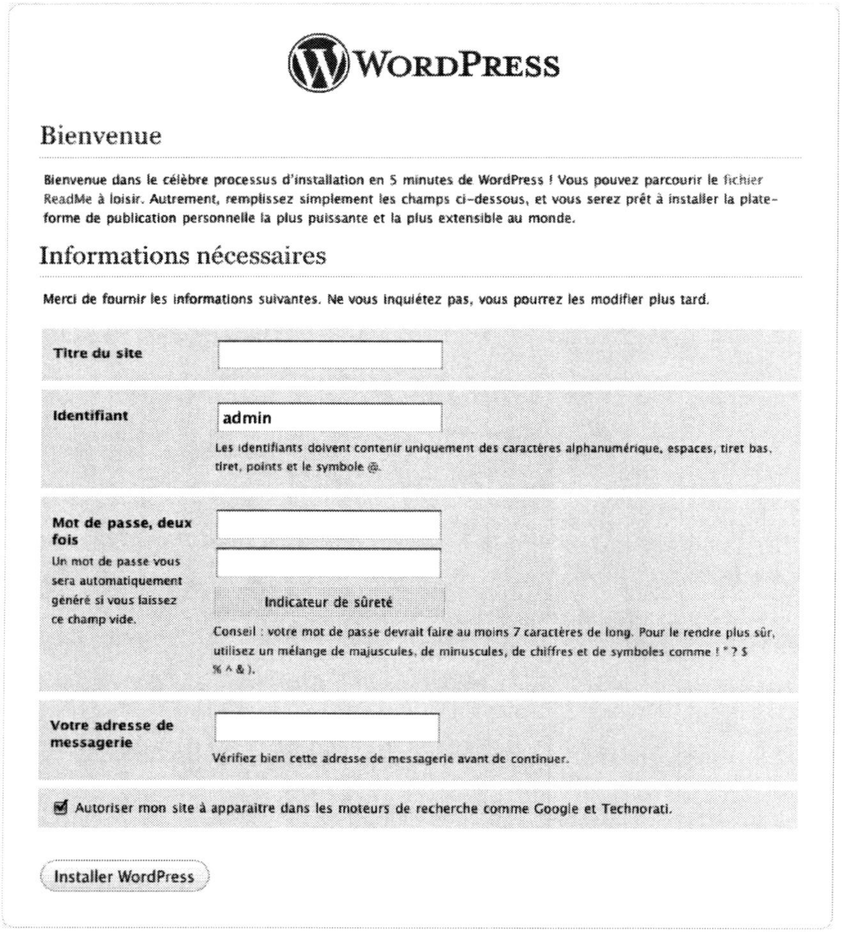

D. Les connexions et déconnexions

1. Se connecter à l'interface d'administration

- Pour vous connecter à l'interface d'administration, saisissez cette URL :

  http://www.nomdedomaine.fr/wp-login.php chez un hébergeur professionnel

  http://localhost:8888/maville/wp-login.php en local sous Mac

  http://localhost/maville/wp-login.php en local sous Windows

- Saisissez votre identifiant et votre mot de passe.
- Le lien **Mot de passe oublié ?** Permet de recevoir un nouveau mot de passe à l'adresse mail saisie précédemment.
- Cliquez sur le bouton **Se connecter**.

En cas d'erreur, vous devrez saisir à nouveau votre identifiant et votre mot de passe.

2. Se déconnecter de l'interface d'administration

Une fois connecté à l'interface d'administration, WordPress vous salue en haut à droite :

- Pour vous déconnecter, cliquez sur le lien **Se déconnecter**.

3. Se connecter au site

➧ Pour se connecter au site, saisissez l'URL du site :

http://www.nomdedomaine.fr chez un hébergeur professionnel

http://localhost:8888/maville en local sous Mac

http://localhost/maville en local sous Windows

Chapitre 3

L'administration du site

A. L'objectif

Dans ce chapitre nous allons prendre en main la partie « administration » du site. Cela est indispensable pour paramétrer votre site, pour ajouter de nouvelles fonctionnalités et pour changer d'« apparence ». Tout cela va vous permettre de gérer votre site.

B. L'interface d'administration

1. Le tableau de bord

Une fois connecté à votre site, vous arrivez dans l'interface d'administration, dans le **Tableau de bord**.

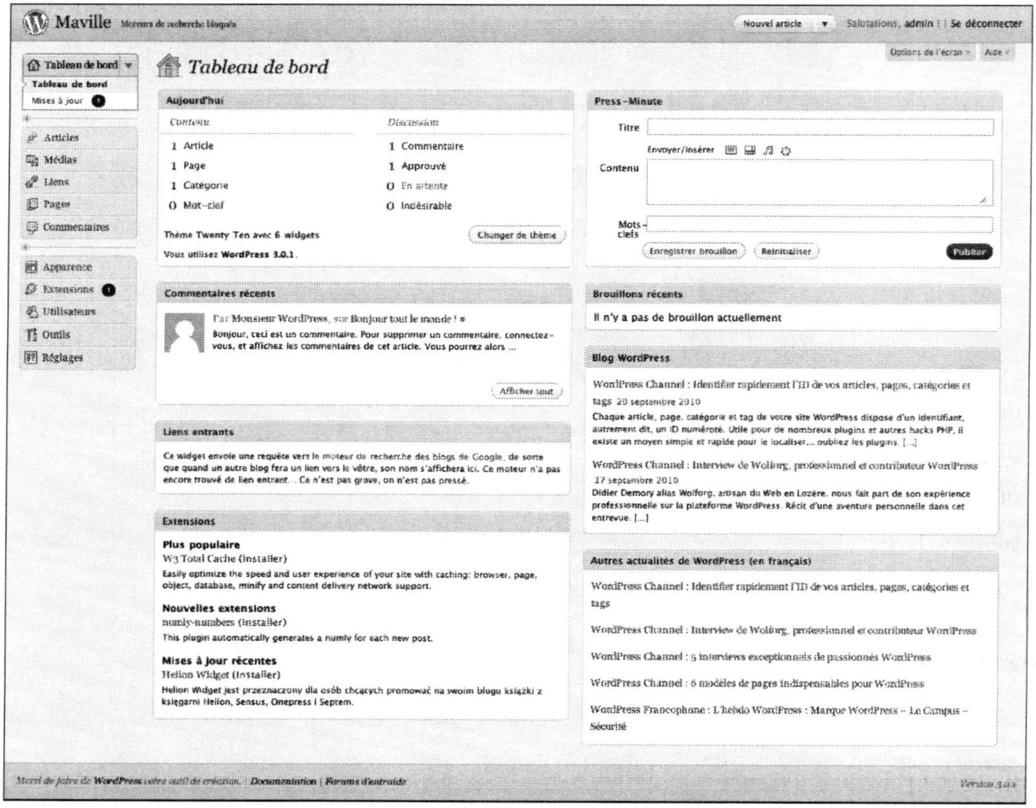

Le tableau de bord vous donne une vue globale de l'administration de votre site dans des **modules** : **Aujourd'hui, Brouillons récents, Commentaires récents, Autres actualités de WordPress (en français)...**. Chaque module peut être fermé ou ouvert en cliquant sur le triangle qui apparaît à droite de la barre de titre, au survol de la souris.

Le module **Aujourd'hui** ouvert :

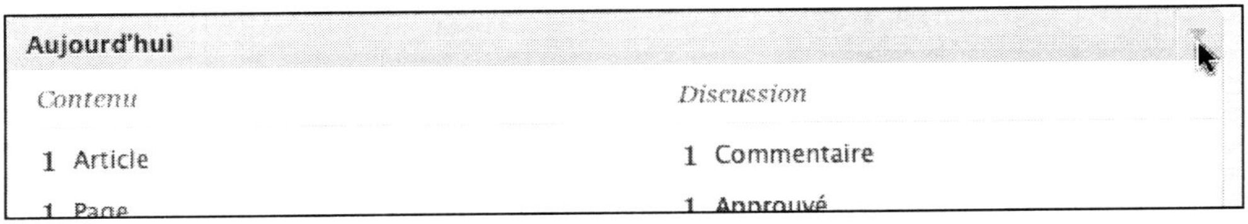

Le module **Aujourd'hui** fermé :

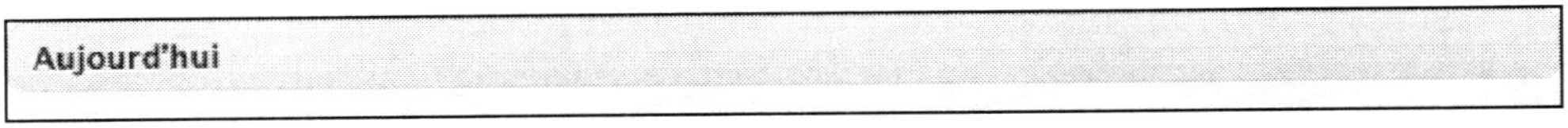

2. L'affichage des modules

Vous pouvez choisir quel module vous souhaitez afficher.

- Pour ce faire, en haut à droite, cliquez sur le bouton 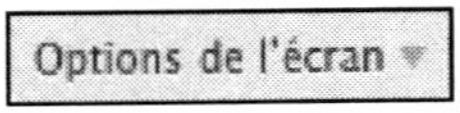

.
- Faites vos choix.

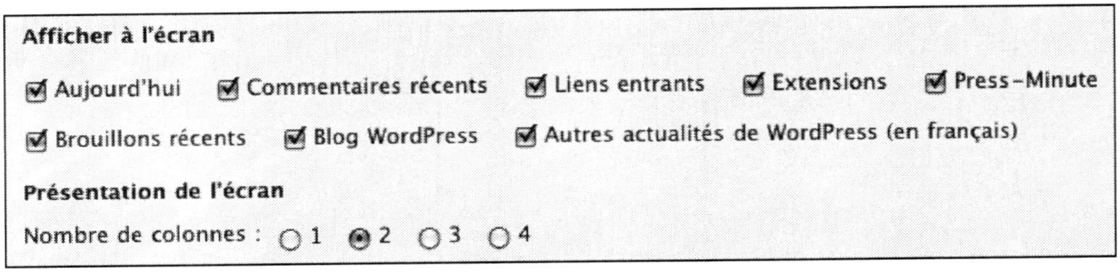

- Pour fermer ce panneau, cliquez à nouveau sur le bouton **Options de l'écran**.
- Pour déplacer un module, faites un cliqué-glissé sur sa barre de titre.

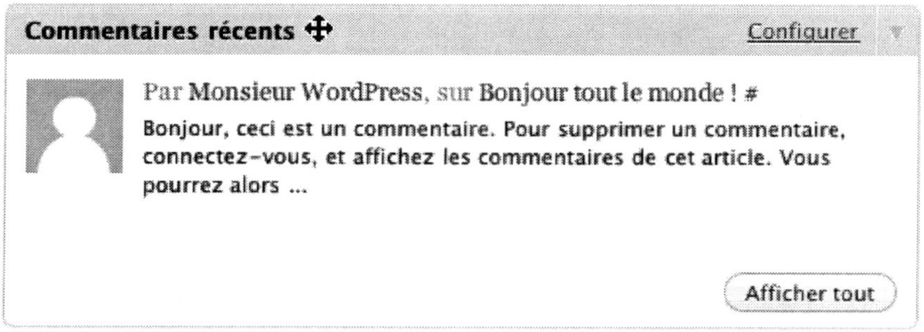

- Déplacez-le où vous souhaitez, à la place d'un autre module.

3. La barre des menus

Sur la gauche se trouve la barre des menus qui donne accès à toutes les fonctionnalités d'administration de votre site.

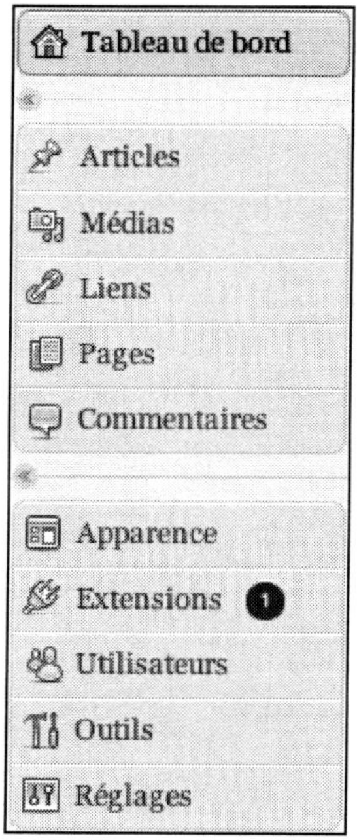

- Au survol de chaque menu, apparaît un petit triangle qui permet d'afficher les items des menus.

Le menu **Réglages** fermé :

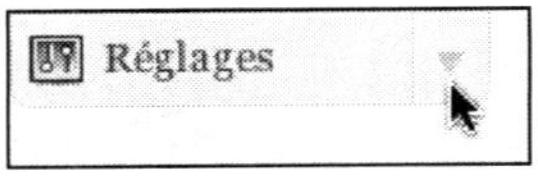

Le menu **Réglages** déployé :

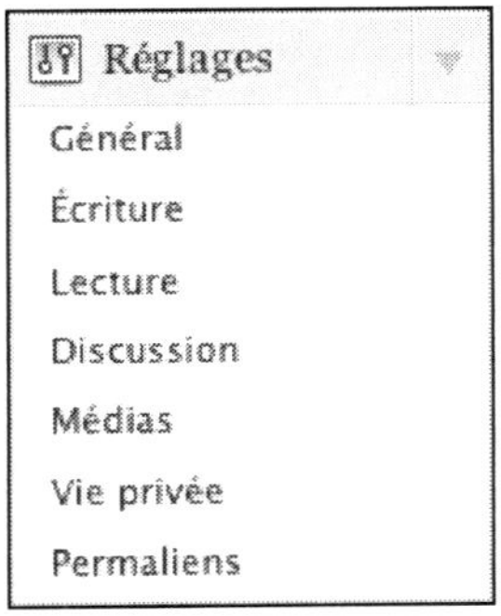

- Pour refermer un menu, cliquez à nouveau sur le petit triangle.
- Dans un menu, cliquez sur un item pour afficher ses fonctionnalités.

L'item sélectionné apparaît avec un triangle devant.

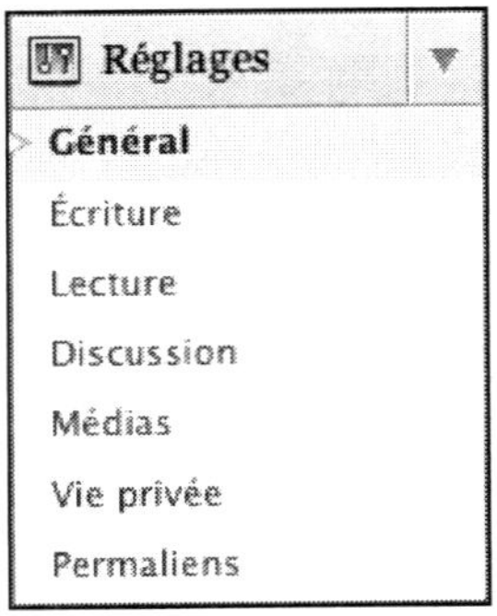

- Pour réduire la barre des menus à des icônes, cliquez sur la barre horizontale sous le menu **Tableau de bord**.

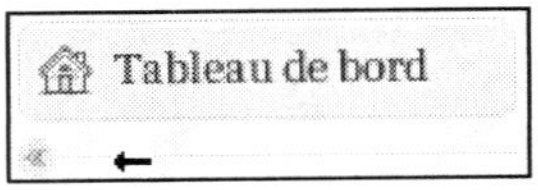

La barre des menus en icônes.

Les items des menus apparaissent au survol du menu.

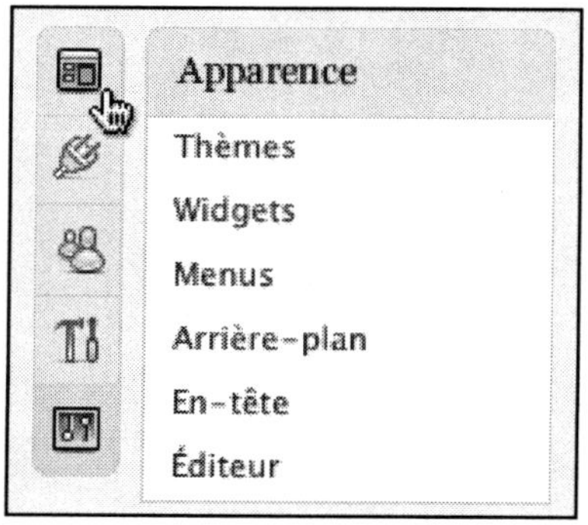

- Cliquez alors sur un item pour afficher son contenu.
- Pour afficher la barre des menus classiques, cliquez à nouveau sur la barre horizontale.

C. Les paramètres du site

1. Les réglages généraux

➧ Dans le menu **Réglages**, choisissez **Général**.

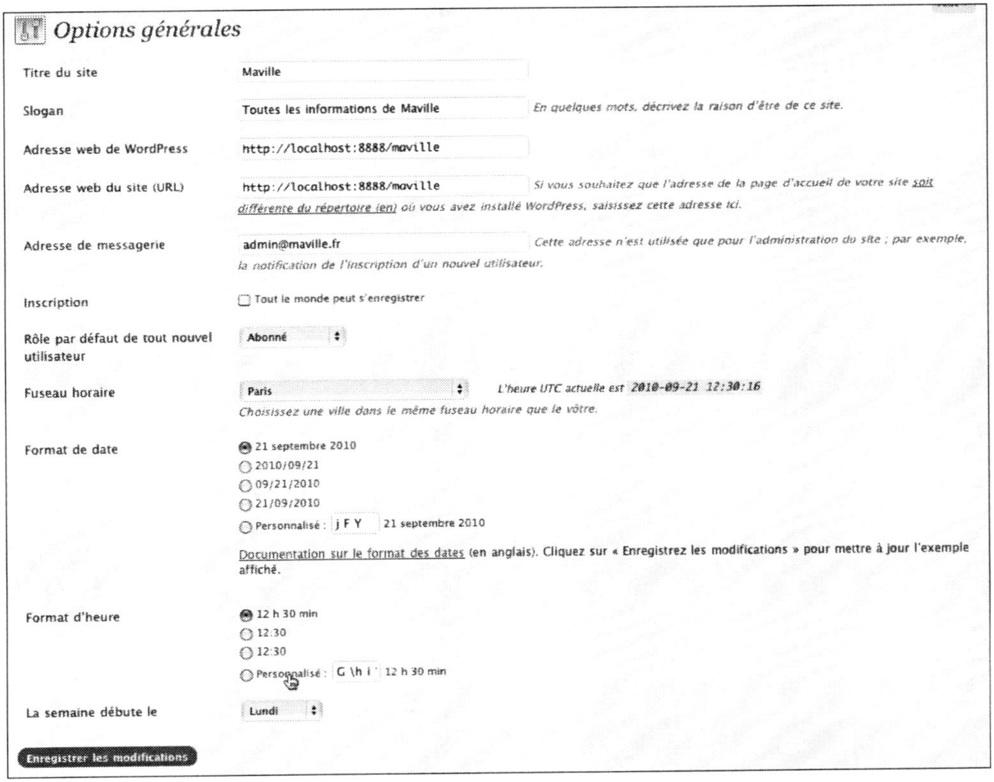

➧ Dans les champs **Titre du site** et **Slogan**, saisissez le texte qui apparaîtra généralement en haut de la page de votre site.

➧ Le champ **Adresse web de WordPress** permet d'indiquer l'URL absolue de votre site WordPress sur le serveur web, par exemple : http://maville.fr/site-mairie/.

➧ Le champ **Adresse web du site (URL)** permet d'indiquer l'URL que devront saisir les visiteurs pour accéder au site. Cela permet de simplifier l'URL, par exemple : http://maville.fr/.

- Dans le champ **Adresse de messagerie** vous pouvez modifier l'adresse mail permettant de contacter l'administrateur principal du site. Nous avions saisi cette information lors de l'installation de WordPress.
- Dans la liste déroulante **Fuseau horaire**, choisissez **UTC+1** en heure d'hiver et **UTC+2** en heure d'été, ou la ville de **Paris**.
- Dans les options **Format de date**, choisissez celui que vous souhaitez voir appliqué dans votre site. Pour choisir un format personnalisé, cliquez sur le lien **Documentation sur le format des dates**. Vous êtes alors dirigé vers la documentation WordPress, le codex.
- Faites de même pour le **Format d'heure**.
- Dans la liste déroulante **La semaine débute le**, choisissez **Lundi**, a priori !
- Une fois les réglages effectués, cliquez sur le bouton **Enregistrer les modifications**.

2. Les réglages des commentaires

Nous allons créer un site et non un blog. Nous n'avons donc pas besoin de la fonctionnalité des commentaires qui est activée par défaut dans WordPress.

- Dans le menu **Réglages**, choisissez **Discussion**.

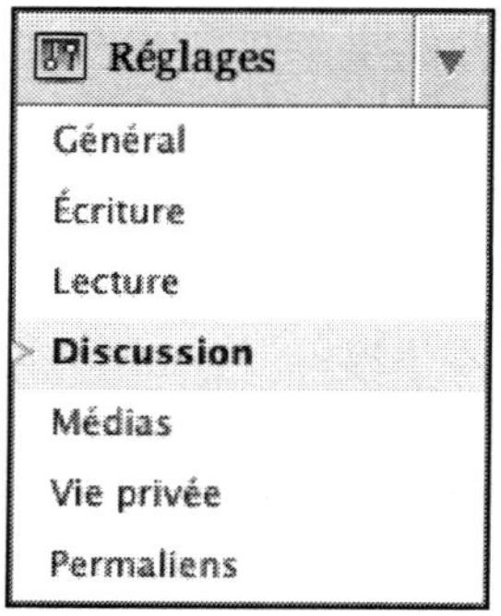

- Décochez l'option **Autoriser les visiteurs à publier des commentaires sur les articles**.

Notez bien que si besoin est vous pourrez autoriser les commentaires seulement sur tel ou tel article.

- Pour les mêmes raisons décochez l'option **Autoriser les notifications depuis les autres blogs (notifications par pings et rétroliens)**.
- Cliquez sur le bouton **Enregistrer les modifications**.

3. La visibilité sur le web

À l'installation de WordPress, nous avions indiqué que nous acceptions que le site soit visible et donc indexable par les moteurs de recherche.

- Si vous souhaitez gérer cette option, choisissez **Réglages - Vie privée**.

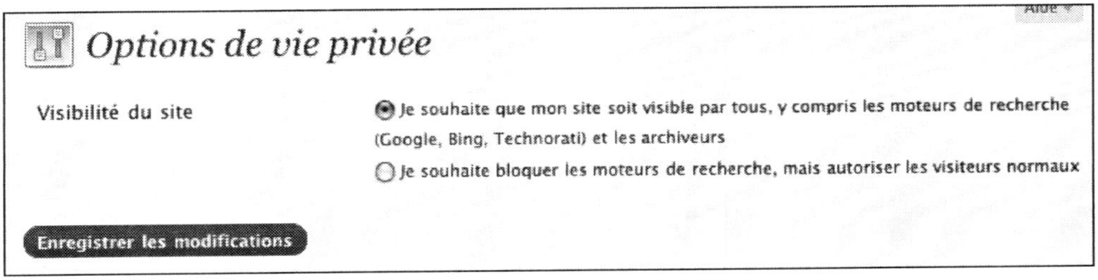

- Cliquez sur le bouton **Enregistrer les modifications**.

D. Gérer les extensions

1. Pourquoi utiliser des extensions ?

WordPress est un CMS qui permet de créer vos sites web avec des fonctionnalités essentielles déjà installées pour gérer le contenu, les images, les éléments de navigation... Mais pour certaines fonctionnalités supplémentaires nous allons avoir besoin d'utiliser des « **extensions** », ou **plugins** en anglais, qui vont apporter ces fonctions supplémentaires souhaitées. Ces extensions sont créées par des développeurs indépendants et s'intègrent parfaitement à WordPress. Il existe aujourd'hui (octobre 2010) 11592 extensions disponibles sur le site officiel de WordPress :
http://wordpress.org/extend/plugins/

Dans ce livre nous allons utiliser plus d'une vingtaine d'extensions. Comprenez bien que ces extensions sont des propositions, des suggestions, mais qu'en aucune manière vous devez obligatoirement toutes les installer et les utiliser. À vous de vous faire votre propre opinion et de voir celles qui vous seront réellement utiles pour votre projet personnel.

2. Lister les extensions

L'interface de WordPress permet la gestion complète des extensions.

➧ Dans le menu **Extensions**, choisissez **Extensions**.

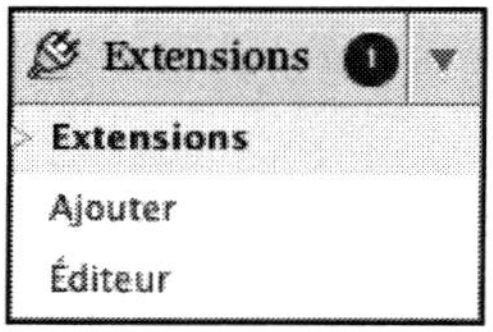

Vous visualisez alors toutes les extensions présentes lors de l'installation de WordPress. Les extensions activées apparaîtront sur fond blanc, les extensions désactivées apparaissent sur fond gris. À l'installation vous avez deux extensions non activées : **Akismet** et **Hello Dolly**.

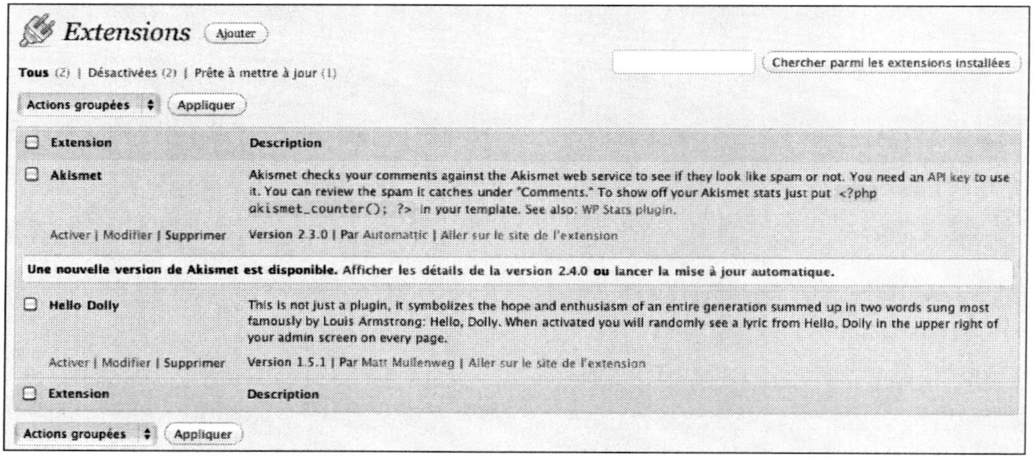

Au-dessus de la liste des extensions, vous avez quatre liens pour afficher un type d'extensions, avec entre parenthèses le nombre d'extensions concernées :

- **Tous** : pour afficher toutes les extensions.
- **Activées** : pour afficher les extensions installées et activées donc opérationnelles dans le site. À l'installation, il n'y en a pas.
- **Désactivées** : pour afficher les extensions installées, mais non activées, donc non opérationnelles.
- **Prête à mettre à jour** : pour afficher les extensions qui nécessitent une mise à jour. Vous visualisez aussi les extensions à mettre à jour avec la bande jaune sous le nom de l'extension concernée.

3. Chercher une extension installée

Pour rechercher une extension, utilisez le champ de saisie et le bouton **Chercher parmi les extensions installées**.

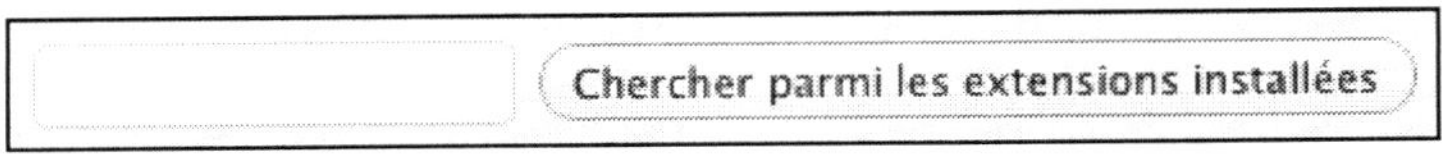

4. Rechercher et installer une extension

Nous allons rechercher une extension dans l'interface de WordPress.

- Quand vous êtes dans la liste des extensions, vous pouvez cliquer sur le bouton **Ajouter**.

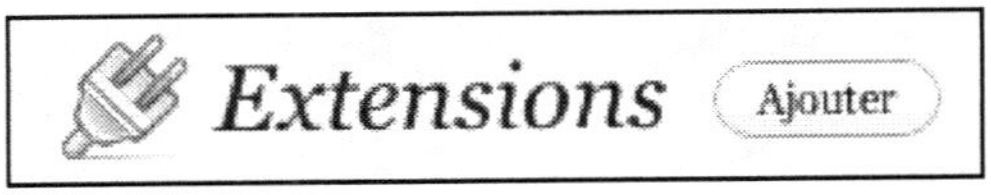

- Ou dans le menu **Extensions**, choisissez **Ajouter**.
- Vous êtes alors dans la fenêtre **Recherche**.

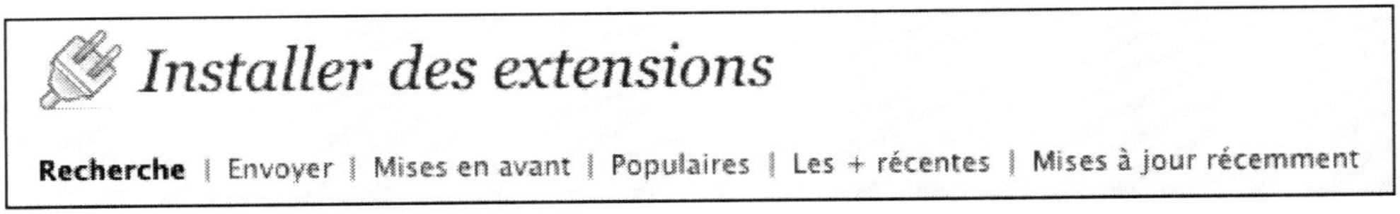

- Saisissez un ou plusieurs mots-clés dans le champ de saisie **Recherche** et cliquez sur le bouton **Chercher parmi les extensions**.

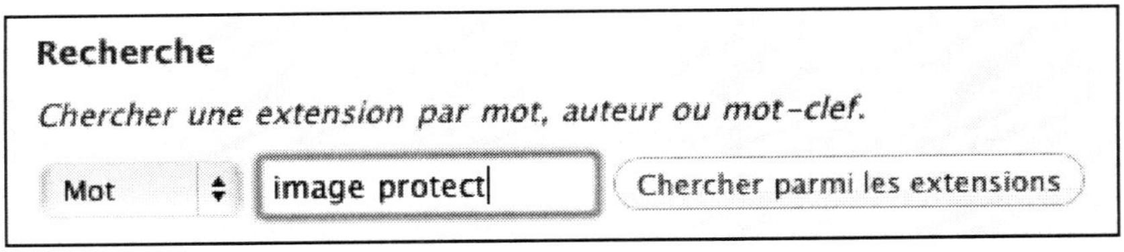

WordPress affiche alors la liste des extensions répondant au critère de recherche. Le tableau qui liste les extensions, affiche des colonnes avec le **Nom**, la **Version**, la **Note** et la **Description** de chaque extension. Cela vous donne une vision globale du résultat de la recherche.

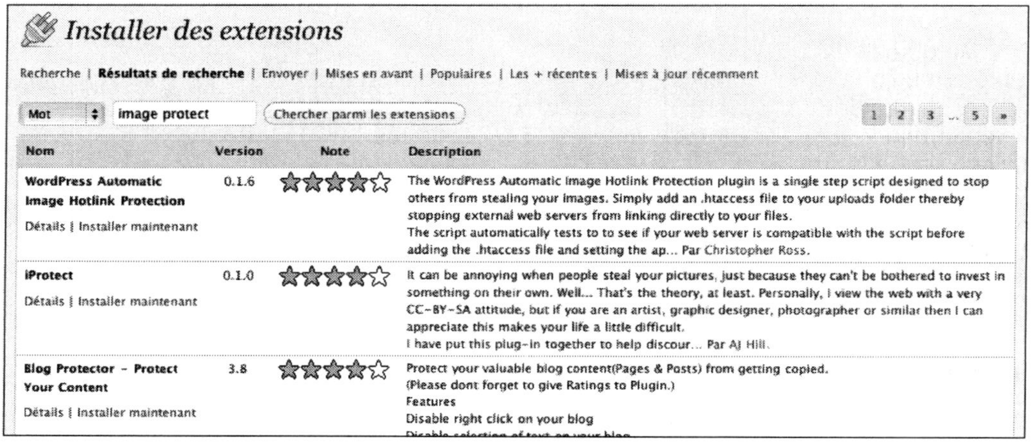

Utilisez le lien **Détails** sous le nom de l'extension pour avoir plus d'informations techniques.

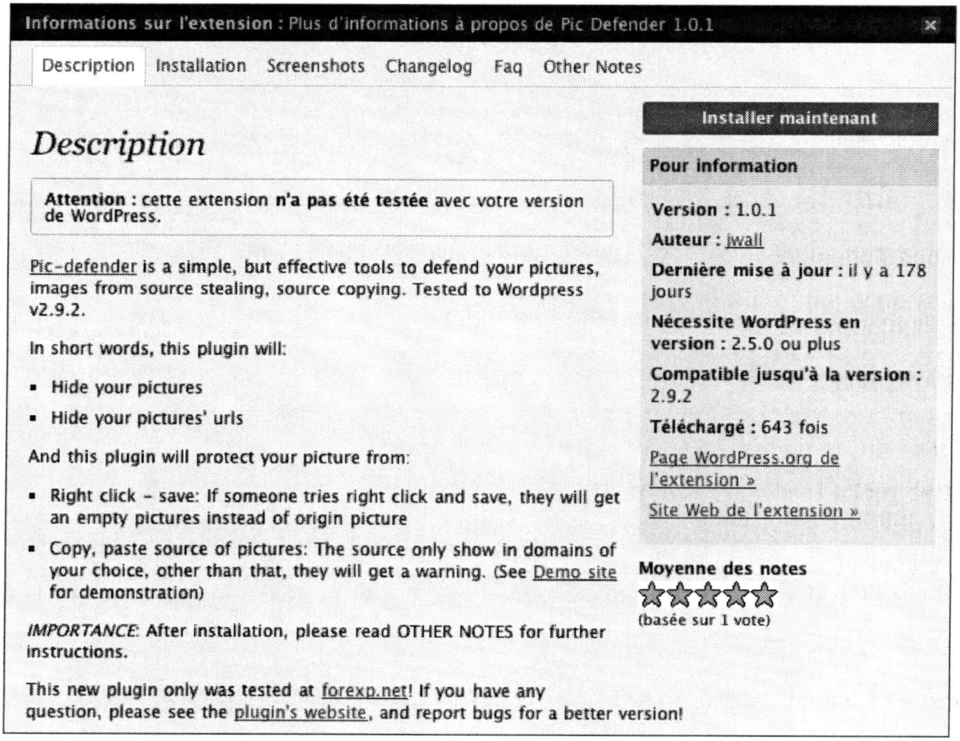

- Vous pouvez aussi utiliser la zone **Mots-clefs populaires**. Cliquez sur le mot-clef caractérisant votre requête. WordPress affiche alors, comme précédemment, la liste des extensions répondant à votre recherche.

- En haut de la fenêtre, vous pouvez aussi utiliser les liens **Mises en avant**, **Populaires**, **Les + récentes** et **Mises à jour récemment** pour lister en tableau les extensions répondant à ces critères.

Une fois que vous avez trouvé l'extension voulue, vous devez l'installer.

- Sur la ligne de l'extension voulue, cliquez sur le lien **Installer maintenant**.

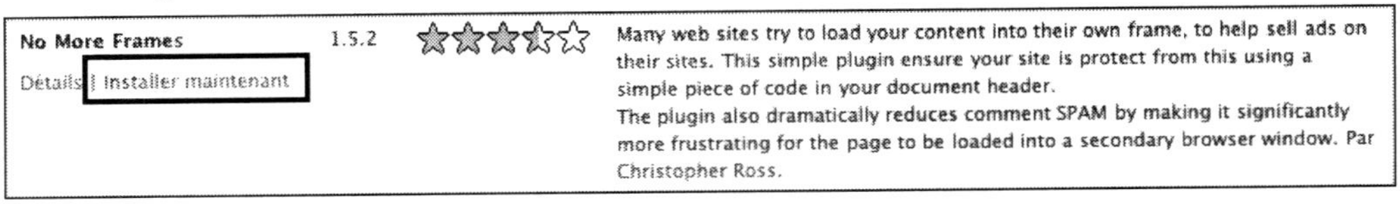

- Répondez par l'affirmative au message d'alerte pour confirmer l'installation.

WordPress vous confirme l'installation de l'extension.

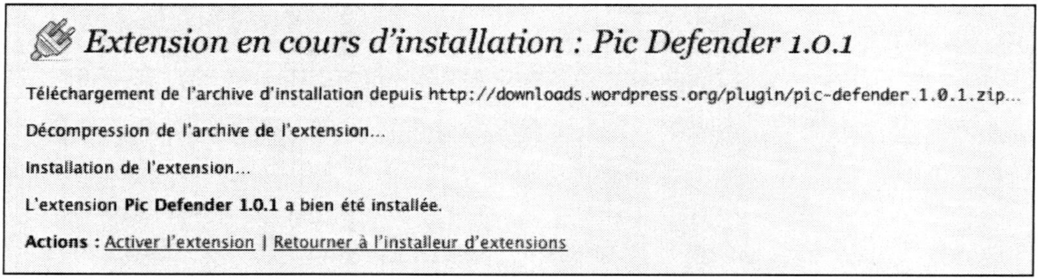

- Vous pouvez alors cliquer sur le lien **Activer l'extension**, ou sur le lien **Retourner à l'installeur d'extensions** pour installer d'autres extensions.

L'extension est éventuellement activée et vous êtes redirigé dans la fenêtre de la liste des extensions.

5. Télécharger et installer une extension

La deuxième solution est de passer par le site officiel des plugins de WordPress : http://wordpress.org/extend/plugins/

- Sur la page d'accueil, vous avez aussi un champ de saisie de recherche.

Vous retrouvez sur la droite les plugins présentés de manière thématique : **Most Popular**, **Newest Plugins** et **Recently Updated**.

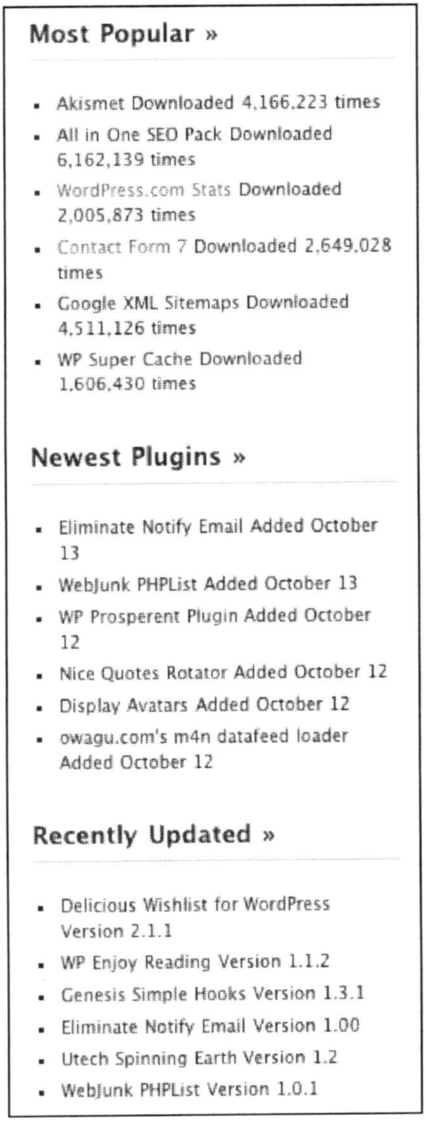

Sur la gauche vous sont présentés les plugins par mots-clefs : **Popular Tags**.

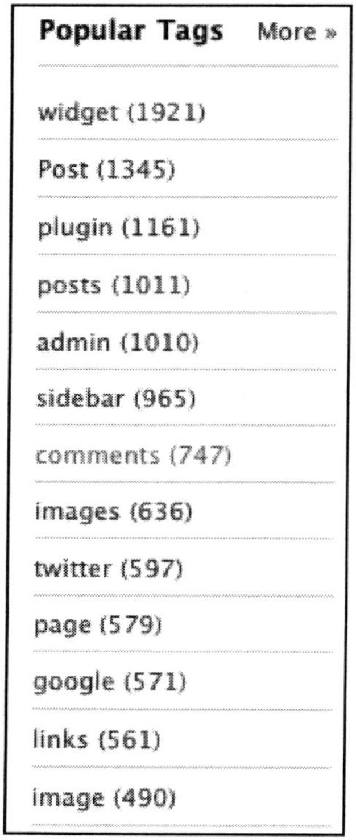

- Quand vous avez trouvé l'extension voulue, cliquez sur son nom : vous visualisez alors les détails techniques.

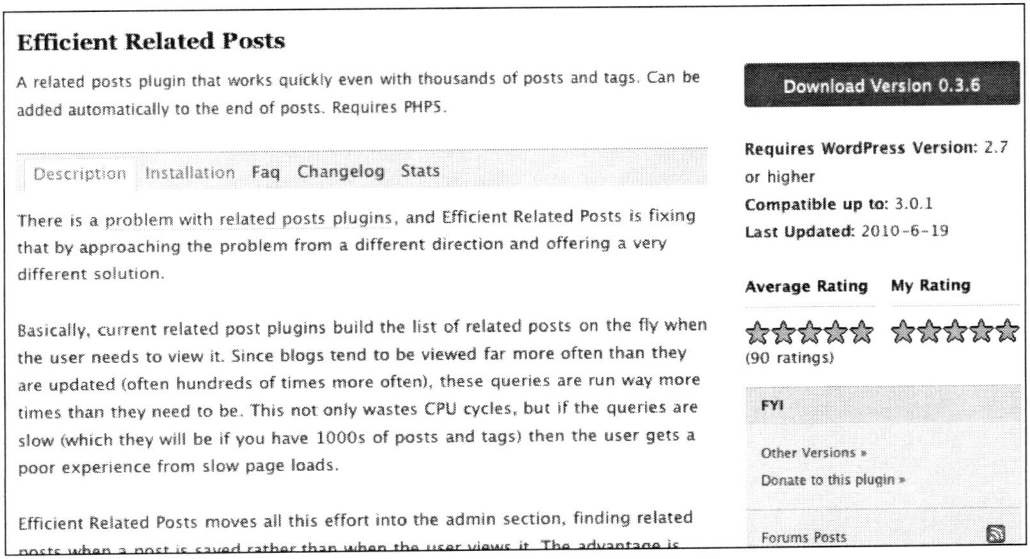

- Sur la droite cliquez sur le bouton **Download Version X** : vous téléchargez alors un fichier ZIP.
- Revenez dans l'administration de votre site, dans le menu **Extensions - Ajouter**, en haut de l'écran, cliquez sur le lien **Envoyer**.
- Dans la zone **Installer une extension au format .zip**, sélectionnez le fichier ZIP téléchargé précédemment et cliquez sur le bouton **Installer maintenant**.

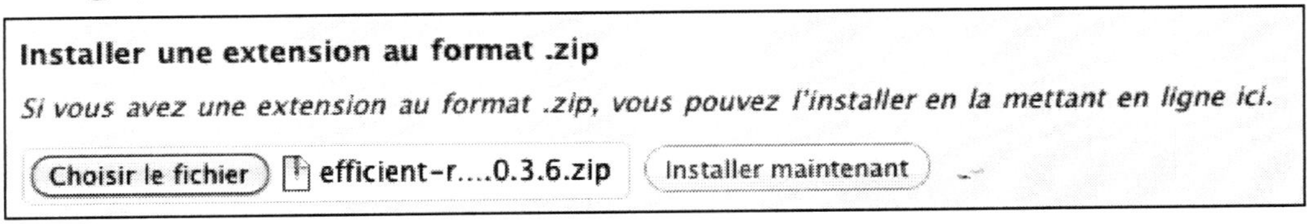

WordPress vous confirme l'installation de l'extension.

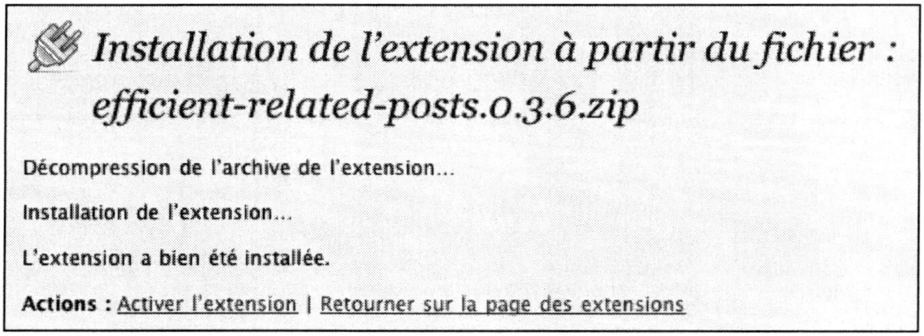

- Vous pouvez alors cliquer sur le lien **Activer l'extension**, ou sur le lien **Retourner à l'installeur d'extensions** pour installer d'autres extensions.

L'extension est activée et vous êtes redirigé dans la fenêtre de la liste des extensions. Les extensions actives sont sur fond blanc, les extensions désactivées sont sur fond gris.

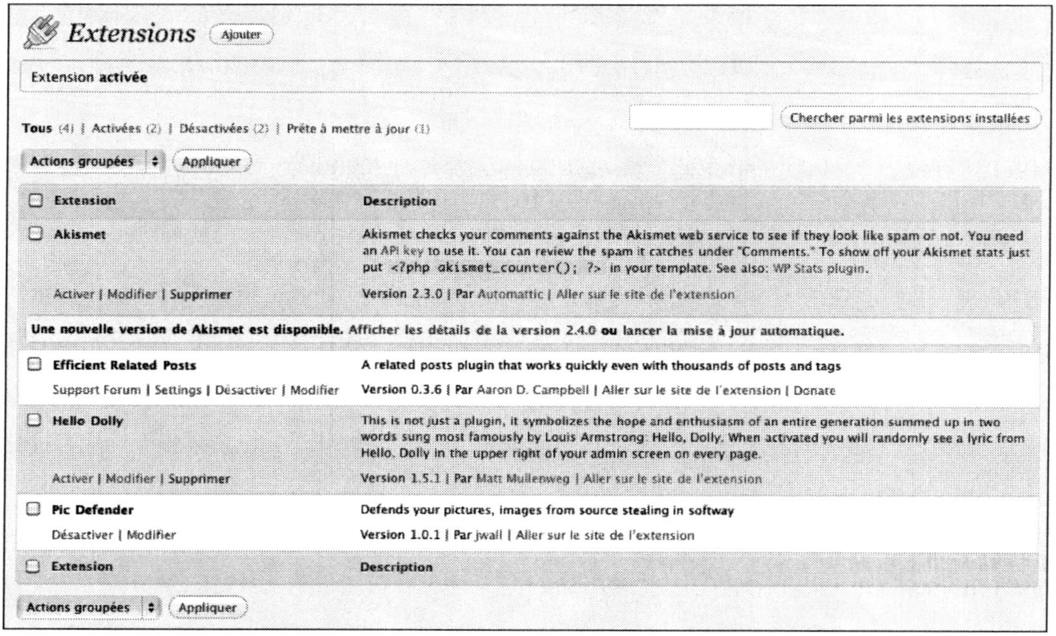

6. Gérer les extensions

Une fois que vous avez installé vos extensions, vous pouvez les gérer.

- Pour avoir plus de renseignements sur l'extension, vous pouvez cliquer sur le lien **Aller sur le site de l'extension**.

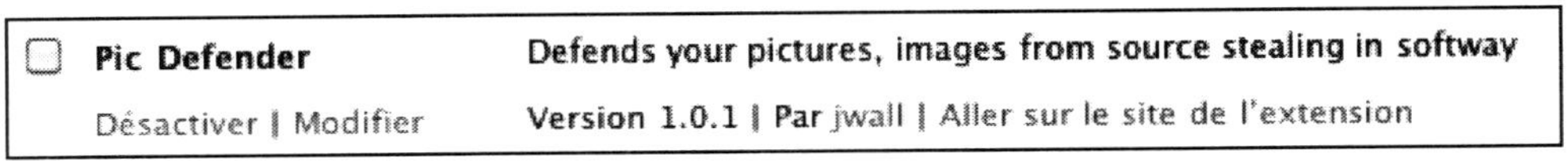

- Pour désactiver une extension, dans la ligne de celle-ci, cliquez sur le lien **Désactiver**. WordPress confirme la désactivation dans le bandeau jaune supérieur et la ligne de l'extension passe en gris.

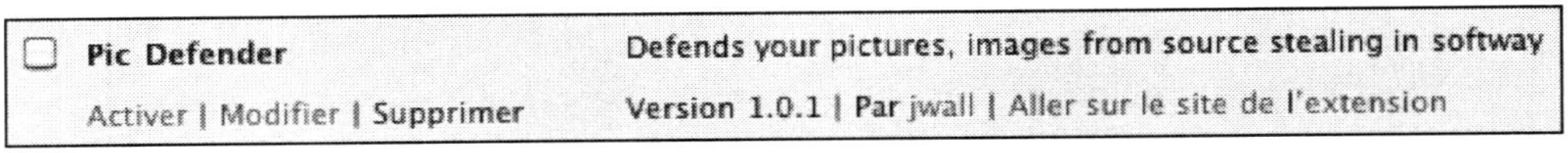

- WordPress ajoute aussi un lien **Récemment désactivée (1)**.

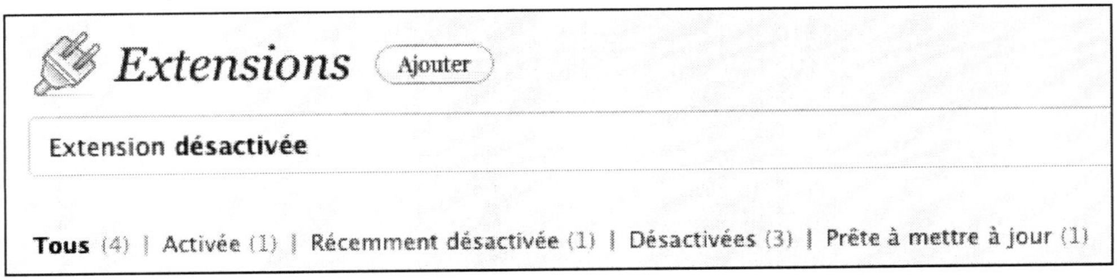

- Une fois désactivée, le lien **Supprimer** apparaît. WordPress vous demande alors de confirmer cette suppression en cliquant sur le bouton **Oui, supprimer ces fichiers**.

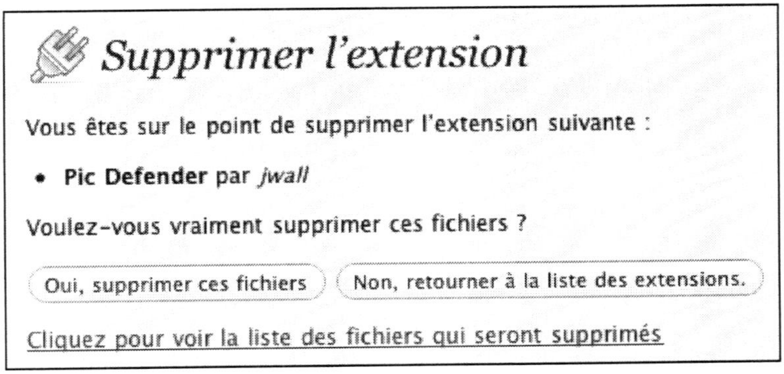

WordPress confirme alors la suppression de l'extension dans la bandeau jaune supérieur.

- Vous pouvez aussi sélectionner plusieurs extensions à gérer avec leur case à cocher et dans la liste déroulante **Actions groupées**, choisissez l'action à réaliser. Cliquez sur le bouton **Appliquer**.

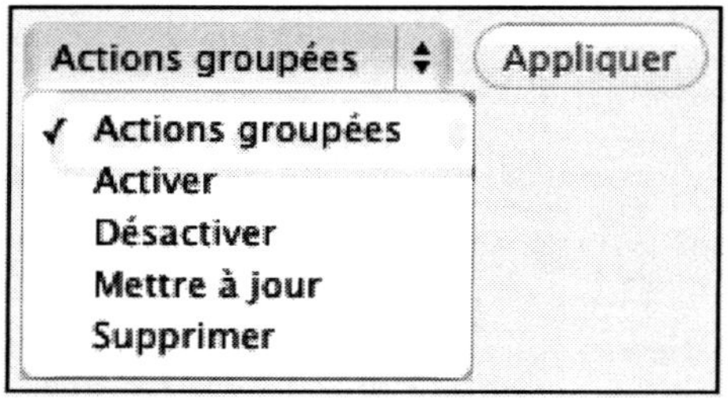

WordPress évolue, les extensions aussi. WordPress vous prévient si certaines extensions nécessitent une mise à jour. Vous le voyez dans le menu **Extensions**.

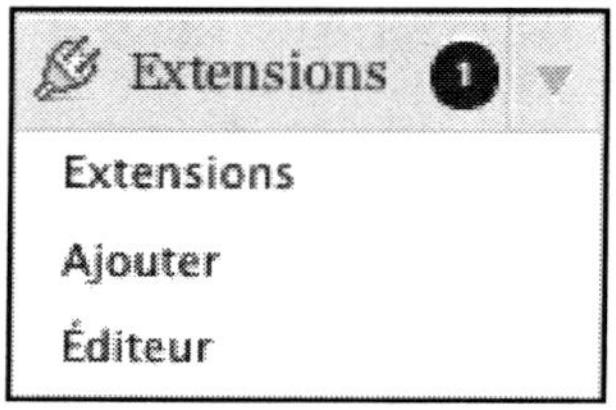

- Dans le menu **Tableau de bord - Mises à jour**.

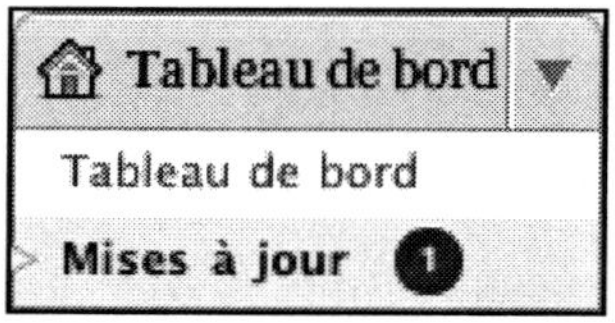

- Et dans la ligne de l'extension concernée, dans la liste des extensions.

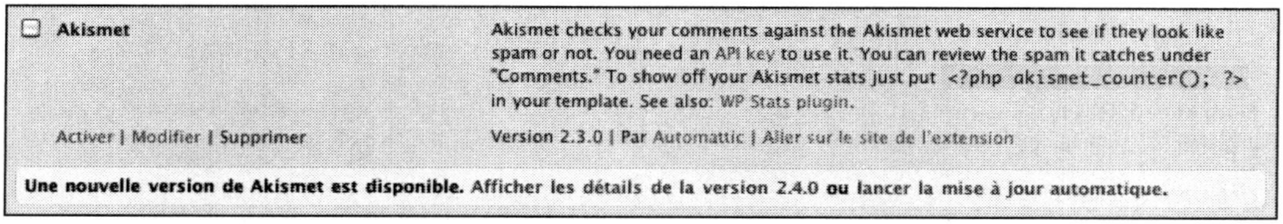

Vous disposez alors du lien **lancer une mise à jour automatique**.

- Si vous vous sentez l'âme d'un développeur PHP, vous pouvez cliquer sur le lien **Modifier**. Vous êtes alors dans le menu **Extensions - Editeur**.

- Le paramétrage des extensions peut se faire dans le menu **Réglages** (exemple avec **Related Posts** ci-dessous) ou parfois, mais plus rarement, dans le menu **Outils**.
- Certaines extensions peuvent aussi créer leur propre menu (exemple avec **Evénements** ci-dessous).

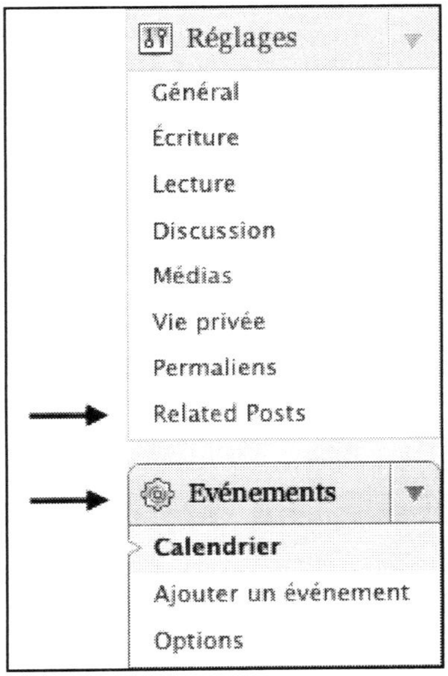

*Sachez que les extensions de WordPress sont stockées dans le dossier **/wp-content/plugins/**. Il y a un dossier par extension. Il est parfois nécessaire de supprimer une extension « manuellement » en cas d'échec par l'interface.*

E. Gérer les thèmes

1. Les thèmes dans WordPress

Les thèmes vont vous permettre de gérer l'affichage de votre site. C'est dans l'administration de votre site que vous allez gérer les thèmes : recherche, installation et activation.

Dans le chapitre suivant nous allons plus détailler le rôle fondamental des thèmes dans la création d'un site web.

2. Lister les thèmes

➧ Pour lister les thèmes de votre installation WordPress, dans le menu **Apparence** choisissez **Thèmes**.

Vous visualisez les thèmes disponibles qui ont été installés dans votre site.

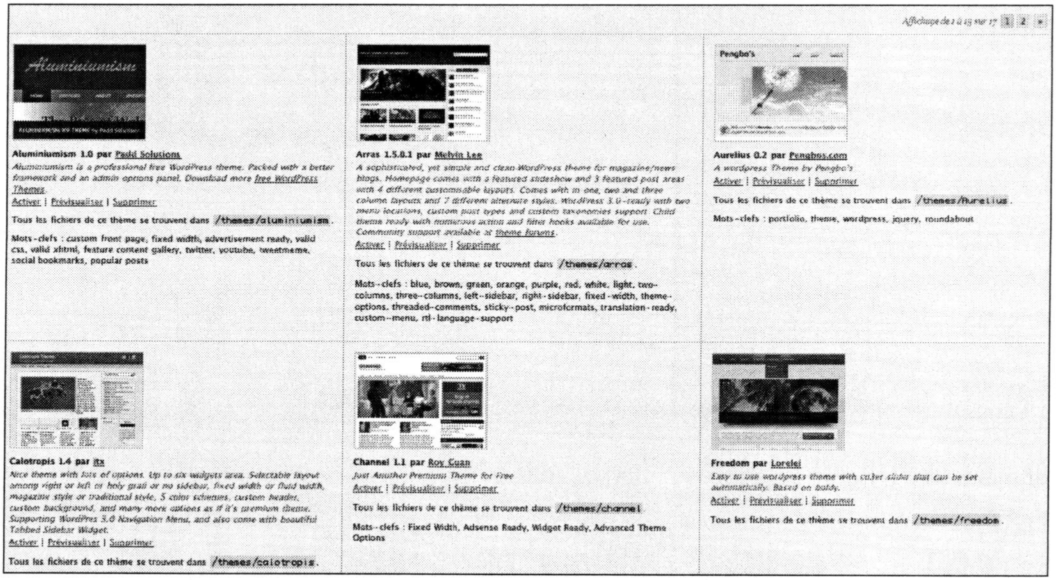

Vous avez pour chaque thème une description plus ou moins longue.

3. Rechercher des thèmes

Vous pouvez rechercher des thèmes dans l'interface d'administration du site ou directement sur Internet.

- Pour rechercher et installer d'autres thèmes dans WordPress, cliquez sur l'onglet **Installer des thèmes**.
- Vous pouvez utiliser la zone **Chercher un thème par mot**, **auteur ou mot-clef**. avec la liste déroulante pour choisir une recherche par **Mot**, **Auteur** ou **Mot-clef** et le champ de saisie pour saisir votre requête. Cliquez sur le bouton **Recherche**.

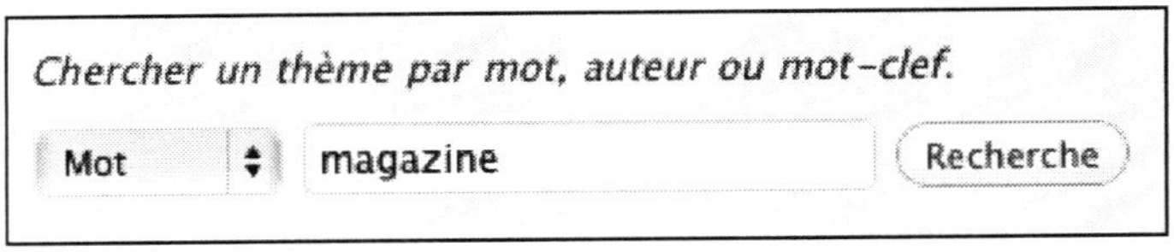

WordPress affiche alors les thèmes répondant à votre requête :

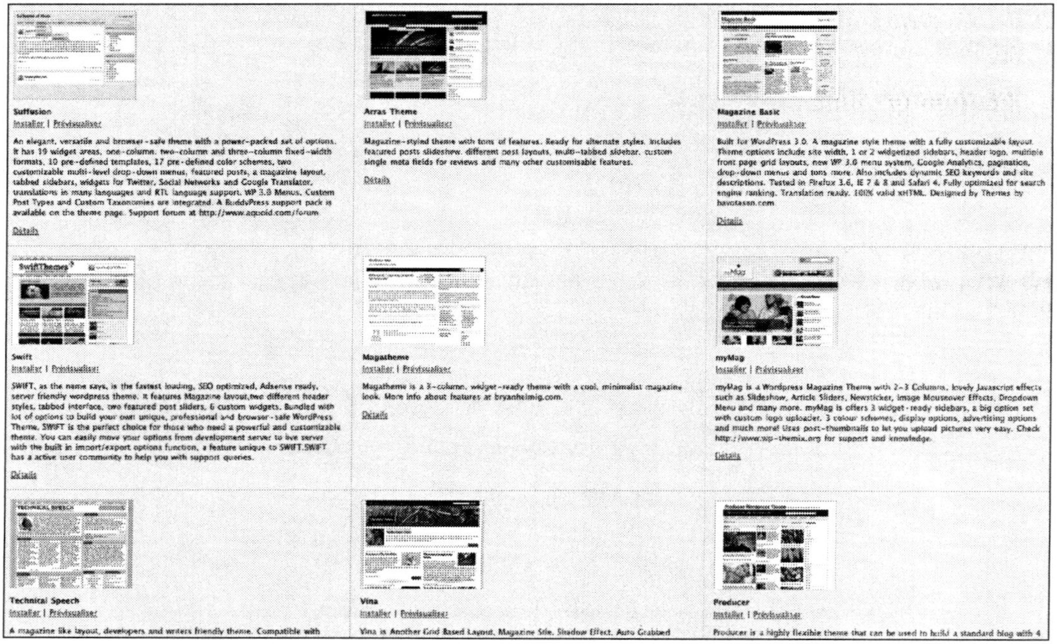

Pour chaque thème, vous avez les liens **Installer**, **Prévisualiser** (pour avoir un aperçu de votre site avec le thème choisi) et **Détails** (pour avoir plus de détails techniques sur le thème).

- Vous pouvez aussi utiliser la zone **Filtre de fonctionnalités** et cocher les options répondant à vos souhaits.

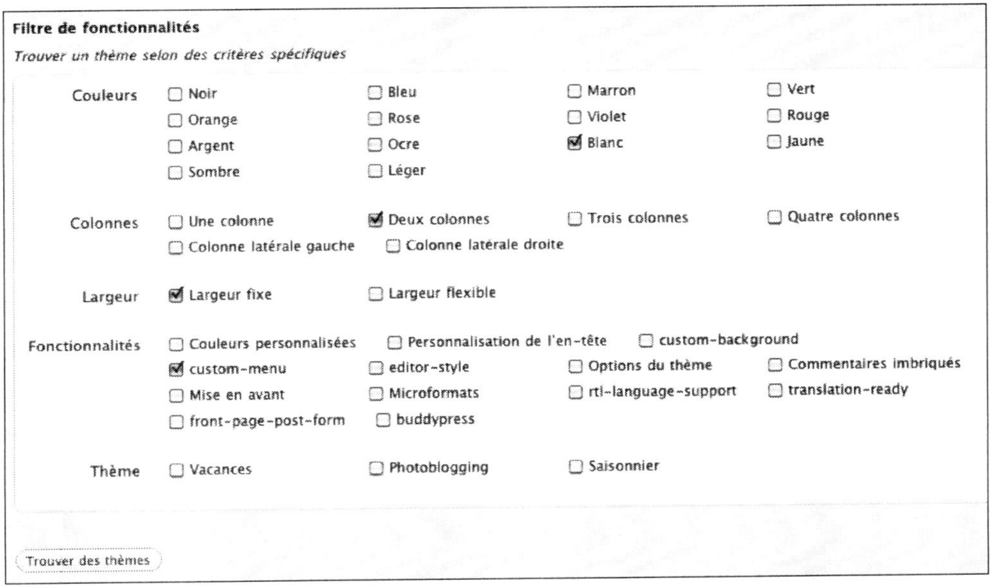

- Cliquez sur le bouton **Trouvez des thèmes**.

  Vous obtenez alors la liste des thèmes répondant à vos choix, avec les mêmes liens que précédemment.

- Vous pouvez aussi utiliser les liens **Mis en avant**, **Les + récents** et **Mis à jour récemment**, en haut de l'écran.

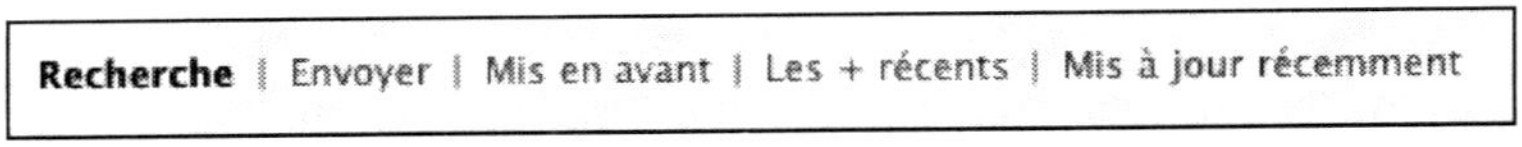

Vous obtenez alors la liste des thèmes répondant à vos choix, avec les mêmes liens que précédemment.

4. Installer un thème

- Pour le thème trouvé et choisi, cliquez sur son lien **Installer**.
- Une fenêtre apparaît avec un aperçu. Cliquez sur le bouton **Installer maintenant**.

WordPress vous signale que l'installation s'est bien déroulée.

5. Activer un thème

- Pour activer un thème installé, cliquez sur le lien **Activer**.
- Sinon, dans la liste des thèmes installés, dans la « case » du thème, vous avez le lien **Activer**.

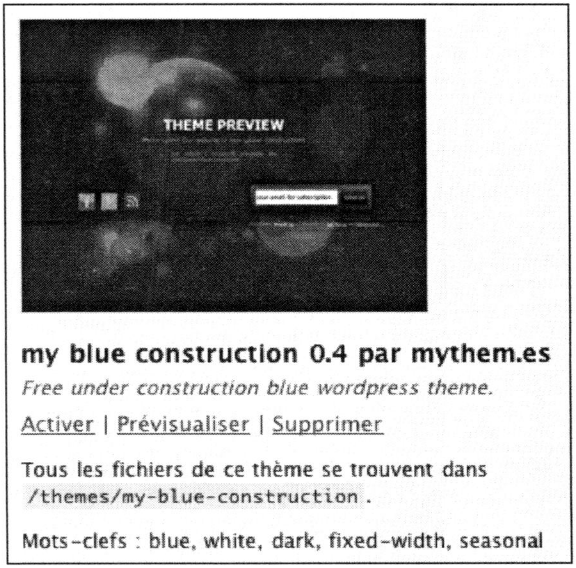

- Quand vous avez cliqué sur le lien **Activer**, le thème est alors en service et WordPress vous le signale comme **Thème actuel**.

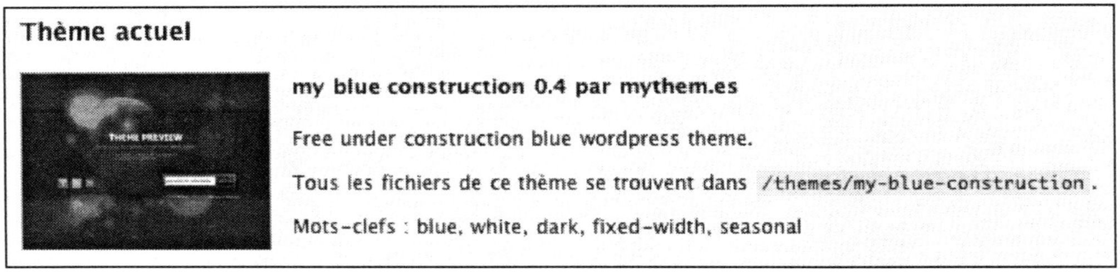

WordPress précise que tous les fichiers du thème sont dans le dossier ***/wp-content/themes/nom-du-thème/****.*

6. Paramétrer le thème

Les thèmes proposent des options et des paramètres personnalisables. Certains ne le sont pas.

- Il est possible de paramétrer le thème activé par le menu **Apparence**, pour certains thèmes.

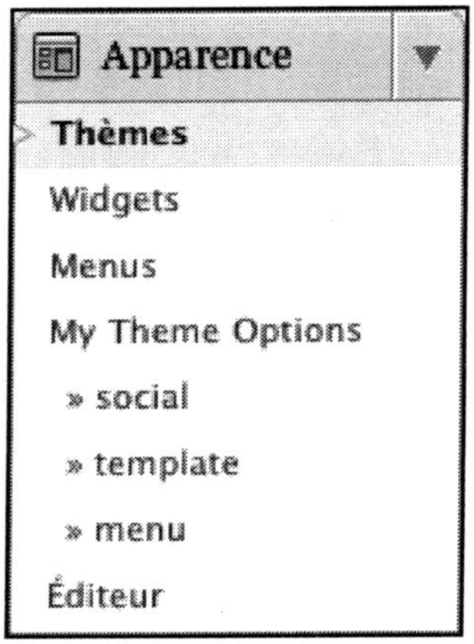

- D'autres thèmes, comme **Arras** que nous utiliserons pour la création de ce site, auront leur propre menu.

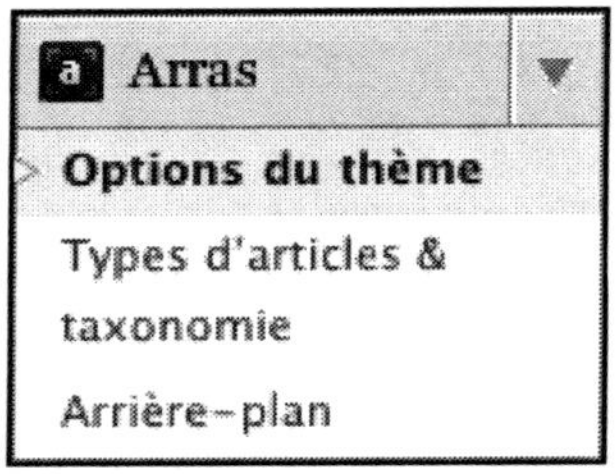

7. Supprimer un thème

➧ Dans la liste des thèmes, cliquez sur le lien **Supprimer** pour le thème voulu.

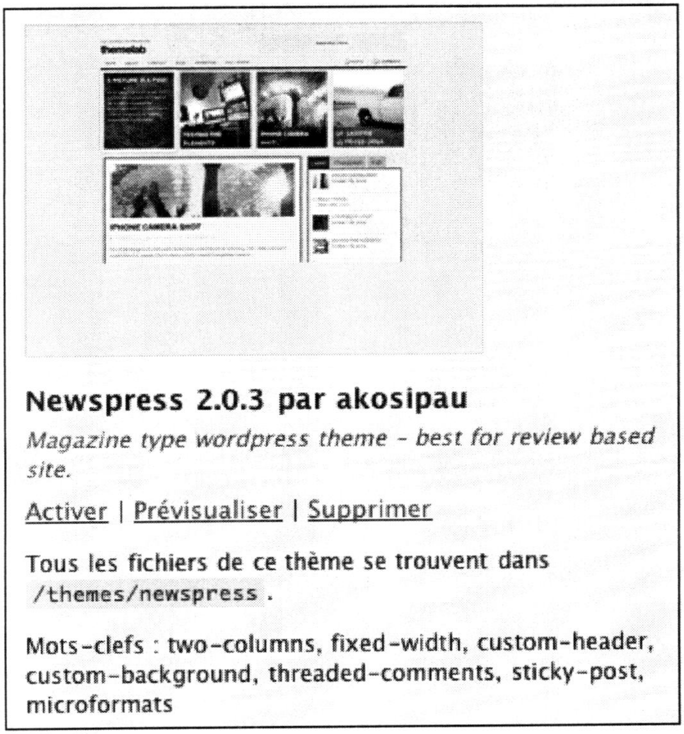

➧ Répondez **OK** dans le message d'alerte pour confirmer la suppression.

Chapitre 4

Le thème du site

A. L'objectif

Dans ce chapitre nous allons apprendre à gérer l'« apparence » du site par l'intermédiaire de ce que l'on appelle un **thème**. C'est une **étape fondamentale** dans la création de votre site, puisque c'est maintenant que vous allez choisir le design de celui-ci.

B. Les thèmes dans WordPress

1. Le premier contact visuel

WordPress, comme tous les CMS, vous propose d'utiliser des « modèles de présentation » pour afficher votre site web. Ces modèles sont nommés **thèmes** dans WordPress. Ce sont les thèmes qui gèrent l'affichage de vos sites web créés avec WordPress.

Le choix du thème est fondamental dans la création de votre site, c'est lui qui va donner le « look & feel » de votre site, c'est le **premier contact visuel** qu'aura l'internaute en arrivant « chez vous ». Donc le thème choisi est très important pour donner immédiatement envie de rester dans votre site.

2. Bien choisir son thème

Il convient donc de bien réfléchir à l'affichage souhaité de votre site, à la navigation, à l'ergonomie voulue. Vous trouverez sur le web des milliers de thèmes pour WordPress. Certains sont gratuits, d'autres payants. Ces derniers, qualifiés de « premium » offrent souvent une très belle interface, une bonne ergonomie et de nombreuses options pour personnaliser le thème dans l'interface d'administration. Cette « traque » du bon thème adapté à vos besoins peut être longue.

Notez que le thème par défaut de WordPress s'appelle Twenty Ten.

Chaque créateur de thèmes, chaque « web designer WordPress » est libre de proposer ce qu'il veut : une ou plusieurs déclinaisons du thème selon une thématique couleur, des paramètres plus ou moins nombreux à gérer dans la gestion du thème (nombre d'articles à afficher dans les différentes catégories, nombre de colonnes, éléments de navigation dans les colonnes latérales...). Vous aurez donc des thèmes avec peu ou pas d'options concernant l'affichage de votre site et des thèmes avec de multiples options d'affichage.

Avant de choisir un thème vous devez vous poser plusieurs questions et essayer d'y répondre au mieux :

- Est-ce un site professionnel, d'une association ou personnel ?
- Que vais-je mettre dans mon site ? Des informations générales peu renouvelées ? Des actualités régulièrement publiées ? Les deux types de contenu : des actualités et des informations « statiques » ?
- Quelle navigation dois-je avoir ? Comment présenter les informations diffusées ?
- Est-ce qu'il faut une ou plusieurs barres de navigation en fonction de l'organisation de l'information ?
- Est-ce qu'il faut un en-tête ? Une ou deux colonnes de lien ? Un pied de page ?
- Est-ce qu'il faut respecter une charte graphique d'entreprise ? Dois-je utiliser des couleurs bien définies ?
- Le contenu sera-t-il fait principalement de texte et d'image ? Dois-je prévoir des vidéos ? Des fichiers PDF ? Des téléchargements ?
- Quel est le « profil » des visiteurs susceptibles de visiter le site ?
- Qui va mettre à jour le site ?

En fonction de vos réponses, partez à la recherche du thème qui répondra au mieux à vos besoins.

Mais quoi qu'il arrive vous aurez toujours la possibilité de personnaliser vous-même les thèmes en modifiant des propriétés dans les styles CSS utilisés ou dans les fichiers PHP gérant l'affichage des pages.

En dernier recours, si vous ne trouvez pas de thème parfaitement adapté à vos besoins, vous pouvez parfaitement demander à un designer de créer un thème pour vous.

3. Quelques exemples de thèmes

Pour vous donner une idée de la richesse des thèmes WordPress, voici quelques exemples de thèmes premium. Vous conviendrez alors de l'importance de choisir le bon thème pour votre site.

Glider d'Elegant Themes (http://www.elegantthemes.com/) :

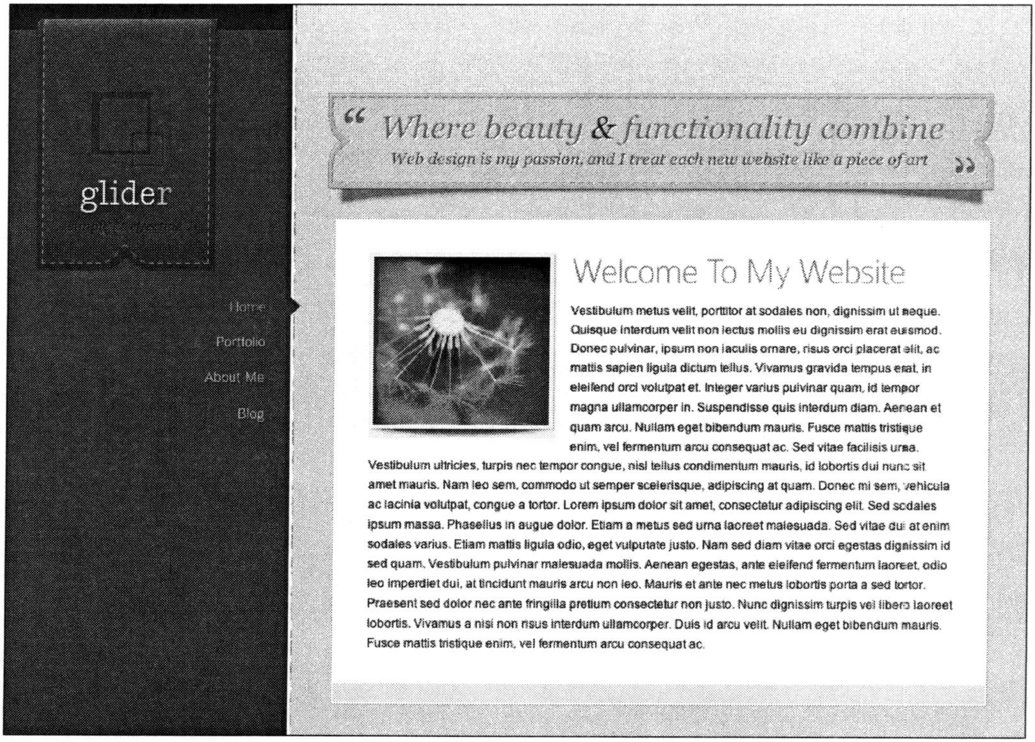

Synergie de Theme Forest (http://themeforest.net/) :

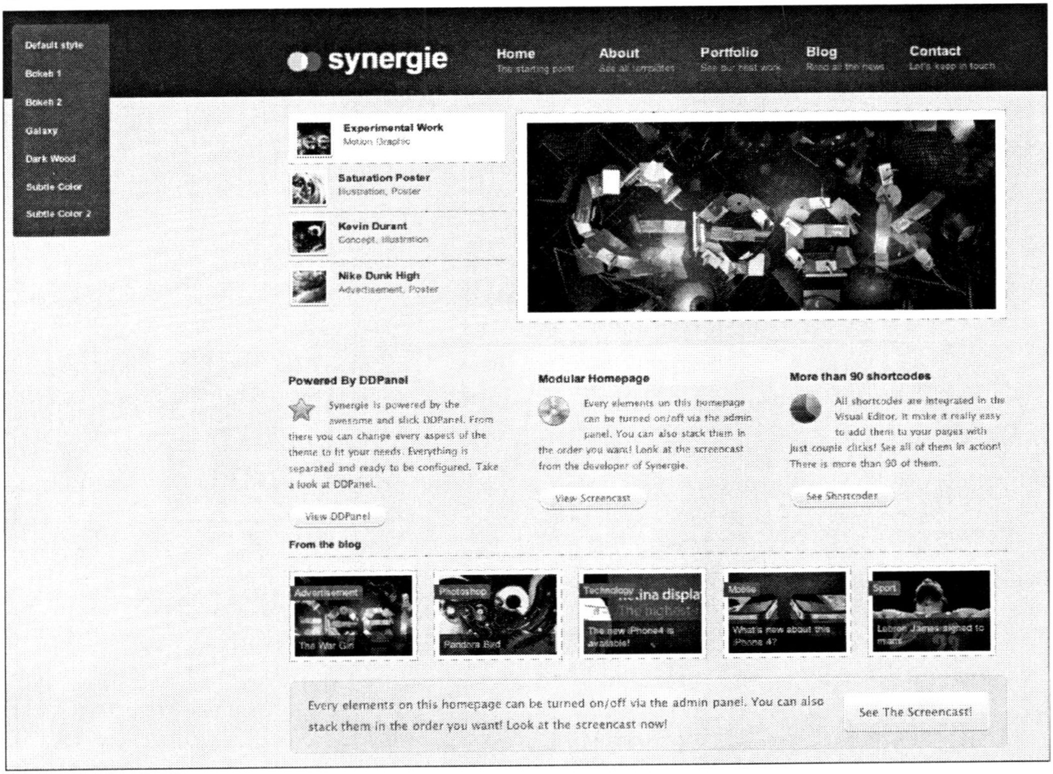

Verbage d'Organic Theme (http://www.organicthemes.com/) :

Spectrum de WOO Theme (http://www.woothemes.com/) :

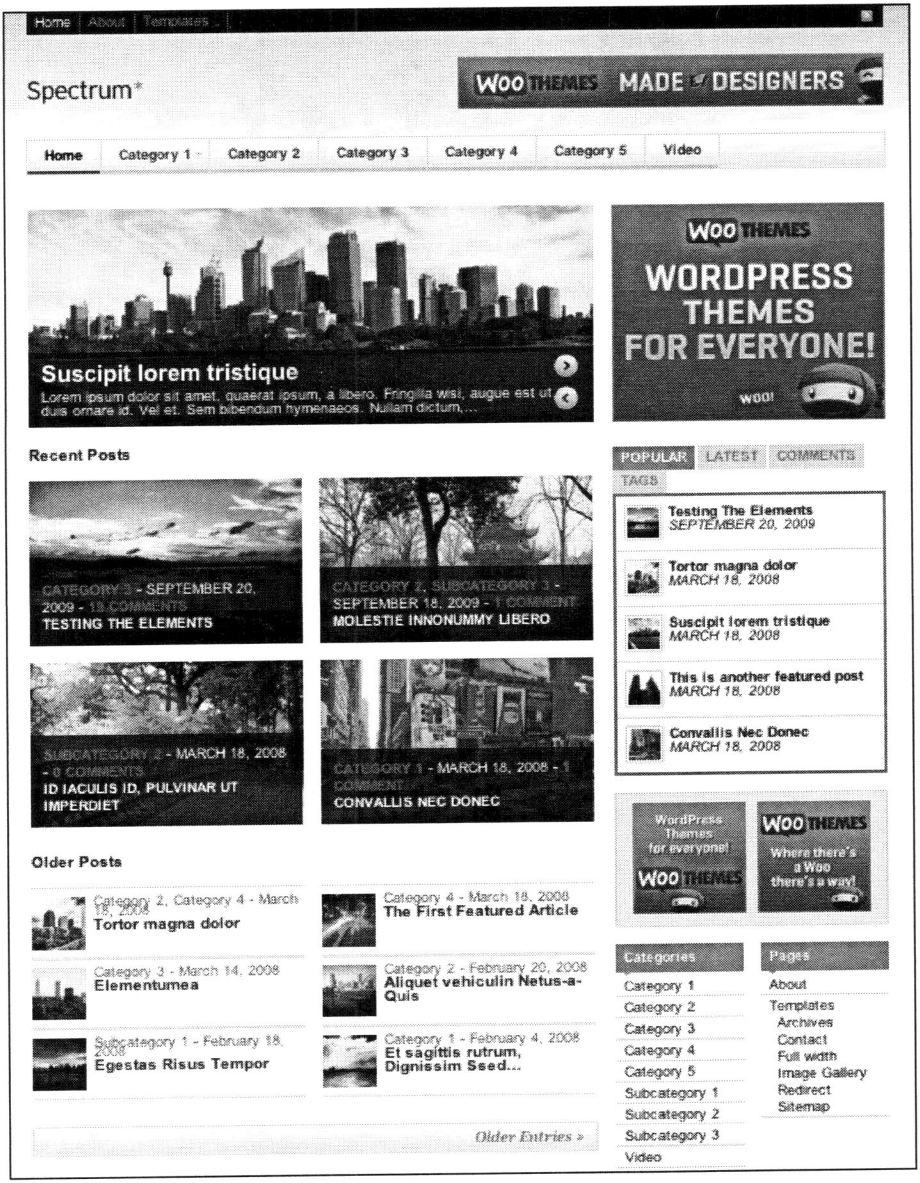

iCompagny de iThemes (http://ithemes.com/) :

C. Le thème pour notre projet

1. Le thème choisi

Dans la réalisation de ce site pour la mairie de la ville de Maville, nous utiliserons un thème gratuit qui répond bien au type de site à créer. Ce thème s'appelle **Arras theme**, vous le trouverez à cette URL : http://www.arrastheme.com/.

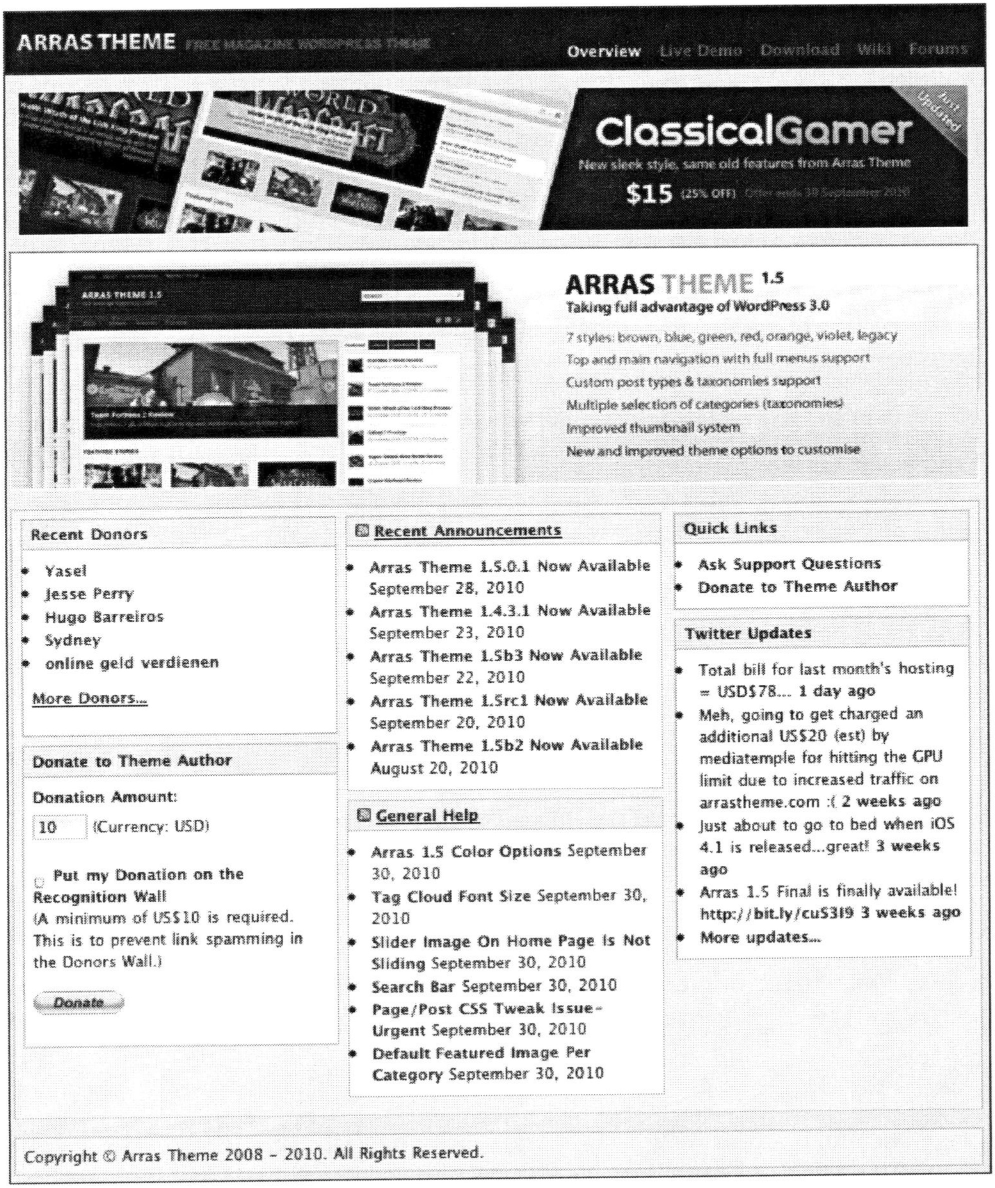
ARRAS THEME
Overview Live Demo Download Wiki Forums
ClassicalGamer
New sleek style, same old features from Arras Theme
$15 (25% OFF)
ARRAS THEME 1.5
Taking full advantage of WordPress 3.0
7 styles: brown, blue, green, red, orange, violet, legacy
Top and main navigation with full menus support
Custom post types & taxonomies support
Multiple selection of categories (taxonomies)
Improved thumbnail system
New and improved theme options to customise
Recent Donors
Yasel
Jesse Perry
Hugo Barreiros
Sydney
online geld verdienen
More Donors...
Donate to Theme Author
Donation Amount:
10 (Currency: USD)
Put my Donation on the Recognition Wall
(A minimum of US$10 is required. This is to prevent link spamming in the Donors Wall.)
Donate
Recent Announcements
Arras Theme 1.5.0.1 Now Available September 28, 2010
Arras Theme 1.4.3.1 Now Available September 23, 2010
Arras Theme 1.5b3 Now Available September 22, 2010
Arras Theme 1.5rc1 Now Available September 20, 2010
Arras Theme 1.5b2 Now Available August 20, 2010
General Help
Arras 1.5 Color Options September 30, 2010
Tag Cloud Font Size September 30, 2010
Slider Image On Home Page Is Not Sliding September 30, 2010
Search Bar September 30, 2010
Page/Post CSS Tweak Issue- Urgent September 30, 2010
Default Featured Image Per Category September 30, 2010
Quick Links
Ask Support Questions
Donate to Theme Author
Twitter Updates
Total bill for last month's hosting = USD$78... 1 day ago
Meh, going to get charged an additional US$20 (est) by mediatemple for hitting the GPU limit due to increased traffic on arrastheme.com :(2 weeks ago
Just about to go to bed when iOS 4.1 is released...great! 3 weeks ago
Arras 1.5 Final is finally available! http://bit.ly/cuS3I9 3 weeks ago
More updates...
Copyright © Arras Theme 2008 - 2010. All Rights Reserved.

2. Télécharger le thème Arras

- Sur le site indiqué, dans le bandeau supérieur cliquez sur le lien **Download**.
- Vous téléchargez alors une archive **arras.1.5.0.1.zip** (version à la date d'octobre 2010).

Nous allons télécharger la traduction française de thème, pour l'interface d'administration, mais aussi pour certains textes dans l'interface utilisateur du site.

- Dans le bandeau supérieur, cliquez sur le lien **Forums**.
- Inscrivez-vous et connectez-vous ensuite en tant que membre.
- Allez dans le forum Arras **Theme**, **Theme Additions**.
- Ouvrez la discussion **[1.5.0.1] French translation / Traduction française**.
- Dans le premier message, téléchargez le fichier **arras_fr-FR.rar**.
- Décompressez l'archive : vous avez deux fichiers, **fr_FR.mo** et **fr_FR.po**.

Le fichier **fr_FR.mo** contient tous les textes traduits. Le fichier **fr_FR.po** permet de modifier les traductions. Pour ce faire, utilisez le logiciel multiplate-forme POEdit (http://www.poedit.net/).

Vous trouverez en téléchargement sur le site des Editions ENI, les fichiers de traduction du thème Arras.

3. Installer le thème Arras

Maintenant, installons le thème.

- Dans l'administration de WordPress, dans le menu **Apparence**, cliquez sur **Thèmes**.

- Puis cliquez sur l'onglet **Installer des thèmes**.
- Cliquez sur le lien **Envoyer**.

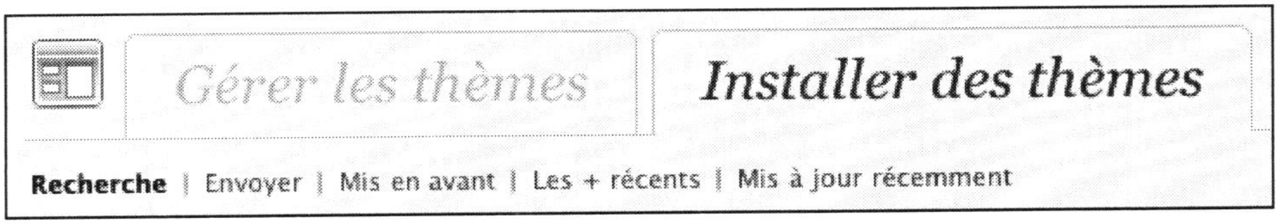

- Dans la zone **Installer un thème au format .zip**, cliquez sur le bouton **Choisir le fichier** pour sélectionner le fichier .zip du thème Arras.

- Cliquez sur le bouton **Installer maintenant**.

Le thème est bien installé.

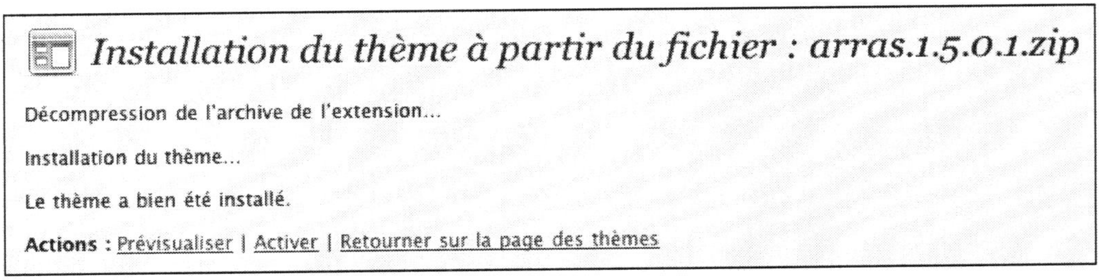

- Cliquez sur le lien **Activer**.

Le thème est activé et vous affichez alors les options de ce thème.

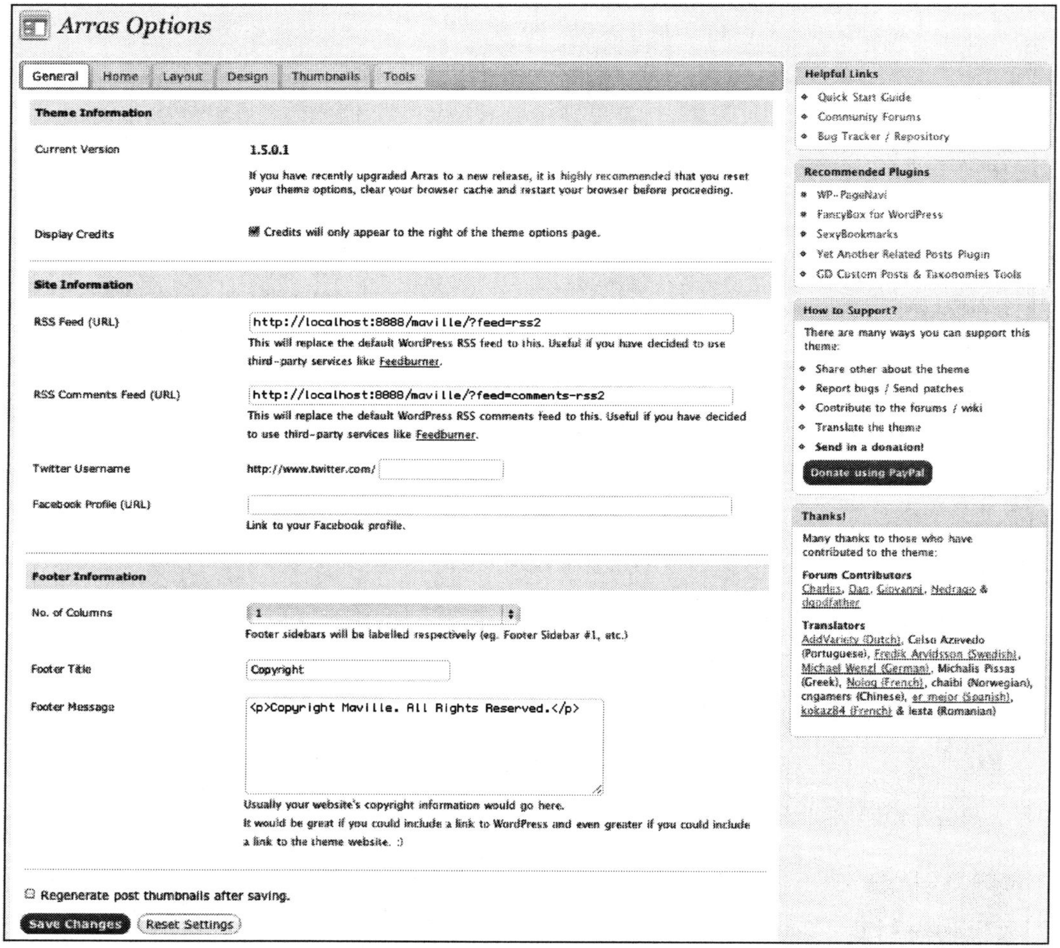

Un menu dédié **Arras** a été créé. L'option **Theme Options** est activée.

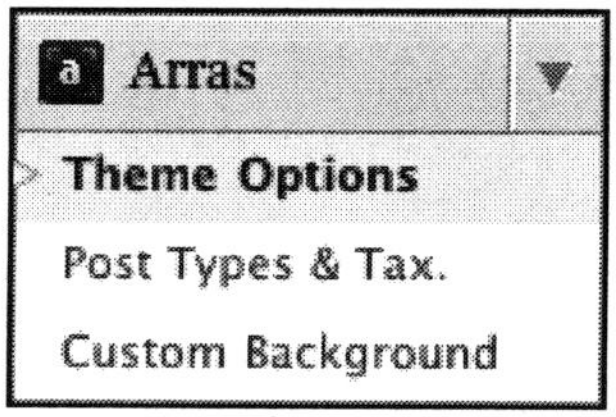

Maintenant nous allons traduire l'administration du thème.

- Dans le dossier **/wp-content/theme/arras/language**, déposez les deux fichiers de traduction **fr_FR.mo** et **fr_FR.po**.
- Déconnectez-vous et reconnectez-vous à l'administration du site, le thème est traduit.

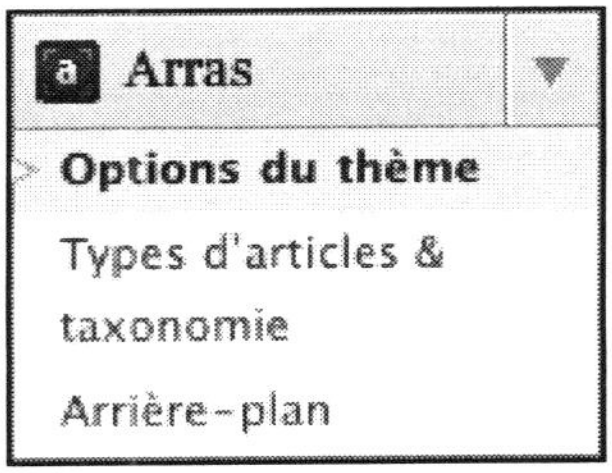

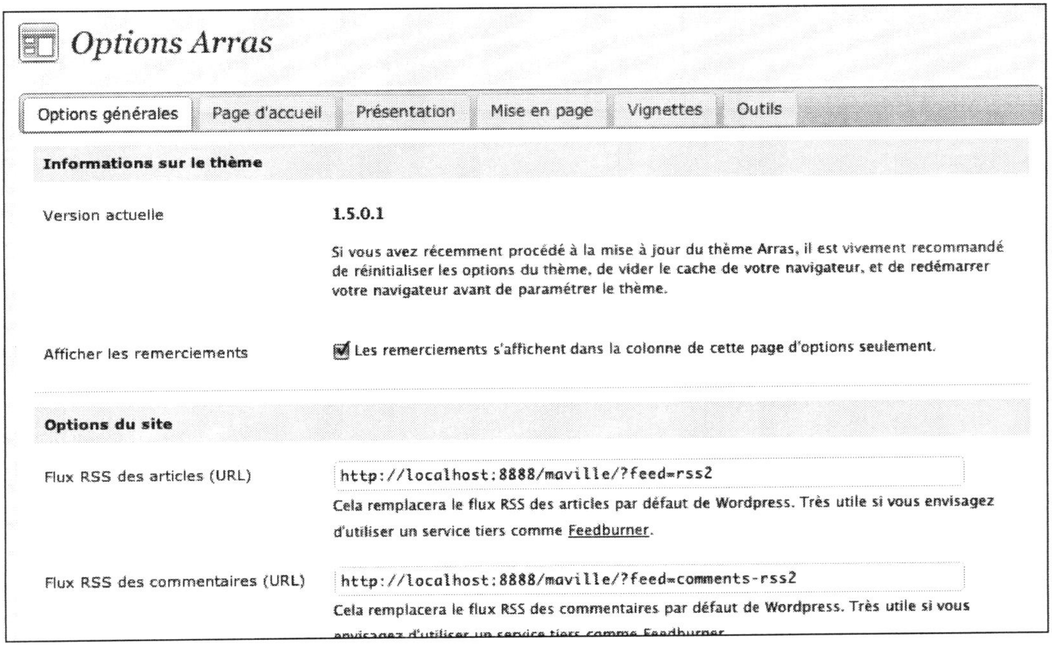

4. Afficher le site avec le thème

- Dans l'administration, dans le bandeau supérieur, cliquez sur le lien associé au nom du site.

Pour le moment nous n'avons pas grand-chose à afficher ! Nous allons créer du contenu au fur et à mesure de l'avancée dans le livre. De plus, nous apprendrons à personnaliser le thème.

Chapitre 5

Organiser le contenu rédactionnel

A. L'objectif

Dans ce chapitre nous allons apprendre à organiser le contenu rédactionnel du site afin d'avoir une structure et une navigation qui soient faciles et ergonomiques. C'est aussi une étape fondamentale dans la création de votre site, vous ne devez en aucune manière la négliger. Nous allons utiliser des articles, des pages, des catégories et des mots-clefs.

B. Les différents types de contenu

Il existe deux types de contenu rédactionnel dans WordPress : les **pages** et les **articles**. Ces deux types ont des rôles bien définis, des objectifs rédactionnels précis que nous allons utiliser pour la création de notre site.

C. Les pages

Les **pages** sont utilisées pour afficher des informations « statiques » qui doivent rester affichées dans le site de manière permanente. Les pages ne sont pas liées aux temps, elles ne sont pas liées à la chronologie de la vie du site.

Les pages sont faites pour afficher des informations générales que l'on trouve habituellement dans une barre de navigation en haut ou à droite de l'écran, cela dépend du thème choisi.

1. Hiérarchie des pages

Pour le moment, nous n'avons pas encore créé de pages (nous le ferons dans le chapitre suivant) : certaines manipulations de ce paragraphe ne pourront donc pas être réalisées, il vous faudra d'abord créer des pages.

Les pages ont aussi la particularité de pouvoir se grouper pour créer des menus déroulants (selon le thème choisi). On parle alors de pages **parent** et **enfant**. Par exemple, dans une page Municipalité, nous pourrions avoir comme sous-page : les élus, les permanences, le budget... Dans cet exemple la page Municipalité est la page **Parent**, les pages les élus, les permanences et le budget sont des pages **Enfant** de la page Parent.

Dans l'exemple de notre site nous allons avoir une page **Parent**, nommée **Les élus**. Elle aura deux pages **Enfant** : **Les élus et leur quartier** et **Les délibérations**.

- Il faut commencer par créer la page parent. Vous allez voir toute la procédure dans le chapitre suivant.

- Dans l'administration du site, dans le menu **Pages**, lors de la rédaction d'une nouvelle page, dans le module **Attributs de la page**, se trouve la liste déroulante **Parent**.

- Laissez le choix sur **(pas de parent)**.
- Puis créez la ou les pages enfant. Dans la liste déroulante **Parent**, choisissez alors la page créée précédemment.

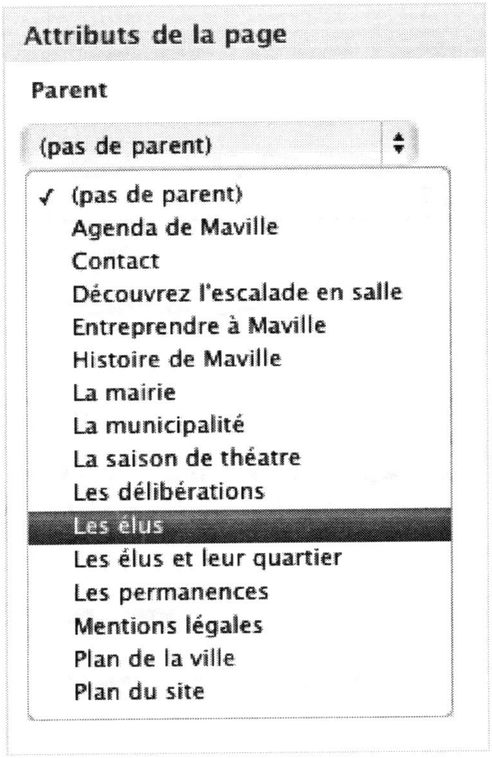

- Dans le menu **Pages - Pages**, vous aurez la liste des pages créées. Vous visualisez alors la hiérarchie des pages :

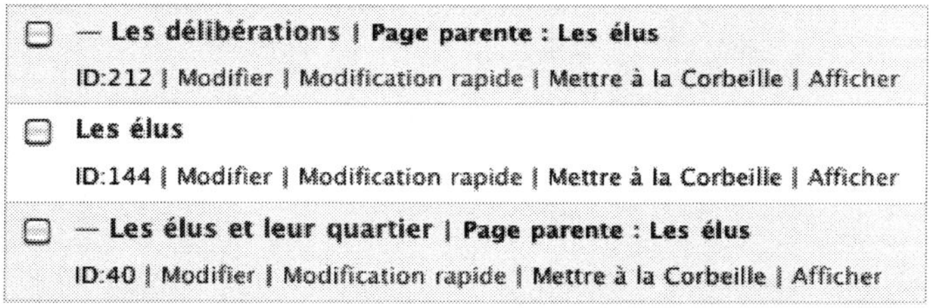

Comme cela a été dit précédemment, la création des menus déroulants à partir des pages sous WordPress dépend du thème choisi. Nous pouvons le faire avec la hiérarchie des pages, mais aussi avec la fonctionnalité Menus. C'est ce que nous utiliserons dans cet exemple de site.

2. Les modèles de pages

La deuxième particularité des pages est la notion de **Modèle**. Les modèles permettent une présentation particulière du contenu de la page. Ce sont les designers des thèmes qui proposent ces modèles, donc la présence ou pas de modèles dépend totalement du designer. Sachez que vous pouvez vous-même créer des modèles.

Le thème **Arras** que nous avons choisi nous propose quatre modèles.

- À la création d'une nouvelle page, dans le module **Attributs de la page**, vous avez la liste déroulante **Modèle**.

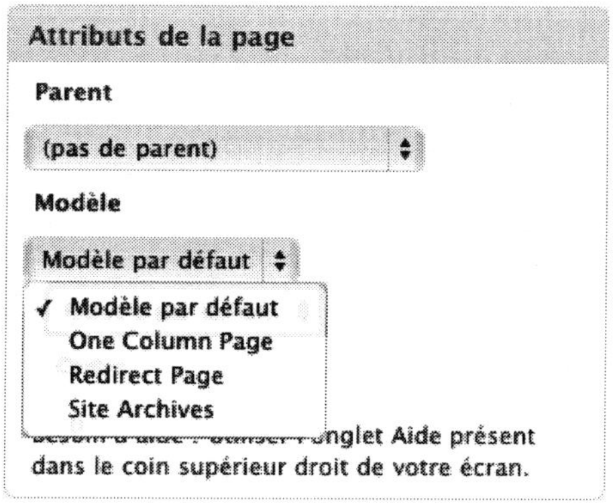

- Choisissez alors le modèle qui vous convient :
  - **Modèle par défaut** propose une mise en page qui conserve la colonne latérale de droite.

- **One Column Page** affiche la page sans la colonne latérale de droite.
- **Redirect Page** permet de rediriger l'internaute vers d'autres pages en relation avec cette page.
- **Site Archive** permet de créer une page contenant la liste des articles, des archives mensuelles, des pages, des catégories et la liste des auteurs.

D. Les articles

À l'inverse, les **articles** sont directement liés aux actualités, aux événements, à la chronologie de la vie du site. Ce sont les articles qui font que le site évolue, vit au fil du temps. Le terme de contenu « dynamique » est souvent utilisé pour qualifier les articles.

Les articles sont affichés « à la une » dans la page d'accueil et changent régulièrement selon l'actualité, selon les annonces. Les visiteurs du site vont d'abord voir les articles de la page d'accueil, c'est le premier contact rédactionnel. Les articles sont immédiatement vus par les visiteurs, contrairement aux pages.

E. Synthèse sur le contenu

Voilà un petit tableau synthétique qui va vous permettre de bien organiser vos contenus en articles et en pages.

	Pages	**Articles**
Statut	Statique	Dynamique
Type	Information générale	Actualité
Visibilité	Par un lien	Immédiate
Position	Barre de navigation	Page d'accueil

F. La taxinomie

Il convient de bien « organiser » les contenus que vous allez créer, aussi bien pour vous que pour vos visiteurs. Pour organiser vos contenus, utilisez une classification dans une structure de « rangement ». Cette organisation s'appelle taxinomie (vous trouverez aussi le mot taxonomie, qui est une traduction « rapide » du mot anglais taxonomy, mais le terme taxonomie est très couramment utilisé en informatique). La taxinomie va permettre de « ranger » vos contenus dans des **catégories** et associer des **mots-clefs** aux articles.

G. Les catégories des articles

1. Organiser les articles

Le visiteur du site va pouvoir avoir une vue organisée du site à l'aide des catégories des **articles**. Tous les articles devront être « rangés », organisés dans des **catégories**. Ces catégories vont permettre aux visiteurs du site de lister tous les articles appartenant à une catégorie donnée. Cela permet aux visiteurs une grande souplesse et une grande facilité d'affichage des articles. Les visiteurs pourront ainsi lister tous les articles relevant d'un sujet ou d'une thématique donné.

Sachez qu'un article peut appartenir à plusieurs catégories et que vous pouvez avoir une structure hiérarchique des catégories. Enfin l'affectation d'une catégorie à un article n'est absolument pas figée, bien au contraire. Dans la vie du site, nous allons pouvoir changer de catégorie certains articles pour qu'ils apparaissent à tel ou tel endroit dans le site.

2. Créer des catégories

➧ Dans l'administration du site, choisissez **Articles - Catégories**.

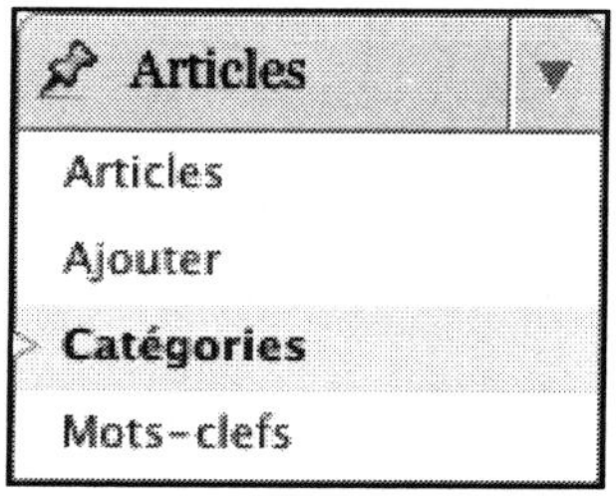

Par défaut, à l'installation de WordPress, vous avez une catégorie nommée **Non classé** qui est proposée.

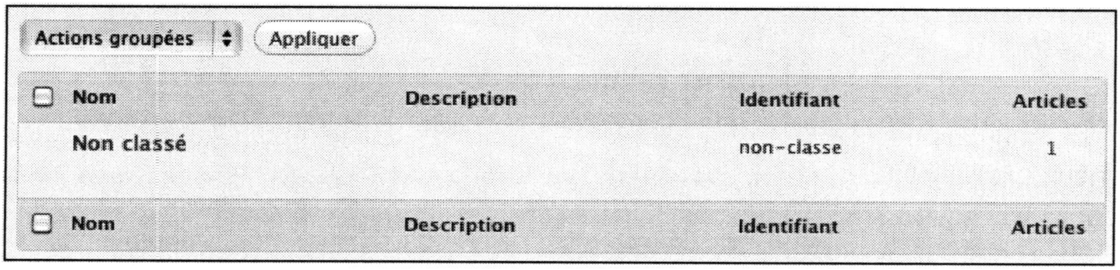

➧ Pour créer une catégorie, utilisez la zone **Catégories**.

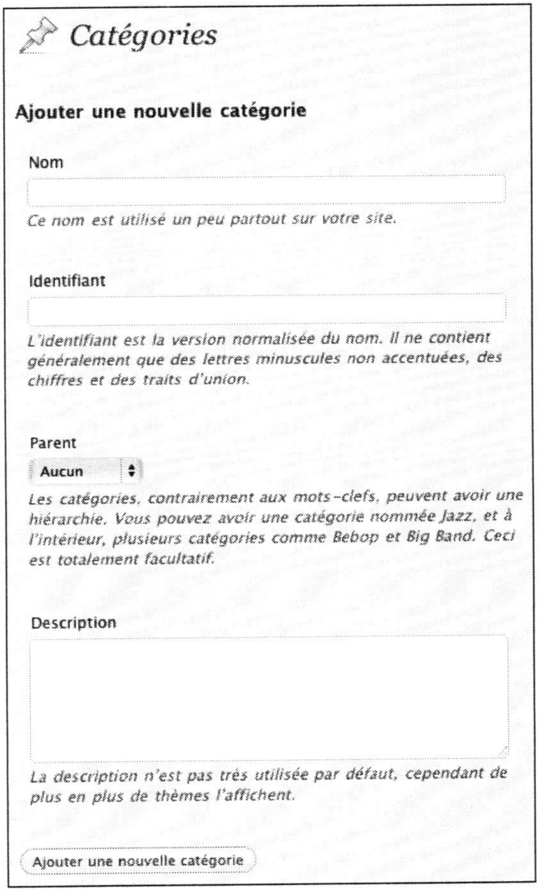

- Le champ **Nom** permet de nommer la nouvelle catégorie.
- Le champ **Identifiant** est le nom de la catégorie pour l'architecture interne de WordPress. L'identifiant se crée automatiquement en fonction du nom saisi précédemment. Si vous décidez de créer vous-même l'identifiant, n'utilisez que des lettres, des chiffres et des traits d'union (pas d'espace, pas d'accent, pas de caractères spéciaux). Cet identifiant est nommé **slug** en anglais et il intervient notamment pour le référencement (voir le dernier chapitre consacré à l'optimisation du site).
- La liste déroulante **Parent** permet de créer une hiérarchie dans les catégories. La catégorie que vous créez pourra avoir comme parent une catégorie déjà créée.

- Le champ de saisie **Description** permet de décrire la catégorie. Certains thèmes WordPress peuvent utiliser cette description.

➧ Quand tous les éléments sont renseignés, cliquez sur le bouton **Ajouter une nouvelle catégorie**.

3. Créer les catégories du projet

Pour notre projet de site web pour la mairie de Maville, nous avons deux types de catégories : celles liées à l'actualité de la commune (**En ce moment**, **Actualités** et **Les brèves**) et celles liées aux documents, aux dossiers mis à disposition des habitants (**Ville**, **Culture**, **Sport**, **Environnement**...).

Nom	Description	Identifiant	Articles
Economie	Les entreprises et la vie économique dans notre ville	economie	0
— Les zones économiques		les-zones-economiques	0
— Les entreprises		les-entreprises	0
Environnement	Toute l'information concernant l'environnement	environnement	0
— Les gestes éco		les-gestes-eco	0
— Ecologie		ecologie	0
Sport	Faire du sport dans notre ville	sport	0
Culture	La culture pour tous	culture	0

Dans cet exemple, vous remarquez que les catégories **Les zones économiques** et **Les entreprises** ont comme parent **Economie**. Même principe avec la catégorie **Environnement** qui possède deux sous-catégories.

4. Gérer les catégories

- Pour modifier une catégorie, dans la liste des catégories, cliquez sur son nom.
- Modifiez alors les paramètres voulus.
- Cliquez sur le bouton **Mettre à jour**.

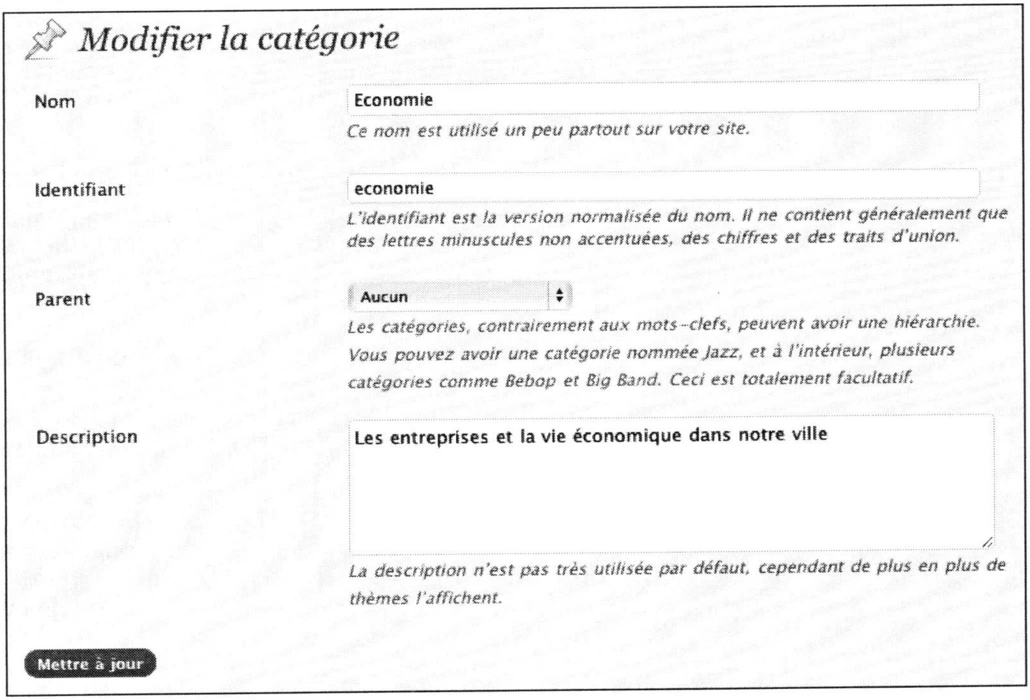

- Vous pouvez aussi cliquer sur le lien **Modification** ou **Modification rapide** qui apparaît au survol du nom de la catégorie.

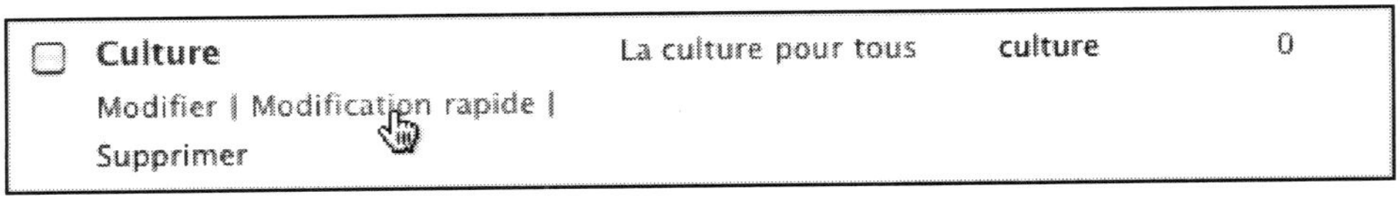

- Vous pouvez alors modifier le **Nom** et l'**Identifiant**.

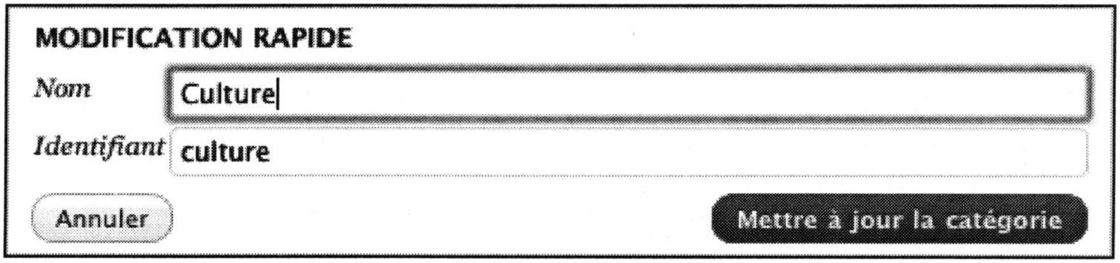

- Cliquez sur le bouton **Mettre à jour la catégorie**.
- Pour supprimer des catégories, sélectionnez-les avec les cases à cocher.

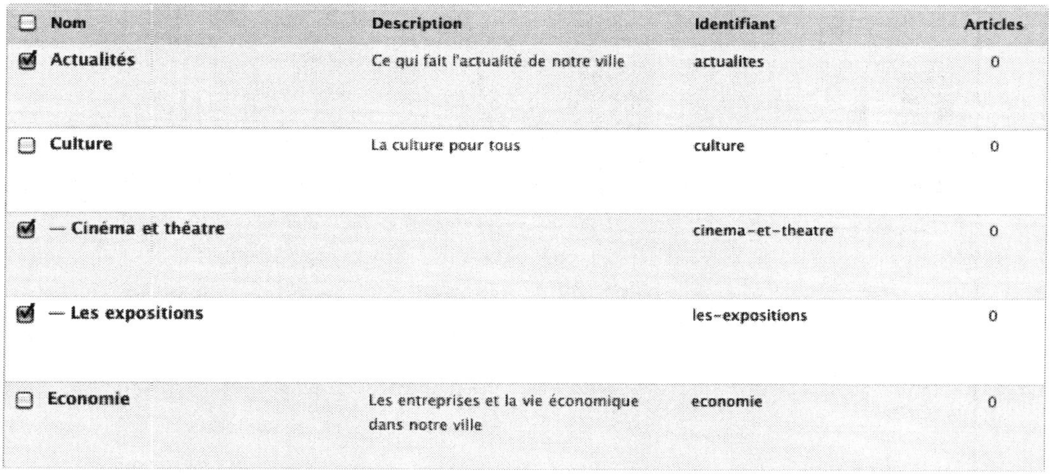

- Dans la liste déroulante **Actions groupées**, choisissez **Supprimer**.

- Cliquez sur le bouton **Appliquer**.

- Pour supprimer une seule catégorie, cliquez sur le lien **Supprimer** qui apparaît au survol de la catégorie.

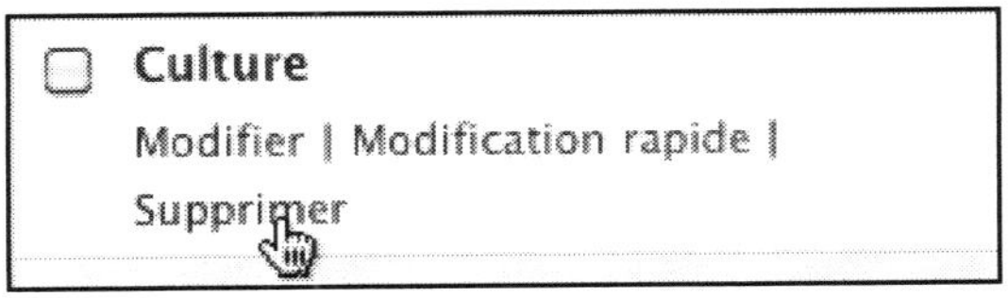

- Pour rechercher une catégorie, utilisez le champ de recherche.

- Pour afficher toutes les catégories suite à une recherche, cliquez sur **Catégories** dans le menu **Articles**.
- Pour définir la catégorie par défaut, dans le menu **Paramètres**, choisissez **Ecriture**. Les articles que vous allez créer seront alors rangés par défaut dans cette catégorie.

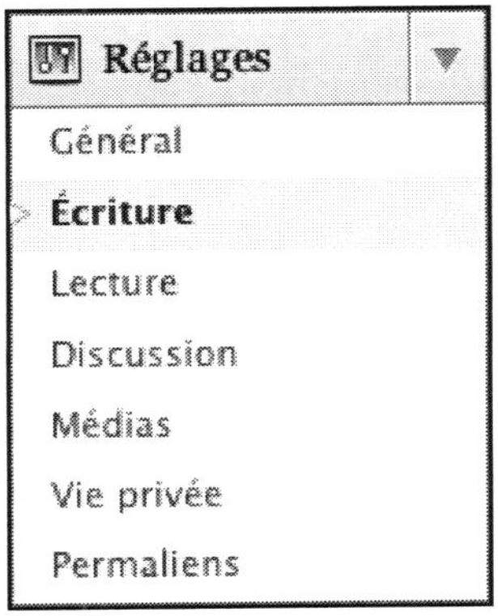

- Dans la liste déroulante **Catégorie par défaut des articles**, choisissez la catégorie voulue.

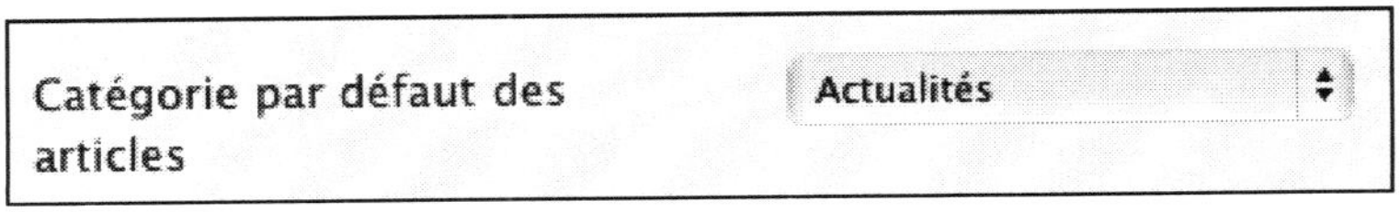

- Pour choisir la catégorie par défaut des articles, dans le menu **Réglages**, choisissez **Ecriture**.

- Dans liste déroulante **Catégorie par défaut des articles**, choisissez la catégorie par défaut, celle qui sera affectée aux nouveaux articles.

H. Les mots-clefs des articles

1. L'utilisation des mots-clefs

À chaque article rédigé nous allons pouvoir insérer des « **mots-clefs** ». Ces mots-clefs vont permettre d'associer, de « marquer » (**tag** en anglais) un article à un certain nombre de mots importants qui vont le qualifier, le caractériser. Par exemple, si un article est rédigé sur des travaux d'aménagement d'une rue de la ville, les mots-clefs « travaux », « voirie », « aménagement » pourront être associés à cet article. D'autres articles pourront partager des mots-clefs communs. Ainsi le visiteur du site pourra cliquer sur le mot-clef « travaux » pour afficher la liste de tous les articles ayant ce mot-clef. C'est très pratique pour le visiteur il pourra alors afficher très rapidement tous les articles ayant un mot-clef commun.

Ces mots-clefs pourront être saisis avant la rédaction des articles. Cela permettra ensuite de choisir rapidement un mot-clef sans se tromper sur son orthographe, lors de la rédaction de l'article. Bien sûr, vous pourrez saisir de nouveaux mots-clefs en cours de rédaction.

2. Créer les mots-clefs

- Dans l'administration du site, sélectionnez **Articles - Mots-clefs**.

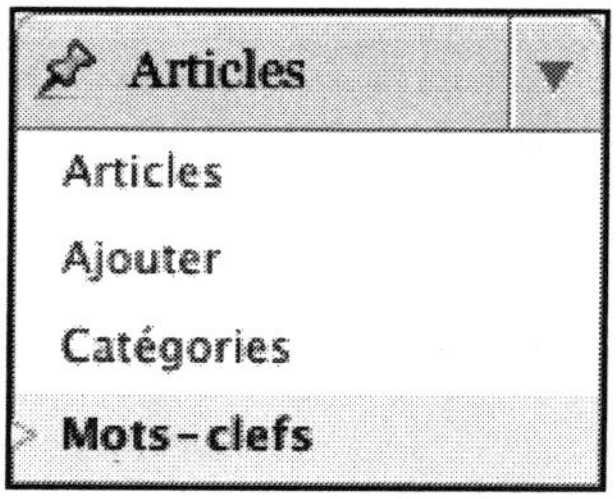

- Dans la zone **Ajouter un nouveau mot-clef**, renseignez les différents champs : **Nom**, **Identifiant** et **Description**.

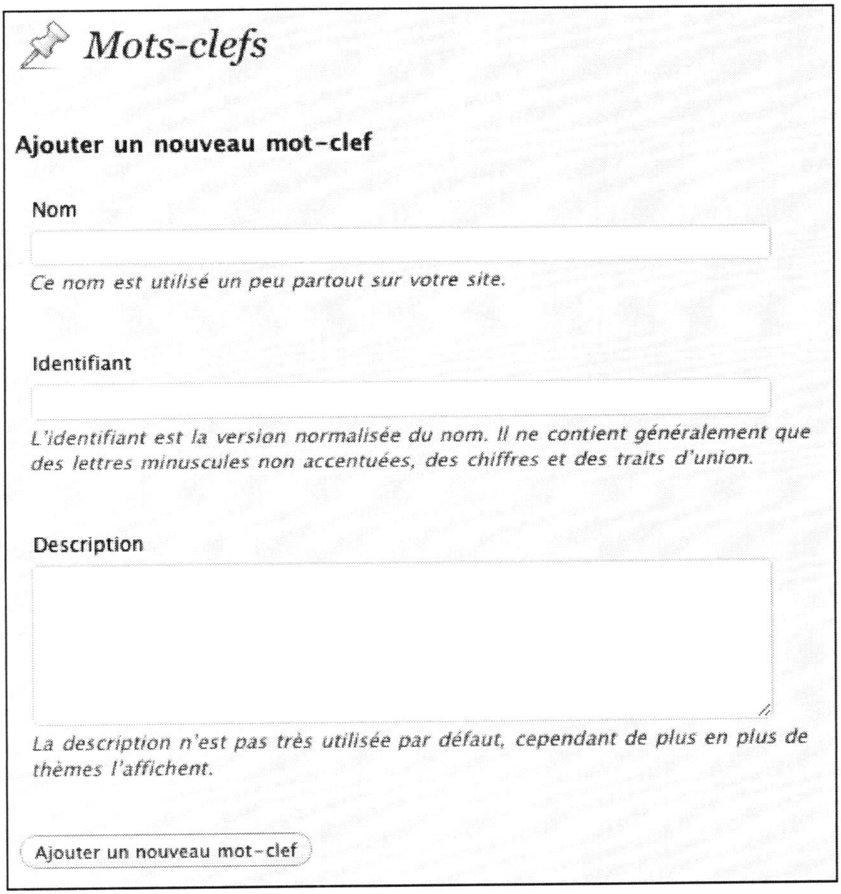

Vous retrouvez les mêmes fonctionnalités que pour les catégories.

Vous avez alors la liste des mots-clefs saisis.

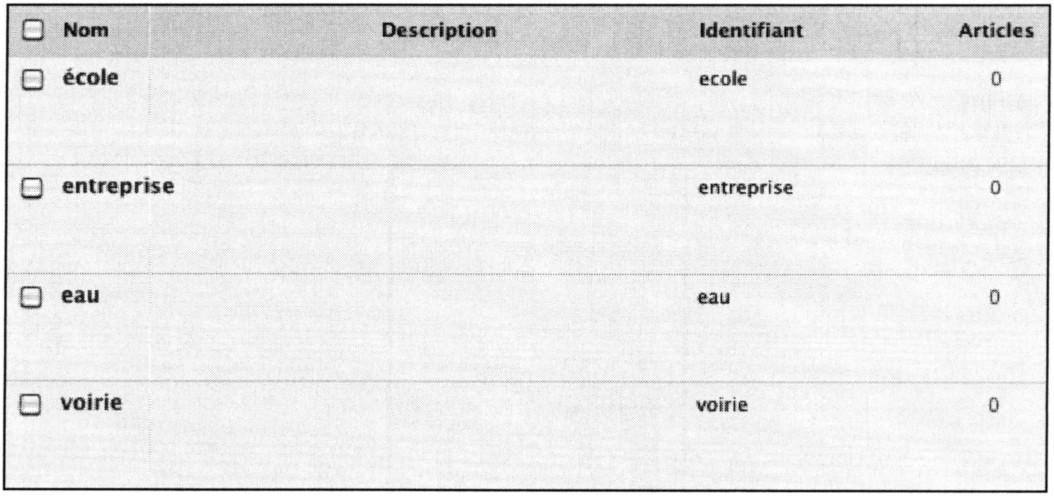

Nom	Description	Identifiant	Articles
école		ecole	0
entreprise		entreprise	0
eau		eau	0
voirie		voirie	0

3. Gérer les mots-clefs

- Pour modifier, supprimer et rechercher des mots-clefs, vous retrouvez exactement les mêmes fonctionnalités vues précédemment pour les catégories.

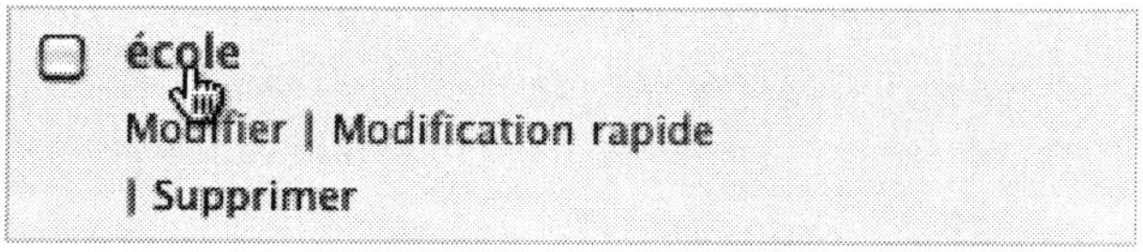

I. La taxinomie pour les pages

1. La limitation dans WordPress

Dans WordPress cette taxinomie, catégories et mots-clefs, n'est utilisable que pour les contenus de type article, pas pour les pages. Nous allons ajouter une extension pour WordPress afin que les pages puissent aussi profiter des catégories et des mots-clefs.

2. Installer l'extension

Nous allons installer l'extension **Ninja Page Categories and Tags**. Pour l'installation des extensions reportez-vous au chapitre L'administration du site, à la section Télécharger et installer une extension.

- Allez à cette URL :
  http://wordpress.org/extend/plugins/ninja-page-categories-and-tags/
- Téléchargez le fichier nommé **ninja-page-categories-and-tags.zip**, installez et activez l'extension.

3. Utiliser la taxinomie

Maintenant toutes les catégories et tous les mots-clefs seront utilisables lorsque nous rédigerons un contenu de type **Page**. Nous verrons la rédaction des contenus, articles et pages, dans le chapitre suivant.

J. La vie du contenu dans le site

Nous venons de voir comment créer des catégories pour organiser au mieux le contenu rédactionnel du site entre les pages et les articles.

Le site que vous allez créer va vivre, de nouveaux articles d'actualité vont être créés et ils devront être catégorisés correctement. Pour les articles nous aurons trois catégories : **En ce moment** pour les articles qui vont apparaître dans le diaporama du haut, **Actualités** pour les articles à afficher en bloc et **Les brèves** pour les articles affichés sous forme de liste.

Cette copie d'écran représente un état plus avancé du site, correspondant à l'ajout de nombreux articles (ce que vous allez voir dans le chapitre suivant).

Mais vous n'allez pas conserver les articles d'actualité dans ces trois catégories éternellement ! Une fois l'annonce faite, au bout de quelques jours que vous allez déterminer, l'article d'actualité devra changer de catégorie pour laisser la place aux futures autres nouvelles. Vous allez donc changer de catégorie les articles d'actualité obsolètes. Vous allez les « déplacer » dans la catégorie correspondant au contenu de l'article. Dans l'exemple de ce site, les catégories apparaissent dans le bloc **Vivre la ville**, dans la colonne latérale droite.

Ainsi les administrés de Maville pourront toujours retrouver une nouvelle dans la bonne catégorie au cours de la vie du site.

Par exemple, l'article **Un film se tourne dans notre ville** qui est dans la catégorie **En ce moment**, pourra passer dans la catégorie **Cinéma et théâtre**. De la une, l'article passera aux contenus consultables par la barre de navigation.

- Dans le menu **Articles**, choisissez **Articles** pour lister tous les articles.

- Pour l'article voulu, cliquez sur le lien **Modification rapide**.
- Dans la liste Catégories, cochez la catégorie **Cinéma et théâtre** et pensez aussi à décocher la catégorie **En ce moment** (un article peut appartenir à plusieurs catégories).

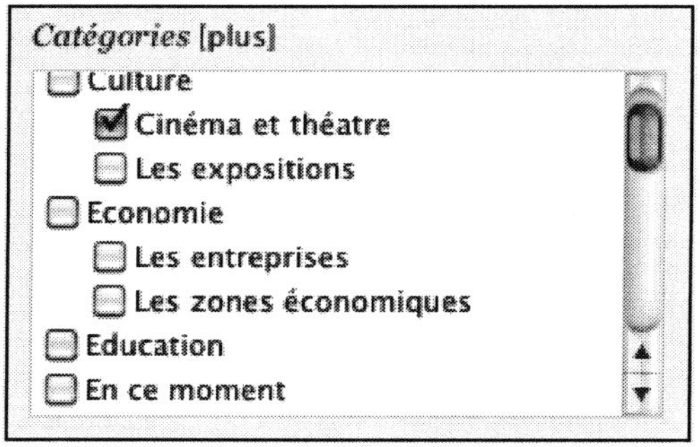

➧ Cliquez sur le bouton **Mettre à jour**.

C'est à vous, en tant qu'administrateur du site, de bien gérer les articles et les catégories, de bien faire vivre et évoluer votre site.

Chapitre 6

Rédiger le contenu

A. L'objectif

Dans ce chapitre nous allons apprendre à rédiger le contenu des articles et des pages, à ajouter et à mettre en forme du texte, à insérer des images et des vidéos.

Utilisez les techniques décrites dans ce chapitre pour créer du contenu (articles et pages). Ce contenu sera ensuite utilisé dans les chapitres suivants. Pour « enregistrer » ces contenus, reportez-vous au chapitre Gérer le contenu, à la section La gestion des contenus.

B. Créer du contenu

1. Écrire pour le web

Un site web c'est avant tout du contenu à lire ! Un site web a beau être « très beau », s'il n'y a rien à lire, rien à apprendre, rien à partager... cela ne sert pas à grand-chose. Le contenu prime ! Mais rédiger pour le web n'est pas du tout la même chose qu'écrire pour l'impression. Le média de diffusion est différent, le support est différent et varié (écran d'ordinateur, de smartphone, de tablette tactile...), la lecture est différente, le temps à consacrer n'est pas le même...

Voici une liste non exhaustive de quelques sites qui traitent du sujet :

- http://plumeinteractive.canalblog.com/
- http://www.ecrirepourleweb.com/
- http://www.action-redaction.com/
- http://www.redaction.be/
- http://www.concepteur-redacteur-blog.com/
- http://www.my.epokhe.com/
- http://www.slideshare.net/lucos/ecrire-pour-le-web-en-2010

2. Créer une nouvelle page

➧ Dans le menu **Pages**, choisissez **Ajouter**.

- Ou dans le **Tableau de bord**, dans le bandeau supérieur, cliquez sur le lien **Nouvelle page**.

3. Créer un nouvel article

- Dans le menu **Pages**, choisissez **Ajouter**.

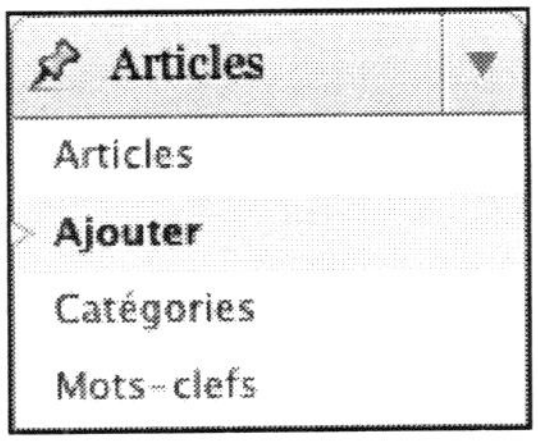

- Ou dans le **Tableau de bord**, dans le bandeau supérieur, cliquez sur le bouton **Nouvel article**.

- Dans le **Tableau de bord**, vous pouvez aussi utiliser le module **Press-Minute**.

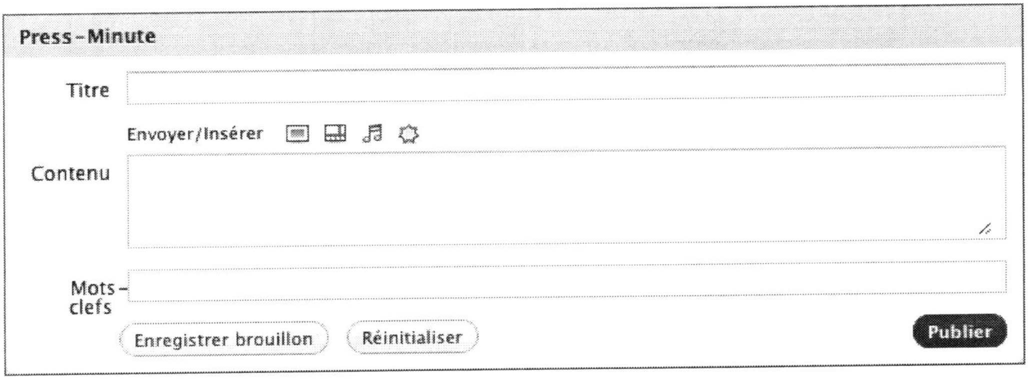

4. Saisir le titre et le contenu

Que vous rédigiez une page ou un article, le principe est le même.

- Dans le champ **Saisissez le titre ici**, saisissez le titre de la page ou de l'article.

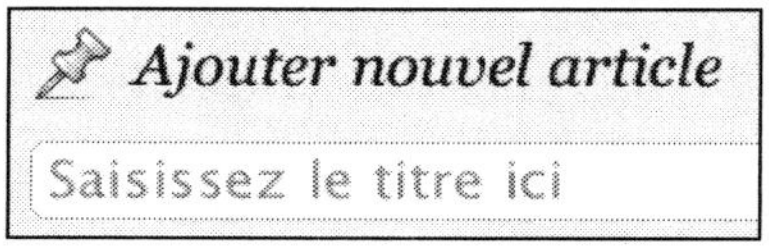

- Dans le champ de saisie, saisissez le contenu.

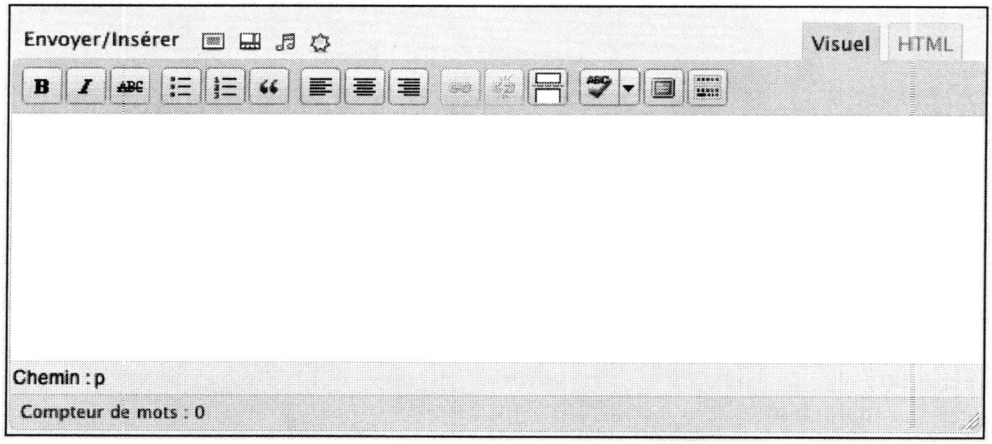

5. La mise en forme du texte

- Pour effectuer une mise en forme du contenu, sélectionnez le texte à mettre en forme et utilisez la barre d'outils.

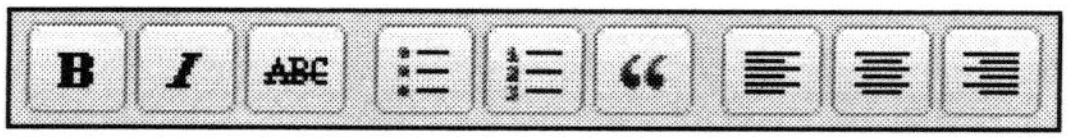

Ces boutons permettent de :

- Mettre en gras,
- Mettre en italique,

- Mettre en barré,
- Créer une liste à puces,
- Créer une liste numérotée,
- Créer une citation,
- Aligner à gauche,
- Centrer,
- Aligner à droite.

6. Gérer les liens

- Sélectionnez le ou les mots du lien.
- Cliquez sur le bouton **Insérer un lien** .
- Dans le champ **Cible du lien**, saisissez l'URL voulue.
- Dans la liste déroulante **Cible**, choisissez comment doit s'ouvrir la fenêtre du lien : **Fenêtre courante**, pour que le lien s'ouvre dans la même fenêtre que votre site ; **Nouvelle fenêtre**, pour que le lien s'ouvre dans une nouvelle fenêtre, ou un nouvel onglet du navigateur.
- Dans le champ **Titre**, saisissez le texte qui doit apparaît au survol du lien (élément HTML `title`).
- Dans la liste déroulante **Classe**, vous pouvez choisir une classe CSS proposée par le thème affecté à votre site, pour la mise en forme du lien.

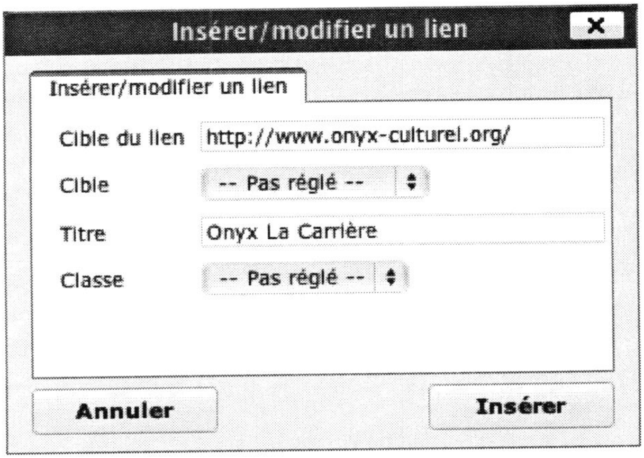

- Cliquez sur le bouton **Insérer**.

- Pour modifier le lien, sélectionnez le texte du lien et cliquez sur le bouton .
- Pour supprimer le lien, sélectionnez le texte du lien et cliquez sur le bouton .

7. La correction orthographique

- Dans la liste déroulante du bouton , choisissez la langue de votre texte.
- Puis cliquez sur le bouton pour lancer la correction.

8. La rédaction plein écran

- Pour rédiger en mode plein écran, cliquez sur le bouton .
- Pour revenir dans l'environnement de rédaction classique, cliquez sur ce même bouton.

9. Les options avancées

- Pour afficher la barre d'outils des options avancées, cliquez sur le bouton .

Vous avez alors accès aux boutons pour :

- Choisir un format de texte : **Paragraphe** (<p>), **Titre 1** (<h1>), **Titre 2** (<h2>)...
- Mettre en souligné,
- Appliquer un alignement justifié,
- choisir une couleur pour le texte,
- Coller sans mise en forme un texte copié,
- Coller avec des options un texte provenant de Microsoft Word,
- Effacer la mise en forme,
- Insérer ou modifier un élément multimédia,
- Insérer un caractère spécial,
- Supprimer un retrait de paragraphe,
- Ajouter un retrait de paragraphe,
- Annuler,
- Rétablir,
- Demander de l'aide.

10. Appliquer une mise en forme HTML

- Si vous maîtrisiez bien la syntaxe HTML/CSS, vous pouvez accéder au code en cliquant sur le bouton HTML.

11. Utiliser un autre éditeur de texte

L'éditeur de texte intégré à WordPress est souvent suffisant, mais pour des besoins plus avancés vous souhaitez peut-être avoir plus de fonctionnalités de mise en forme. Installez l'extension **TinyMCE Advanced**.

- Allez à cette URL : http://wordpress.org/extend/plugins/tinymce-advanced/
- Téléchargez le fichier **tinymce-advanced.3.2.7.zip**, installez et activez l'extension.
- Dans le menu **Réglages**, choisissez **TinyMCE Advanced**.
- Dans la partie inférieure de la fenêtre, sélectionnez les outils de mise en forme supplémentaires que vous souhaitez et glissez-les dans les deux barres d'outils grises supérieures.

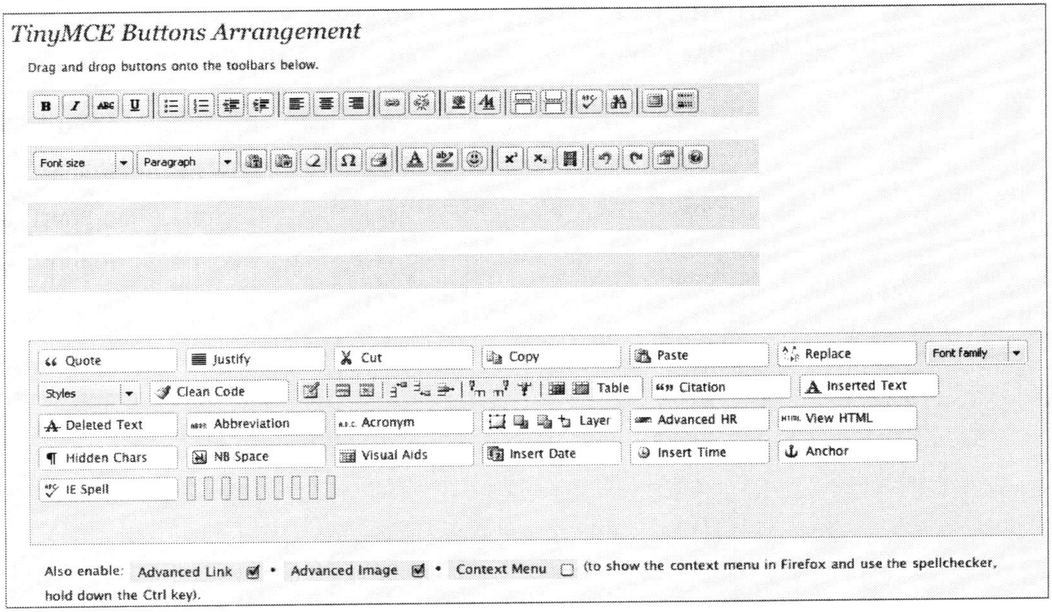

- Cliquez sur le bouton **Save Changes**.

- Vous disposez maintenant d'outils de mise en forme supplémentaires pour la rédaction de vos contenus :

Mais attention à ne pas permettre trop de mise en forme, car cela peut nuire à l'homogénéité des contenus et engendrer des contenus à la mise en forme « perroquet ». Au final, vous perdrez en qualité visuelle et en facilité de lecture.

12. Les réglages liés à la rédaction

Pour gérer la mise en forme du contenu, vous pouvez indiquer si vous souhaitez utiliser des émoticônes ou pas et si vous souhaitez que WordPress corrige les éléments HTML non valides.

- Dans le menu **Réglages**, choisissez **Écriture**.
- Utilisez la zone **Mise en forme**.

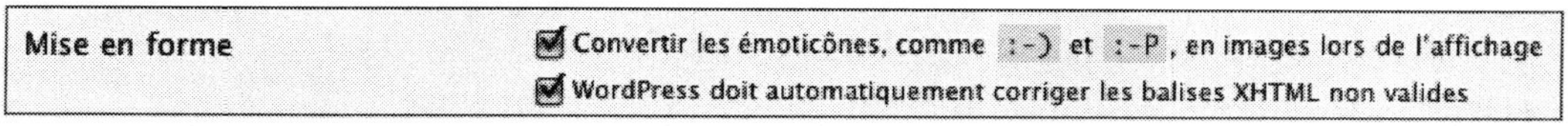

Vous pouvez aussi rédiger des articles par mail et les publier.

- Dans le menu **Réglages**, choisissez **Écriture**.
- Utilisez la zone **Envoi d'article par e-mail**.

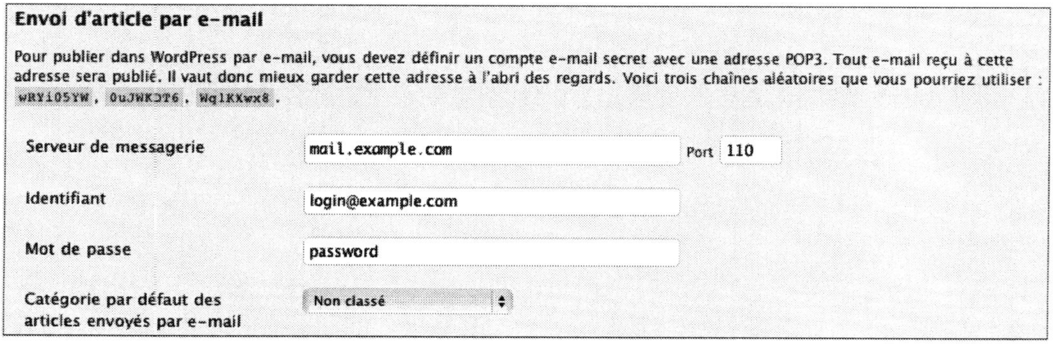

Enfin, vous pouvez aussi rédiger vos articles avec un autre « logiciel client de WordPress » pour plus de facilité rédactionnelle et pour éviter de vous connecter à l'interface d'administration.

- Dans le menu **Réglages**, choisissez **Écriture**.
- Utilisez la zone **Publication à distance**.

- Pensez à enregistrer vos modifications en cliquant sur le bouton **Enregistrer les modifications**.

Dernier réglage concernant la rédaction des articles, l'affichage des auteurs des articles. Notez que vous apprendrez à gérer vos utilisateurs dans le chapitre Les utilisateurs. Quand un auteur rédige un contenu, vous pouvez décider d'afficher son nom.

- Dans le menu **Arras**, choisissez **Options du thème**, puis cliquez sur l'onglet **Présentation**.
- Utilisez le module **Options des articles seuls**.

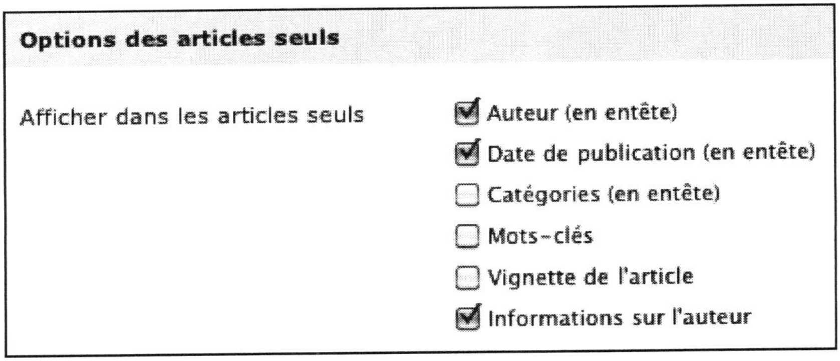

L'option **Auteur (en entête)** permet d'afficher le nom de l'auteur sous le titre de l'article.

L'option **Informations sur l'auteur** permet d'afficher les informations concernant l'auteur sous l'article, dans un cadre gris avec l'utilisation du thème Arras.

Dans l'exemple de ce site, nous n'afficherons pas ces éléments.

- Décochez ces deux options.
- En bas de l'écran, cliquez sur le bouton **Enregistrer les changements**.

C. Gérer les images

1. Insérer une image stockée sur votre machine

- Dans votre texte, cliquez là où doit être insérée l'image.
- Dans les boutons **Envoyer/Insérer**, cliquez sur le bouton **Ajouter une image**.

- Dans la fenêtre **Ajouter une image**, l'onglet **Depuis votre ordinateur** est actif.

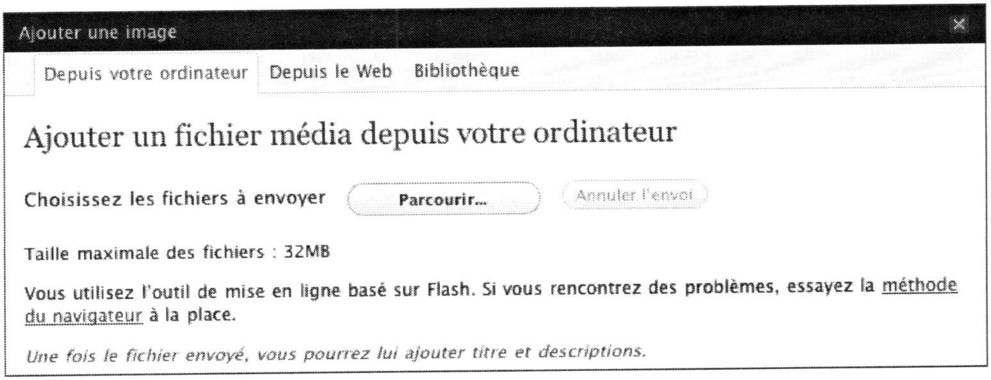

➧ Cliquez sur le bouton **Parcourir** pour sélectionner l'image à insérer, cette image se trouvant sur votre machine.

- L'image à insérer apparaît sous la forme d'une vignette, avec le **Nom du fichier**, le **Type du fichier**, la **Date de mise en ligne** et les **Tailles**.
- Sous la vignette de l'image, le bouton **Modifier l'image** permet d'effectuer un recadrage de l'image.

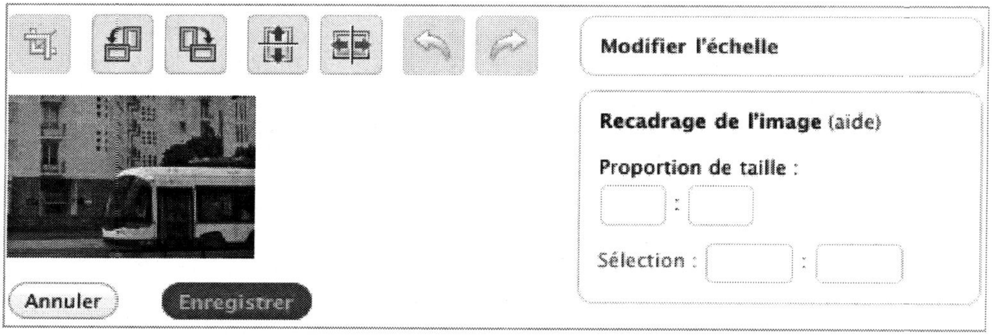

- Les boutons vous permettent respectivement de :
  - recadrer l'image,
  - faire une rotation dans le sens anti-horaire ou horaire,
  - d'avoir une symétrie verticale ou horizontale,
  - d'annuler ou de rétablir une action.
- Le lien **Modifier l'échelle** permet de redimensionner l'image.
- La zone **Recadrage de l'image** permet de recadrer l'image afin de n'en conserver qu'une partie.
- Dans le champ **Titre**, saisissez le titre de l'image qui apparaîtra au survol de la souris sur l'image (attribut HTML `title`).
- Le champ **Texte alternatif** correspond à l'attribut HTML `alt` et sera utilisé entre autres pour l'accessibilité de la page pour les personnes handicapées.
- Dans le champ **Légende** saisissez le texte qui apparaîtra en tant que légende sous l'image.
- Le champ **Description** permet d'ajouter une description pour l'interface d'administration.
- Le champ **Cible du lien** permet d'indiquer ce qui va se passer si l'utilisateur clique sur l'image. **Aucun** : il ne se passe rien. **Adresse web du fichier** permet d'afficher l'image dans une fenêtre. **Adresse web de l'article** permet par défaut d'afficher l'article qui contient cette image, mais vous pouvez indiquer une autre URL d'un autre article, d'une autre page.

- Les options d'**Alignement** permettent de choisir si l'image est « habillée » par le texte, la position de l'image dans le texte.
- Les options disponibles dans **Taille** permettent de choisir la taille d'insertion de l'image dans le texte.
- Une fois que vous avez renseigné tous les champs voulus, cliquez sur le bouton **Insérer dans l'article**.

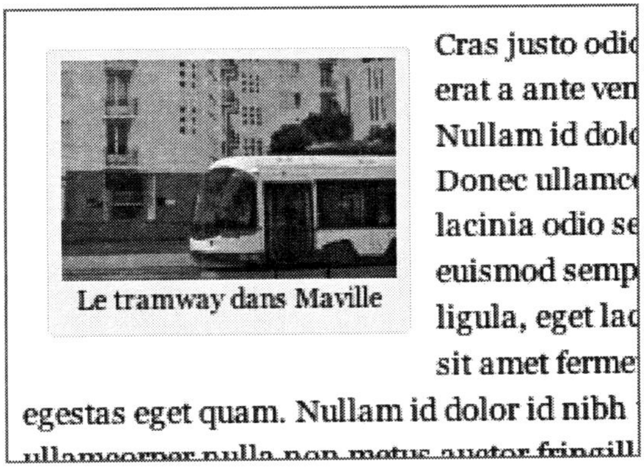

2. Insérer une image du web

- Dans votre texte, cliquez là où doit être insérée l'image.
- Dans les boutons **Envoyer/Insérer**, cliquez sur le bouton **Ajouter une image**.
- Dans la fenêtre **Ajouter une image**, cliquez sur l'onglet **Depuis le Web**.

- Dans le champ **Adresse web de l'image**, indiquez ou collez l'URL de l'image à insérer. Vous retrouvez les mêmes options vues précédemment.

3. Insérer une galerie d'images

Quand vous avez déjà inséré des images, vous pouvez en créer une galerie photos.

- Dans votre texte, cliquez là où doit être insérée la galerie.
- Dans les boutons **Envoyer/Insérer**, cliquez sur le bouton **Ajouter une image** .
- Dans la fenêtre **Ajouter une image**, cliquez sur l'onglet **Galerie**.

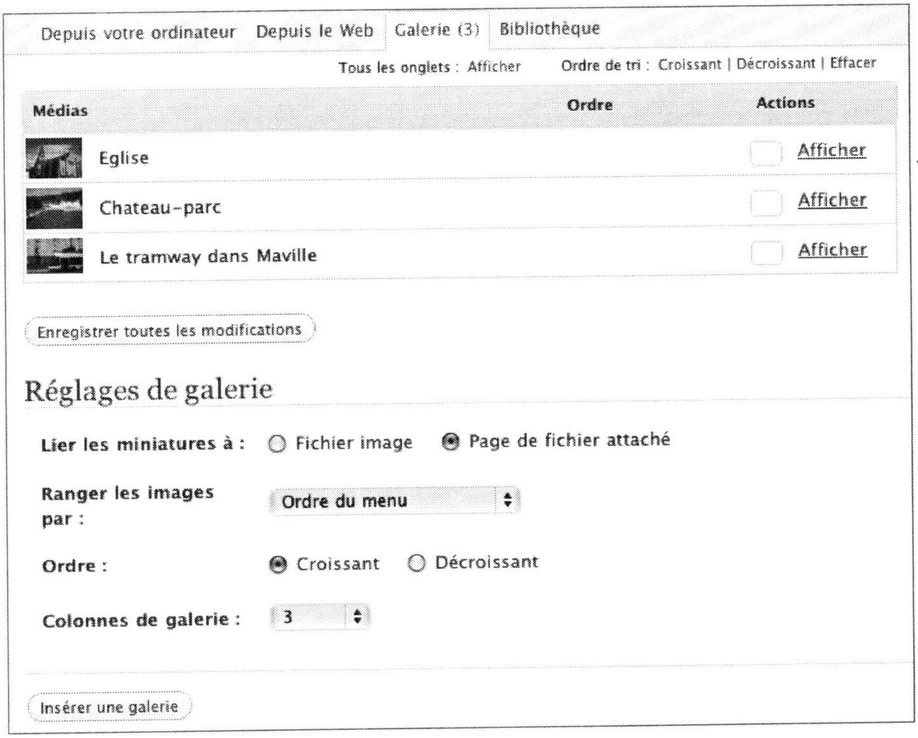

- Dans la zone **Lier les miniatures à**, l'option **Fichier image** permet d'afficher l'image seule dans la fenêtre du navigateur, l'option **Page de fichier attaché** permet d'afficher l'image seule dans l'article.
- Dans la liste déroulante **Ranger les images par**, choisissez comment seront affichées les images de la galerie.
- Choisissez un **Ordre** d'affichage.
- Choisissez le nombre de **Colonnes de galerie**.
- Cliquez sur le bouton **Insérer une galerie**.

La galerie apparaît avec son icône particulière dans l'article.

4. Modifier les images

- Pour modifier une image, sélectionnez-la.

- Cliquez sur le premier bouton apparu sur l'image.

  L'onglet **Modifier l'image** est alors actif.

- Dans la colonne **Taille**, vous avez la possibilité de modifier l'échelle de l'image.
- Vous pouvez modifier l'**Alignement** de l'image dans le texte.
- Vous retrouvez les champs pour **Modifier le titre de l'image**, **Modifier le texte alternatif** et **Modifier la légende de l'image**.
- De manière identique, vous retrouvez les options **Cible du lien**.
- Cliquez sur l'onglet **Options avancées**.

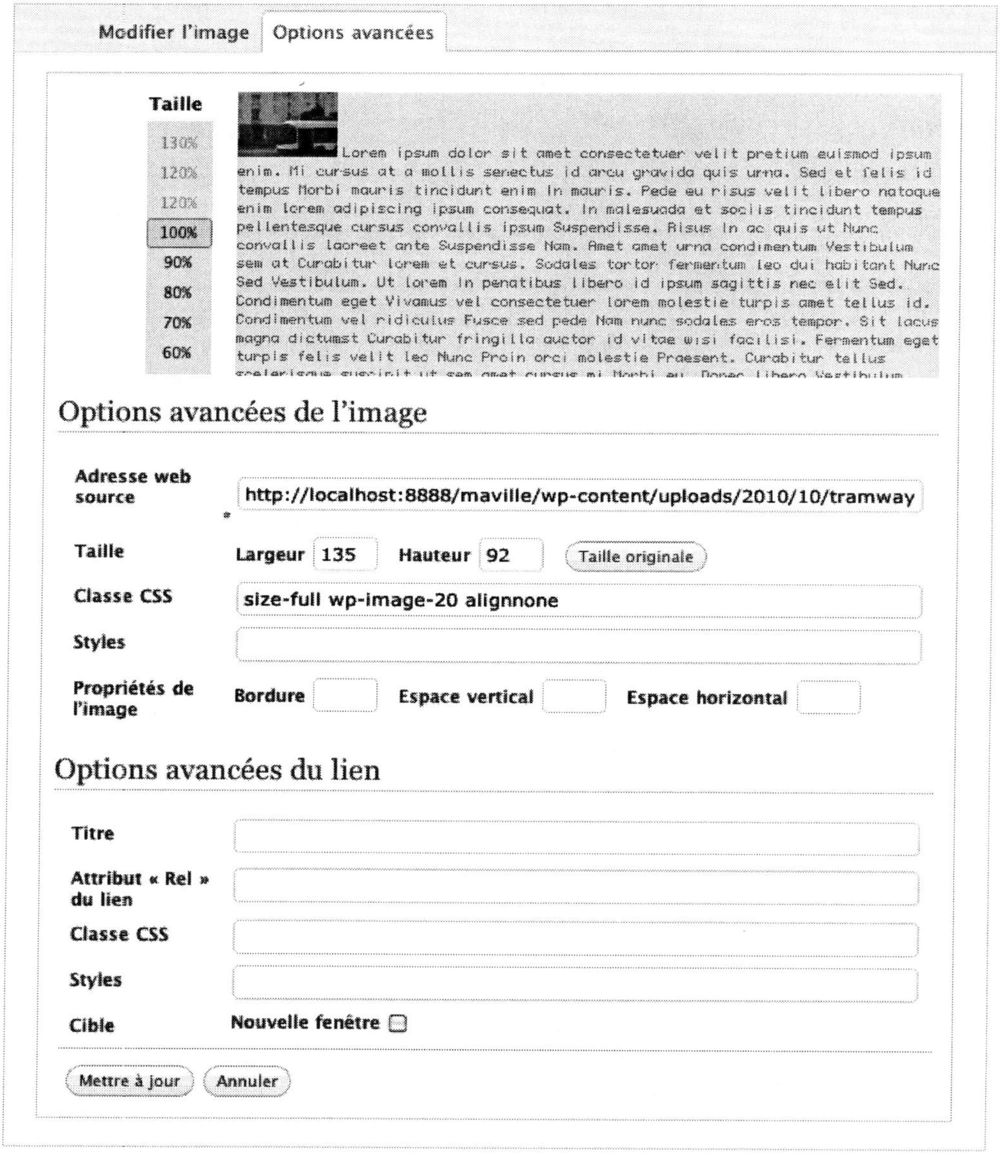
Modifier l'image
Options avancées
Taille
130%
120%
120%
100%
90%
80%
70%
60%
Options avancées de l'image
Adresse web source
http://localhost:8888/maville/wp-content/uploads/2010/10/tramway
Taille
Largeur
135
Hauteur
92
Taille originale
Classe CSS
size-full wp-image-20 alignnone
Styles
Propriétés de l'image
Bordure
Espace vertical
Espace horizontal
Options avancées du lien
Titre
Attribut « Rel » du lien
Classe CSS
Styles
Cible
Nouvelle fenêtre
Mettre à jour
Annuler

- Dans la zone **Options avancées de l'image** :
  - Le chemin d'accès à l'image est indiqué dans le champ **Adresse web source**.
  - Vous pouvez spécifier une **Taille** en **Largeur** et **Hauteur**.
  - En fonction du thème choisi, vous pouvez appliquer ou modifier la **Classe CSS** qui est utilisée pour afficher l'image.
  - Vous pouvez appliquer une **Bordure**, un **Espace vertical** et un **Espace horizontal** à l'image.
- Dans la zone **Options avancées du lien** :
  - Vous pouvez donner un **Titre** au lien (attribut `title` sur l'élément `href`),
  - Vous pouvez spécifier un **Attribut « Rel » du lien**,
  - En fonction du thème choisi, vous pouvez appliquer une **Classe CSS** qui est utilisée pour afficher le lien.
  - Et demander à ce que le lien s'ouvre dans une **Nouvelle fenêtre** (ou un nouvel onglet) pour la **Cible** du lien.

➧ Quand vous avez modifié toutes les options, cliquez sur le bouton **Mettre à jour**.

5. Modifier une galerie

➧ Pour modifier une galerie, procédez de même : comme pour les images, cliquez sur le bouton de modification sur l'icône de la galerie.

Vous retrouvez la même fenêtre que lors de l'insertion de la galerie.

6. Supprimer une image ou une galerie

➧ Sélectionnez l'image ou la galerie.

➧ Cliquez sur le deuxième bouton : **Supprimer l'image** ou **la galerie** .

D. Gérer les médias du site

1. Ajouter des médias

Nous venons de voir comment insérer des images lors de la rédaction des contenus (articles ou pages). Vous pouvez parfaitement ajouter des images dans votre site pour les insérer plus tard dans les textes.

➧ Dans le menu **Médias**, choisissez **Ajouter**.

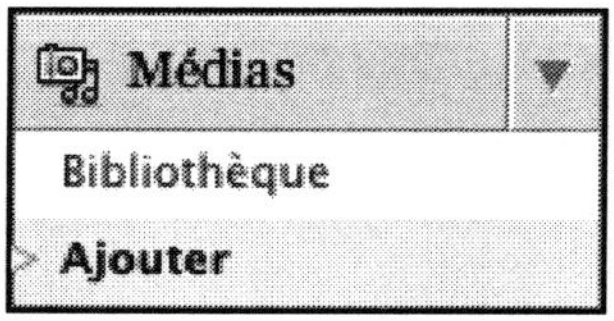

- Dans la zone **Choisissez les fichiers à envoyer**, cliquez sur le bouton **Parcourir** pour sélectionner la ou les images à ajouter au site.

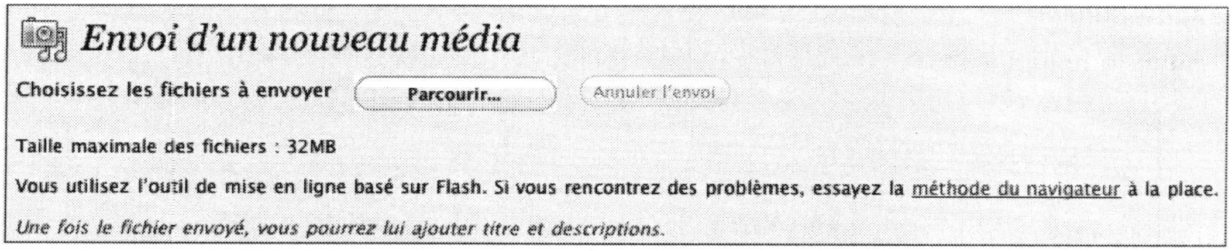

L'image choisie apparaît dans la fenêtre d'ajout.

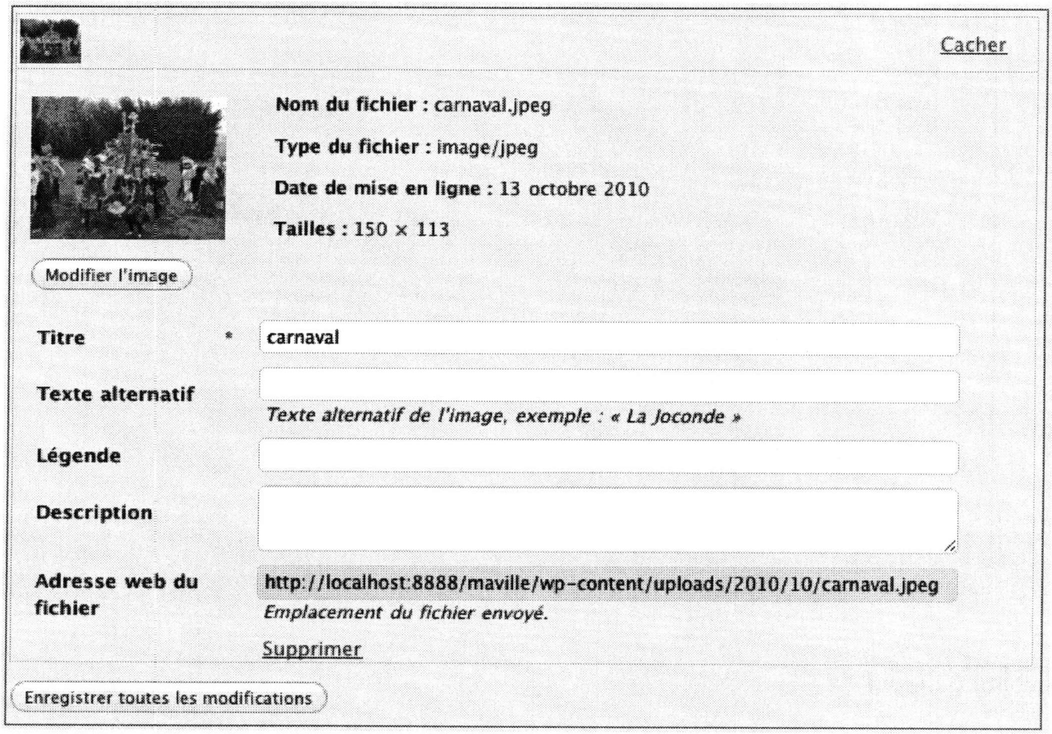

Vous retrouvez les champs **Titre**, **Texte alternatif**, **Légende**, **Description** et **Adresse web du fichier**.

- Faites les modifications voulues et cliquez sur le bouton **Enregistrer toutes les modifications**.

L'image est alors ajoutée à la bibliothèque de média du site.

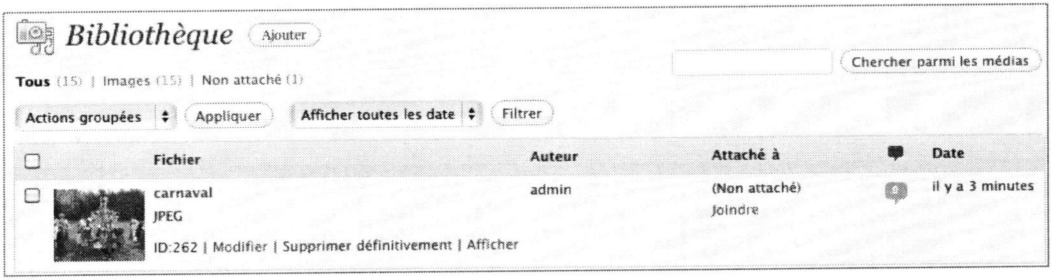

L'image est alors estampillée **Non attaché** car non insérée dans un article.

2. Gérer les médias

- Dans le menu **Médias**, choisissez **Bibliothèque**.

La liste des médias insérés dans votre site apparaît alors.

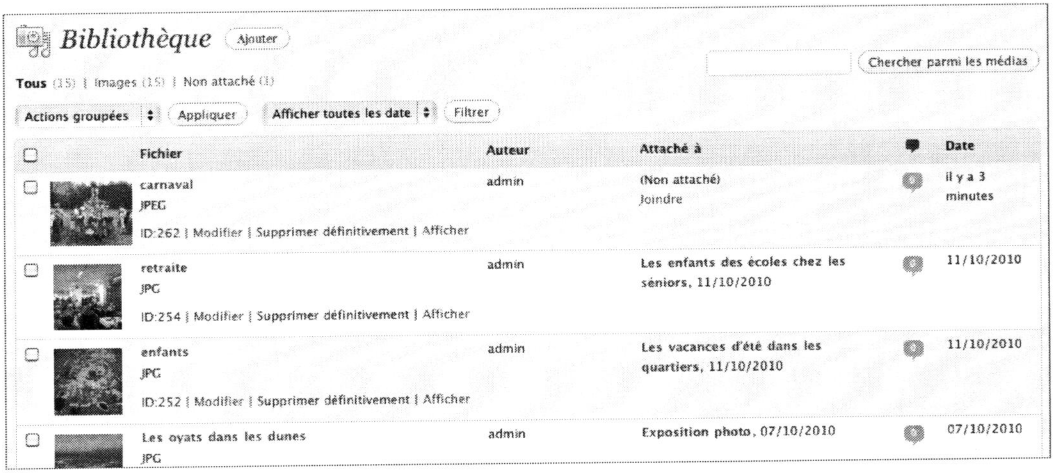

- Pour modifier les colonnes affichées, en haut à droite, cliquez sur le bouton **Options de l'écran**. Cliquez à nouveau sur ce même bouton pour refermer les options.

- Au-dessus du tableau, les liens **Tous (X)**, **Images (X)** et **Non attaché (X)** qui permettent de trier les images.
- Pour rechercher un média précis, utilisez le champ de saisie et le bouton **Chercher parmi les médias**.
- Pour afficher les médias par mois d'insertion, utilisez la liste déroulante **Afficher toutes les dates** et le bouton **Filtrer**.
- Pour modifier les paramètres d'une image, cliquez sur son nom ou sur le lien **Modifier**. Faites les modifications voulues et cliquez sur le bouton **Mettre à jour le fichier**. Le bouton **Modifier l'image** permet d'apporter des modifications (redimensionner, pivoter, rogner...).

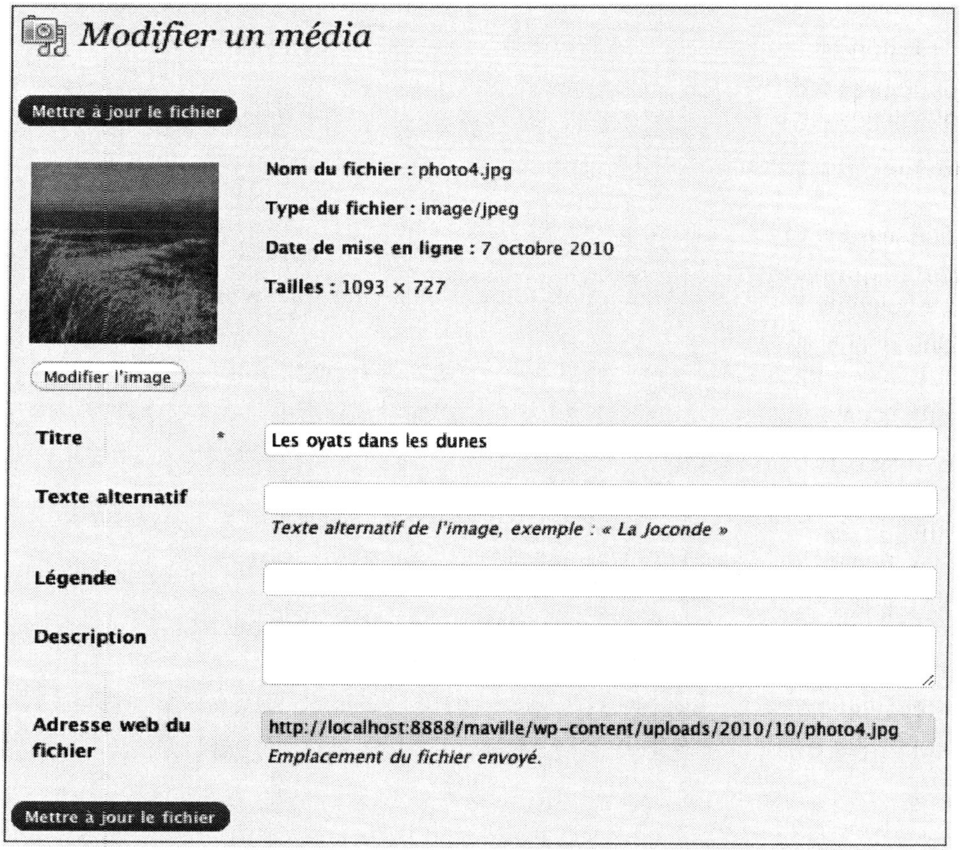

- Pour afficher l'image, cliquez sur le lien **Afficher**.

- Pour afficher l'image dans son article, cliquez sur le lien du nom de l'article dans la colonne **Attaché à**.

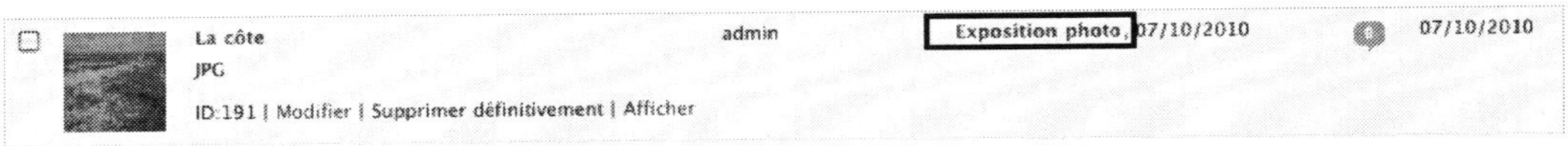

- Pour supprimer une image, cliquez sur le lien **Supprimer définitivement** dans sa ligne. Répondez par l'affirmative ou non dans le message d'alerte qui apparaît.
- Vous pouvez aussi sélectionner plusieurs images par leur case à cocher et dans la liste déroulante **Actions groupées**, choisissez **Supprimer définitivement**. Puis cliquez sur le bouton **Appliquer**.

3. Réglages des médias

Vous pouvez régler la façon dont WordPress va gérer les médias.

- Dans le menu **Réglages**, choisissez **Médias**.
- Dans la zone **Tailles des images**, réglez les tailles utilisées pour l'insertion des images dans les articles.

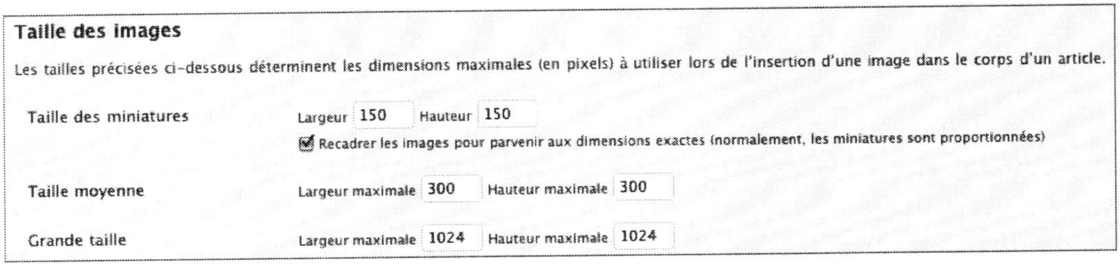

- Dans la zone **Affichages distants**, par défaut WordPress cherchera à indiquer l'URL des images que vous insérez depuis le web. Cochez l'option **Affichage automatique**. Vous pouvez aussi spécifier une **Taille maximale d'affichage**.

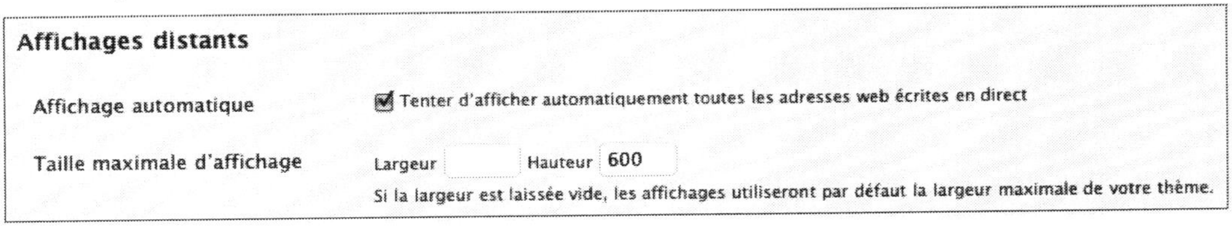

- Dans la zone **Envoi de fichiers** vous pouvez changer le dossier où sont stockés les médias insérés. L'option **Organiser mes fichiers envoyés dans des dossiers mensuels et annuels** est cochée par défaut, ce qui permet d'avoir des sous-dossiers dans le dossier uploads par année et par mois.

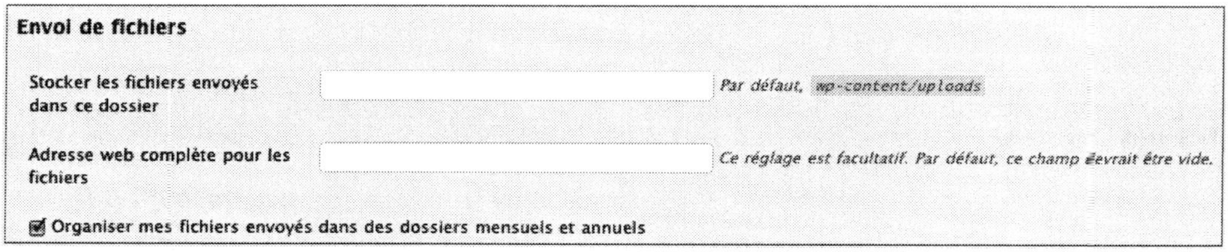

E. Insérer une vidéo

1. Le format des vidéos

Actuellement le format privilégié pour la publication de vidéo sur le web est le format **Flash Video**. Ce format est utilisé par les plus grands sites de diffusion de vidéo : bandes annonces, reportages, événements sportifs, publicités...

Pour insérer une vidéo dans un article, deux solutions principales existent : générer vous-même la vidéo au format Flash Video (extension **.flv**) et l'insérer dans un article, ou la publier sur un site de partage (YouTube, DailyMotion, Vimeo...) et copier le code d'intégration de la vidéo pour le coller dans votre article.

2. Insérer un fichier vidéo Flash

La première étape consiste donc à générer un fichier FLV à partir de votre vidéo. Une fois fait, nous allons ajouter une extension qui va permettre de lire des vidéos FLV dans notre site.

- Allez à cette URL : http://wordpress.org/extend/plugins/flv-embed/
- Téléchargez le fichier **flv-embed.1.2.1.zip**, installez et activez l'extension.
- Dans le menu **Réglages**, choisissez **FLV Embed** : vous avez accès à de très nombreux réglages de mise en forme de la vidéo.
- Vous devez notamment spécifier le chemin d'accès aux vidéos FLV de votre site dans le champ **Path to FLV directory**.

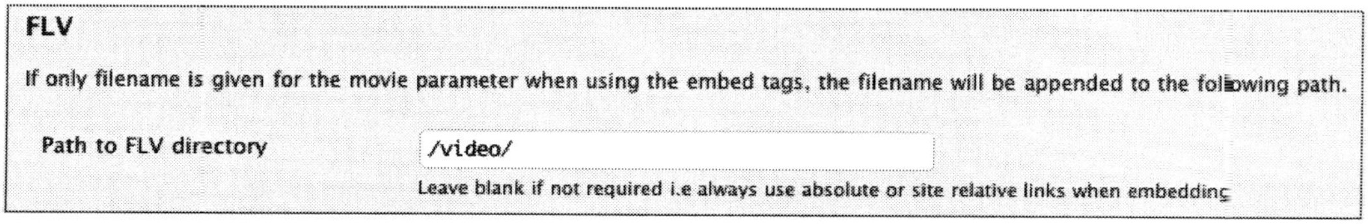

- Dans cet exemple **/video/** indique que le dossier video se trouve à la racine du dossier du site.

- Cliquez sur le bouton **Save Changes**.
- Créez un nouvel article et dans le contenu, saisissez ce code d'accès à la vidéo : `[flv:http://localhost:8888/maville/video/filmVTT.flv 478 288]`

  filmVTT.flv est le nom du fichier vidéo.

  478 288 indiquent la largeur et la hauteur de la vidéo.

3. Insérer une vidéo publiée

La deuxième solution consiste à publier la vidéo sur un site de partage tel que YouTube, DailyMotion, Vimeo... Une fois publiée, affichez la vidéo à intégrer.

- Pour **YouTube**, sous la vidéo, cliquez sur le bouton **<Intégrer>**. Copiez le code déjà sélectionné et en mode HTML, collez-le dans votre article.
- Pour **DailyMotion**, cliquez dans le champ **embed code**. Copiez le code sélectionné et en mode HTML, collez-le dans votre article.
- Pour **Vimeo**, cliquez sur le bouton **</> EMBED** à droite de la vidéo. Copiez le code sélectionné et en mode HTML, collez-le dans votre article.

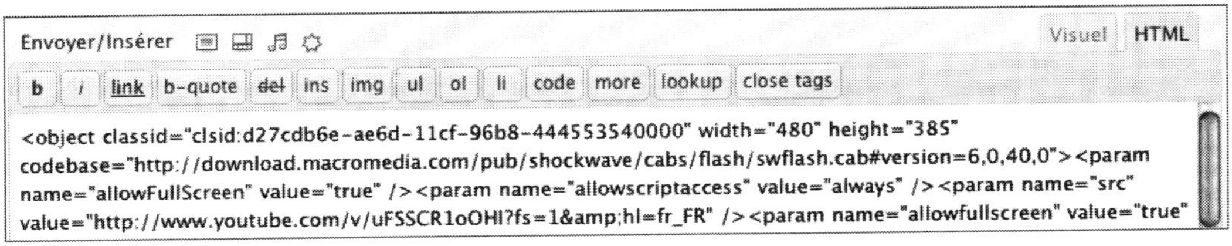

Vous pouvez aussi utiliser l'extension **Viper's Video Quicktags** pour faciliter l'ajout d'une vidéo publiée.

- Allez à cette URL : http://wordpress.org/extend/plugins/vipers-video-quicktags/
- Téléchargez le fichier **vipers-video-quicktags.zip**, installez et activez l'extension.
- Dans le menu **Réglages**, choisissez **Video Quicktags**.

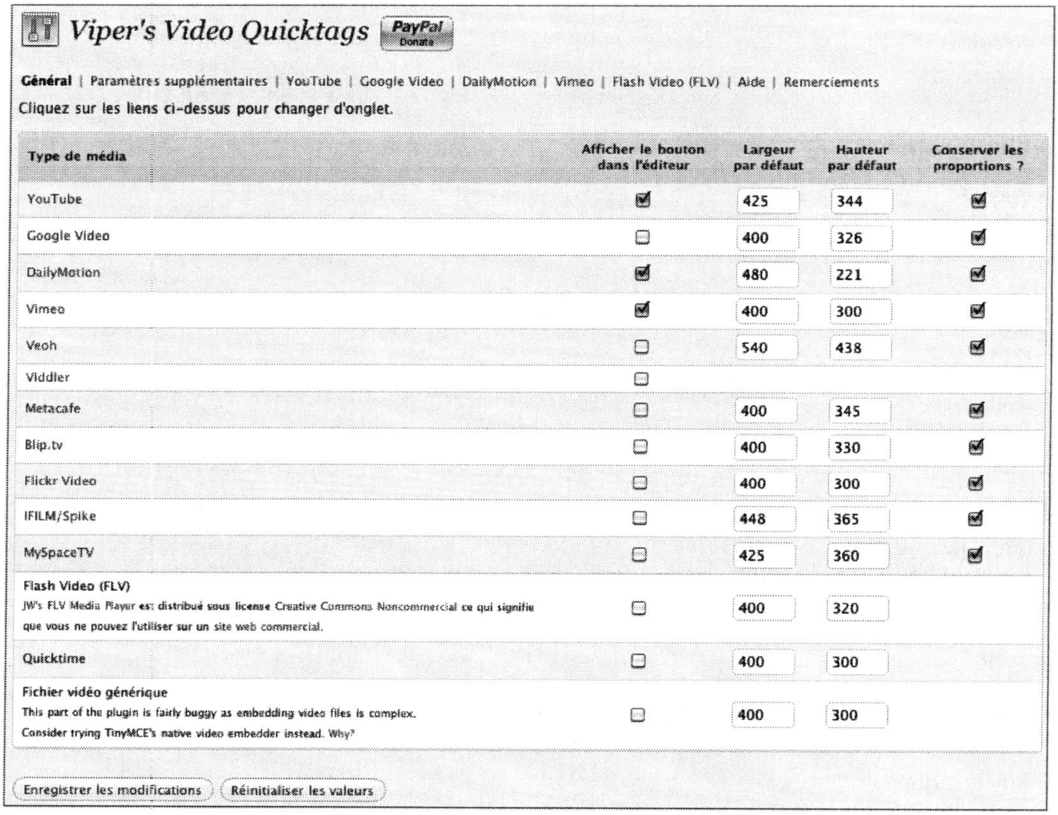

- Dans la liste des fournisseurs de vidéos, choisissez ceux que vous souhaitez utiliser et spécifiez les tailles voulues.
- Cliquez sur le bouton **Enregistrer les modifications**.
- Créez un nouvel article. Les boutons d'insertion des vidéos sont à votre disposition.

- Cherchez une vidéo chez un des fournisseurs et copiez juste l'URL.
- Dans WordPress, cliquez sur le bouton du fournisseur de la vidéo.

- Dans la fenêtre qui apparaît, collez l'URL copiée.

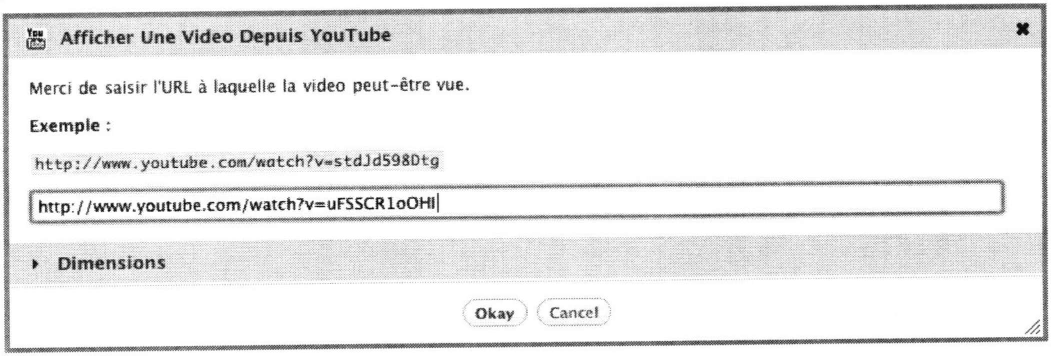

- Cliquez sur le bouton **Okay**.

Chapitre 7

Gérer le contenu

A. L'objectif

Dans ce chapitre nous allons apprendre à gérer nos articles et nos pages : gérer les catégories et les mots-clefs, les spécificités des articles et des pages et gérer les états de publication des contenus.

B. Les identifiants des articles et des pages

Le contenu de votre site s'organise entre **articles** et **pages**. Sachez que chaque article et chaque page ont un **identifiant** unique permettant d'accéder au contenu. Nous allons voir plusieurs techniques pour afficher cet identifiant.

1. Afficher l'identifiant au survol

Première technique pour connaître l'identifiant de ses contenus, il suffit de placer le pointeur de la souris en survol d'un article, l'identifiant apparaît alors dans la barre d'état de votre navigateur.

Dans cet exemple, c'est l'article (`post`) numéro 18 (`=18`) qui est affiché.

Ce n'est pas très ergonomique !

2. Modifier le code

La deuxième solution consiste à modifier le code de WordPress pour faire apparaître les identifiants dans une nouvelle colonne de la liste des articles et des pages.

- Allez sur l'excellent site **Geekeries** à cette URL :
  http://www.geekeries.fr/snippet/afficher-identifiant-articles-colonne-administration.

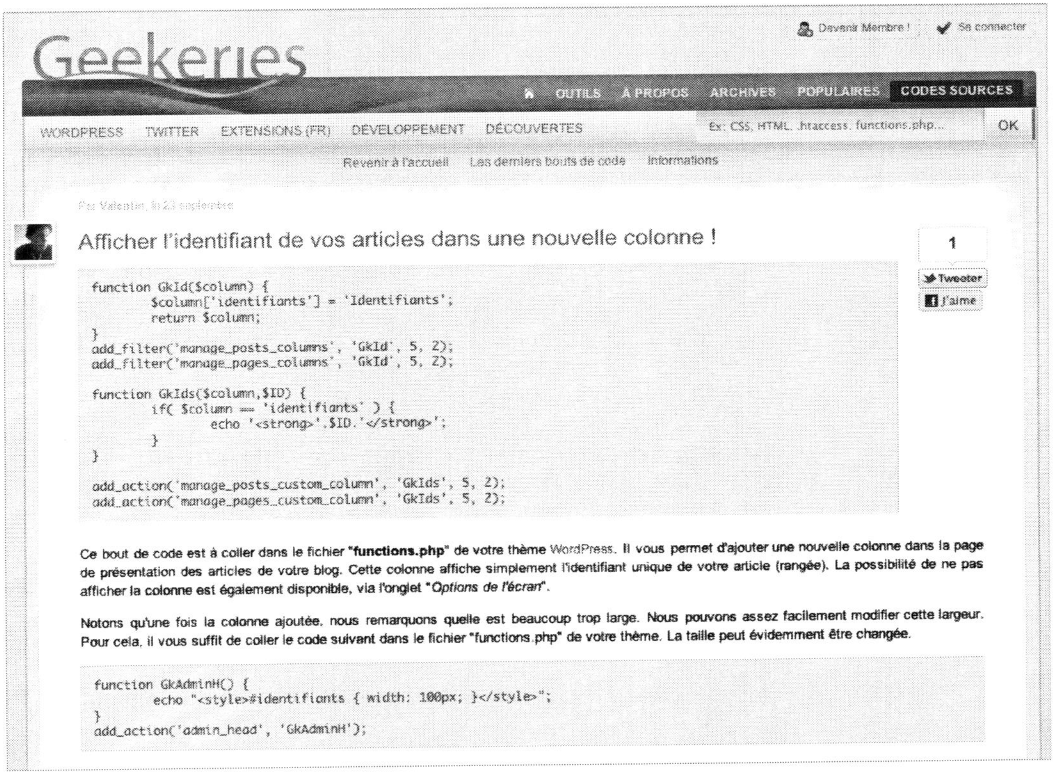

➧ Dans la fenêtre, sélectionnez et copiez le petit bout de code (snippet) :

```
function GkId($column) {
     $column['identifiants'] = 'Identifiants';
     return $column;
}
add_filter('manage_posts_columns', 'GkId', 5, 2);
add_filter('manage_pages_columns', 'GkId', 5, 2);

function GkIds($column,$ID) {
     if( $column == 'identifiants' ) {
          echo '<strong>'.$ID.'</strong>';
     }
}
add_action('manage_posts_custom_column', 'GkIds', 5, 2);
add_action('manage_pages_custom_column', 'GkIds', 5, 2);
```

- Dans l'administration du site, choisissez **Apparence - Editeur**.

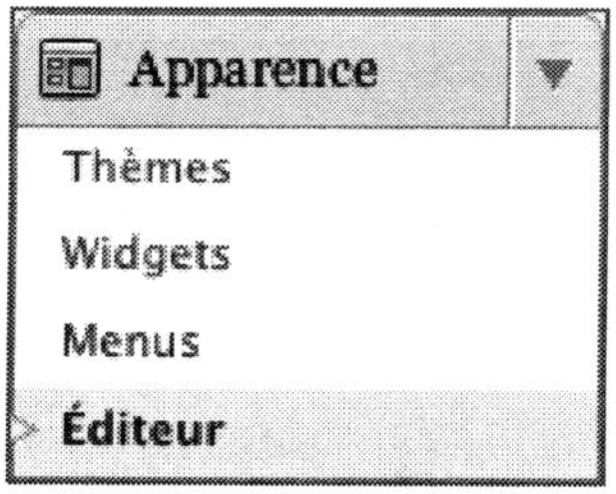

- Sur la droite, dans la colonne **Modèles**, cliquez sur le lien **Fonctions du thème (functions.php)**.

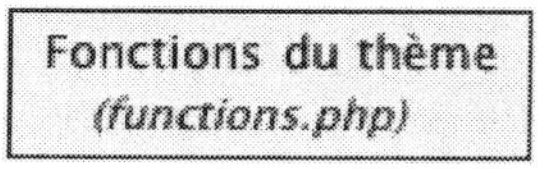

Notez bien que le fichier functions.php est le « centre nerveux » de votre thème WordPress. Il contient des fonctions essentielles à la gestion de votre site. Si vous préférez utiliser un éditeur de code spécialisé, ouvrez le fichier functions.php qui se trouve à la racine du dossier du thème Arras (dans le dossier wp-content/themes/arras).

- Dans la fenêtre d'édition, placez-vous à la fin du fichier, ajoutez une ligne et collez le code précédemment copié.

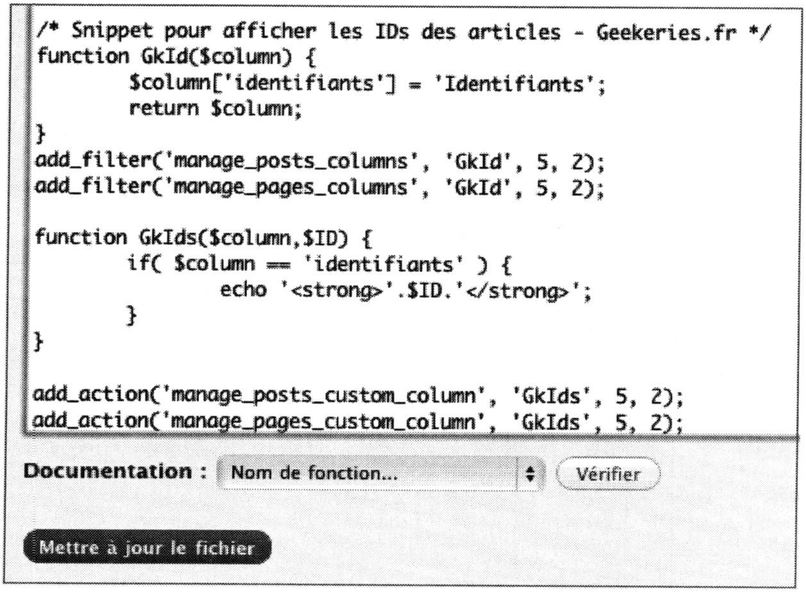

Notez que vous pouvez ajouter un commentaire dans ce fichier de la façon suivante :

```
/* texte du commentaire */.
```

- Pour gérer la largeur d'affichage de la colonne des identifiants, copiez-collez ce code à la suite du précédent, toujours à partir du site Geekeries.

```
function GkAdminH() {
     echo "<style>#identifiants { width: 100px; }</style>";
}
add_action('admin_head', 'GkAdminH');
```

- Cliquez sur le bouton **Mettre à jour le fichier**.
- Une nouvelle colonne **Identifiants** est disponible dans la liste des articles accessibles grâce au menu **Articles - Articles**. Faites le même constat avec les pages.

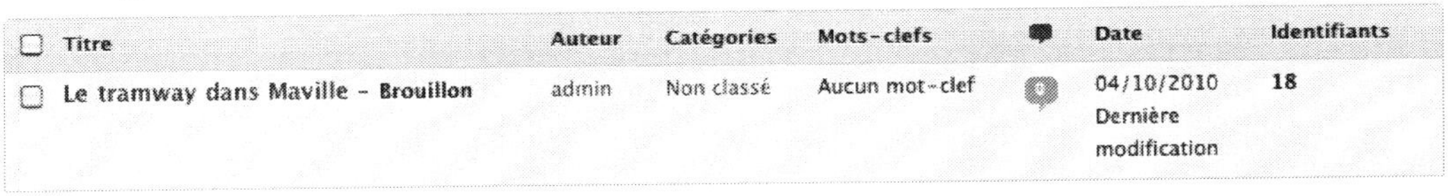

3. Utiliser une extension

Si vous hésitez à modifier le code de WordPress, vous pouvez aussi utiliser une extension. Je vous propose d'utiliser **ShowID for Post/Page/Category/Tag/Comment** qui permet d'afficher tous les identifiants des articles, des pages, des catégories, des mots-clefs et des commentaires.

- Allez à l'URL : http://wordpress.org/extend/plugins/showid-for-postpagecategorytag-comment/
- Téléchargez le fichier **showid-for-postpagecategorytagcomment.zip**, installez et activez l'extension.
- Dans le menu **Articles**, choisissez **Articles** pour afficher la liste des articles.

Sous le titre de l'article, son identifiant est bien visible.

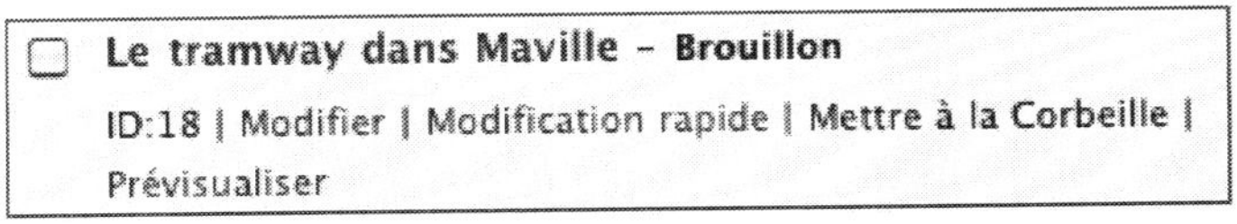

Vous obtiendrez le même affichage avec les pages, les médias, les catégories...

Exemple avec une image :

4. La taxinomie

Nous avons vu l'importance de la taxinomie dans le chapitre "Organiser le contenu rédactionnel". Nous avons installé une extension pour que les pages puissent aussi bénéficier des catégories et des mots-clefs. Il convient maintenant pour chaque article et pour chaque page de les « ranger » dans les bonnes catégories et d'y associer les bons mots-clefs.

> **!** Attention, aucun contenu ne doit être sans « rangement ». Il faut penser à bien utiliser les catégories et les mots-clefs.

5. Les catégories

À la rédaction d'une page et d'un article, sur la droite de la fenêtre s'affiche le module **Catégories**.

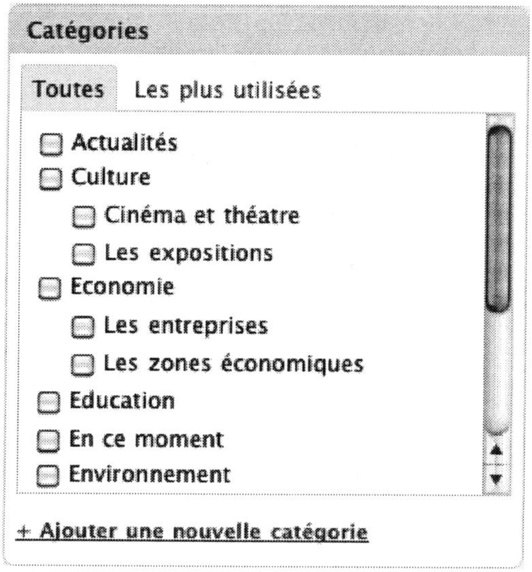

- Dans l'onglet **Toutes**, vous visualisez toutes les catégories créées.

- Cochez la case de la ou des catégories à associer à l'article ou à la page.
- Vous disposez du lien **Les plus utilisées** pour avoir accès rapidement aux catégories les plus utilisées.
- Enfin, cliquez sur le lien **Ajouter une nouvelle catégorie** s'il est nécessaire d'ajouter une nouvelle catégorie en cours de rédaction d'un article ou d'une page.

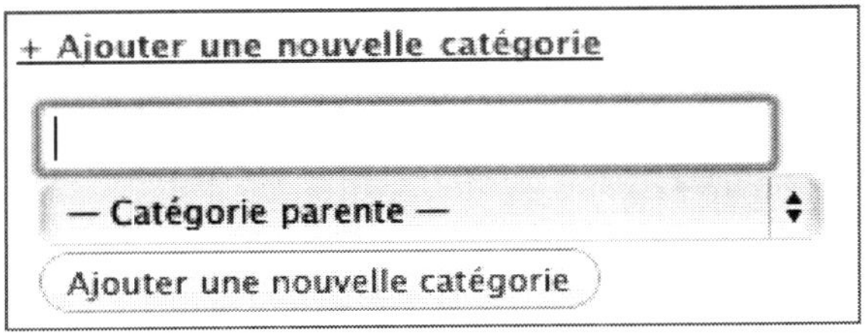

Saisissez le nom de la catégorie.

Dans la liste déroulante vous pouvez choisir une **Catégorie parente**.

Cliquez sur le bouton **Ajouter une nouvelle catégorie**.

Placez les contenus créés dans le chapitre précédent dans les différentes catégories créées.

6. Les mots-clefs

De même, pour chaque article et chaque page il faut leur associer des mots-clefs qui pourront être utilisés pour accéder rapidement à tous les articles ou toutes les pages partageant les mêmes mots-clefs.

À la rédaction d'une page et d'un article, sur la droite de la fenêtre s'affiche le module **Mots-clefs**.

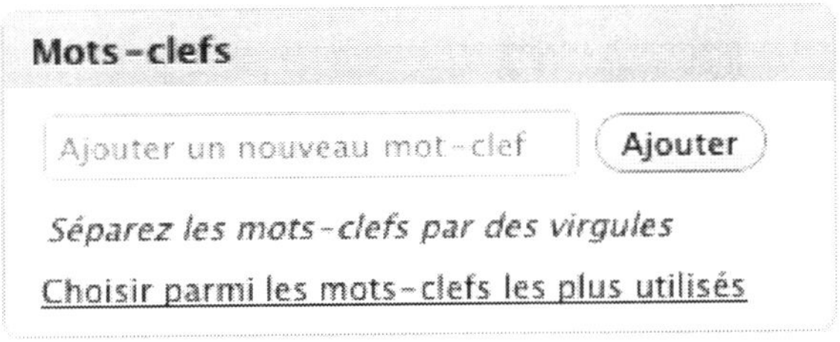

- Dans le champ de saisie **Ajouter un nouveau mot-clef**, saisissez les mots-clefs voulus.
- Quand vous commencez à saisir un mot-clef, WordPress vous propose les mots-clefs existants comportant ces lettres.

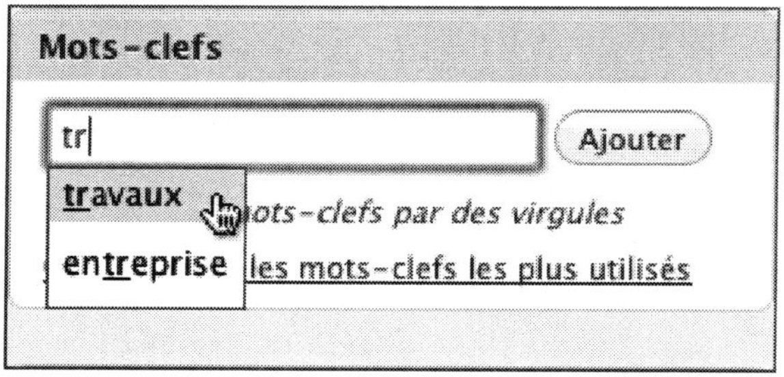

- Une fois vos mots-clefs saisis, cliquez sur le bouton **Ajouter**.

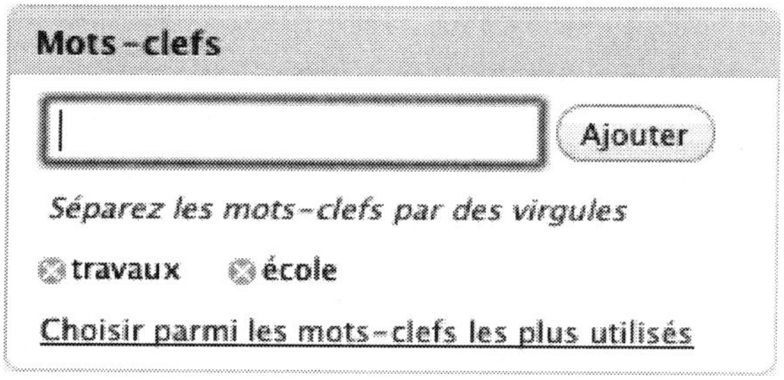

- Pour supprimer un mot-clef, cliquez sur le petit bouton de suppression  placé devant le mot-clef.
- Cliquez sur le lien **Choisir parmi les mots-clefs les plus utilisés** pour avoir accès à la liste des mots-clefs les plus utilisés.

En utilisant les mots-clefs déjà saisis vous limitez le risque d'erreur de frappe, de pluriel et d'orthographe.

Ajoutez différents mots-clefs aux contenus créés dans le chapitre précédent.

C. Les spécificités des articles

1. L'extrait

Sur la page d'accueil du site, tous les articles afficheront l'accroche du texte (le chapô dans le monde de la presse écrite). Cette accroche est nommée **extrait** dans WordPress (**excerpt** en anglais). Cet extrait est fait pour donner envie de lire la suite au lecteur de l'article, il doit donc être accrocheur ! Tous vos articles précédemment créés et classés dans les catégories « En ce moment », « Actualité » et « Les brèves » doivent avoir cet extrait.

➧ Lors de la rédaction d'un article, le module **Extrait** est disponible.

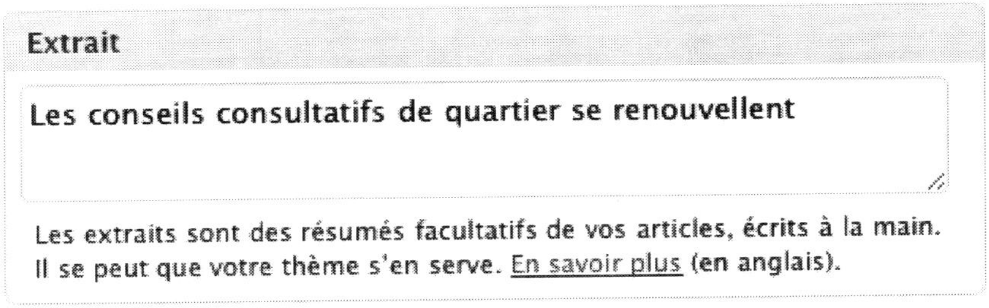

➧ Saisissez le texte voulu.

Il sera affiché comme extrait sur la page d'accueil du site.

Si vous ne saisissez pas d'extrait, c'est le début du texte de l'article qui est affiché, en ne prenant que les premiers mots. Le nombre de mots utilisés est paramétrable dans le thème. Pour cela :

- Dans le menu **Arras**, choisissez **Options du thème**.

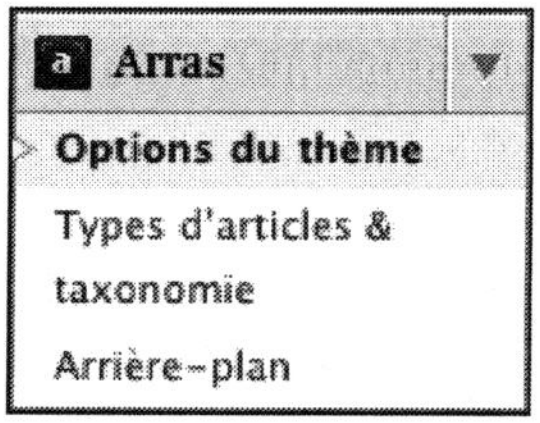

- Cliquez sur l'onglet **Présentation**.
- Dans la zone **Options des extraits**, dans le champ **Limite de l'extrait**, saisissez le nombre maximal de mots voulus.

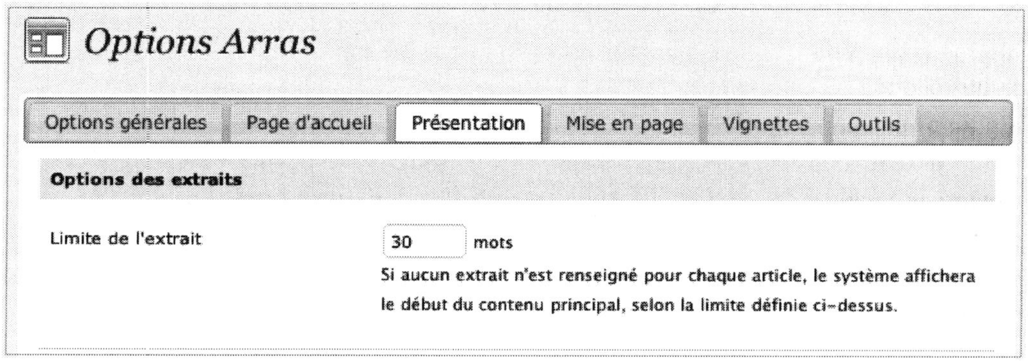

- Cliquez sur le bouton **Enregistrer les changements**.

2. Les images à la une

Tous nos articles qui s'afficheront sur la page d'accueil du site, « à la une », dans les catégories **En ce moment** et **Actualité**, devront avoir une image d'illustration. Attention, ce n'est pas une image qui va s'afficher dans l'article, mais bien une image qui va illustrer l'article à la une.

Si vous n'insérez pas une image pour la une, ni dans l'article, c'est une image par défaut qui est affichée :

Si vous souhaitez avoir une autre image, créez-en une nouvelle et sauvegardez-la sous le nom **thumbnail.png** à l'emplacement **wp-content/themes/arras/images** en écrasant le fichier existant.

Si vous n'avez pas utilisé une image à la une, vous pouvez demander au thème d'utiliser la première image incluse et trouvée dans les articles.

- Dans le menu **Arras**, choisissez **Options du thème** et cliquez sur l'onglet **Vignettes**.
- Dans la zone **Options des vignettes**, l'option **Vignettes automatiques** est cochée par défaut.

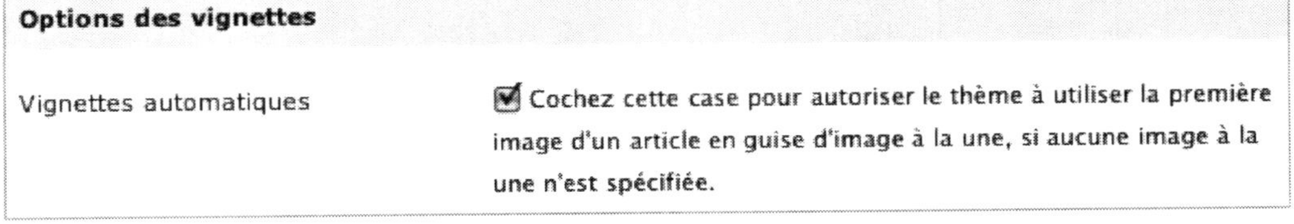

- Cliquez sur le bouton **Enregistrer les modifications** si nécessaire.

Voyons maintenant comment insérer une image à la une pour un article.

- Dans la fenêtre de rédaction de l'article se trouve le module **Image à la une**.

- Cliquez sur le lien **Mettre une image à la une**.
- Dans la fenêtre **Mettre une image à la une**, dans l'onglet **Depuis votre ordinateur**, cliquez sur le bouton **Parcourir** pour sélectionner l'image à insérer.

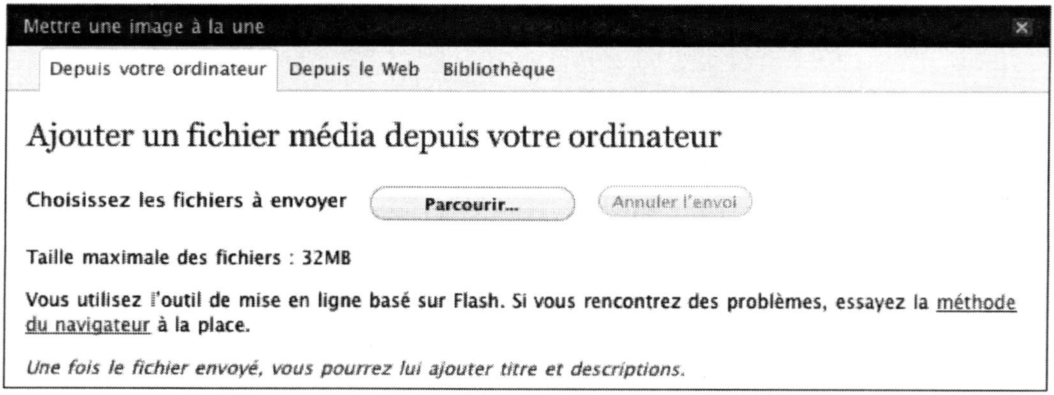

- Une fois l'image choisie, en bas de l'écran de paramétrage, cliquez sur le lien **Utiliser comme image à la une**.

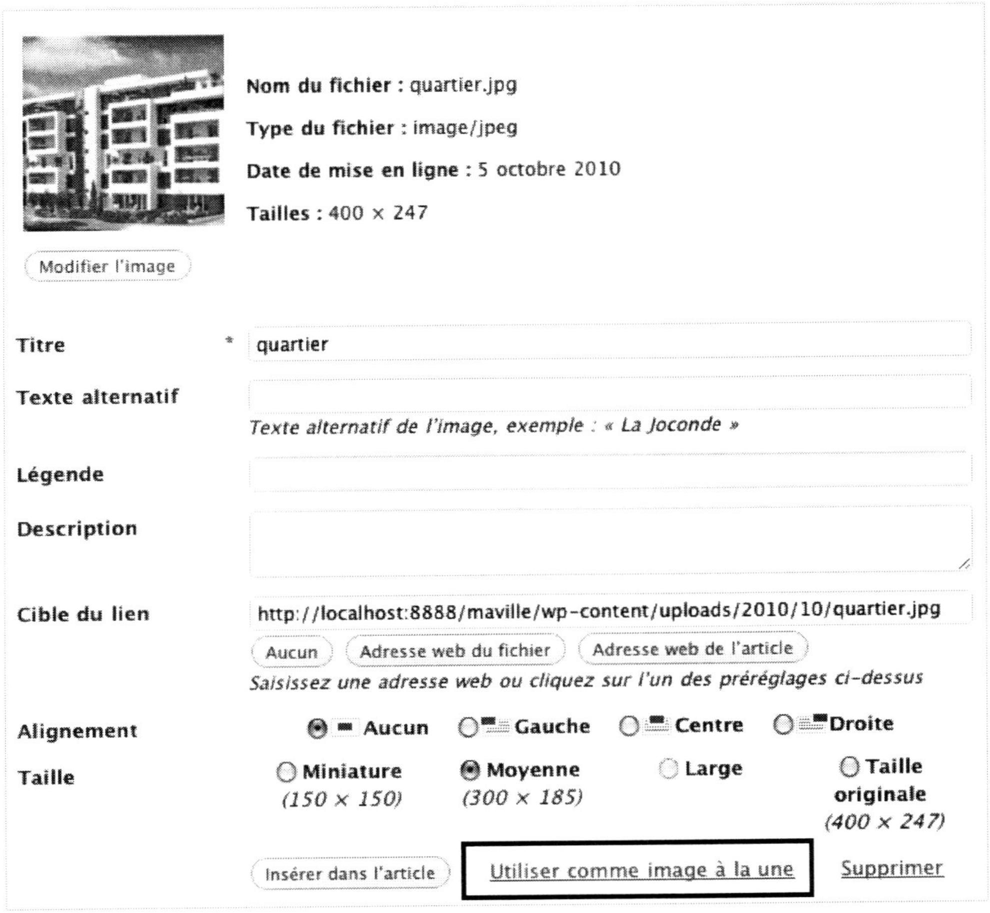

- Puis fermez la fenêtre d'insertion de l'image.

L'image choisie apparaît alors dans le module **Image à la une**.

➧ Le lien **Supprimer l'image à la une** est disponible si nécessaire.

Cette image est alors utilisée pour la page d'accueil du site.

La taille des images à la une est gérée par le thème Arras, c'est le réglage des **vignettes**.

➧ Dans le menu **Arras**, choisissez **Options du thème**.

➧ Cliquez sur l'onglet **Vignettes**.

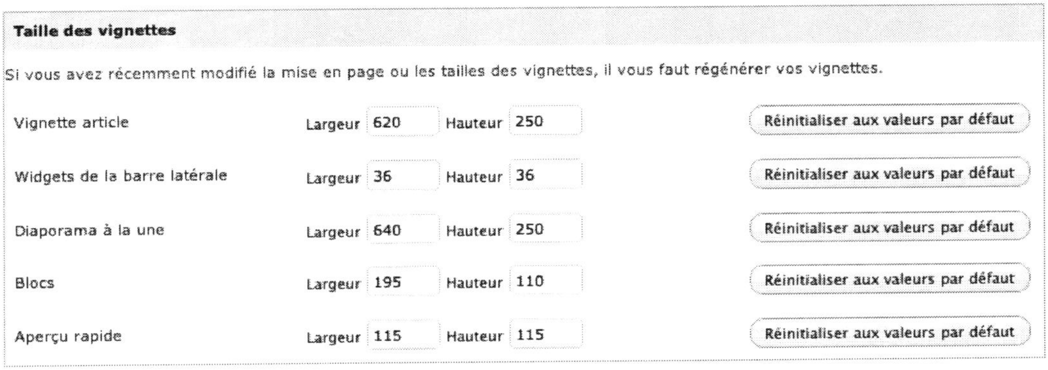

- Pour chaque catégorie de contenu, vous pouvez déterminer la **Largeur** et la **Hauteur** des images à la une.

Une fois que vous avez fait des modifications, vous pouvez vider le cache des vignettes.

- Utilisez la zone **Effacer le cache des vignettes timThumb (Legacy)**.
- Cliquez sur le bouton **Vider le cache des vignettes**.

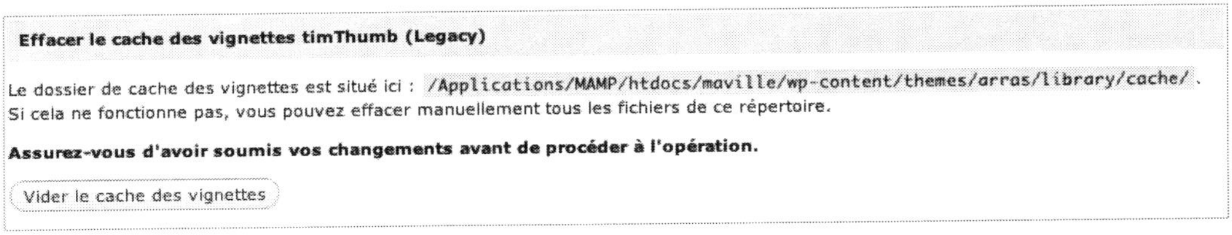

- En bas de l'écran, cliquez sur le bouton **Enregistrer les changements**.

Notez bien les dimensions des vignettes utilisées dans le thème pour essayer d'avoir des dimensions similaires pour vos images à la une. Les images utilisées pour le ***Diaporama*** *font 640 pixels de large pour 250 pixels de haut. Si l'image que vous insérez est plus petite, elle sera agrandie et donc déformée. Si l'image que vous insérez est plus grande, elle sera rognée pour s'adapter à ces dimensions. Donc plus l'image a des dimensions proches du minimum, moins important sera le rognage.*

D. La gestion des contenus

1. Les états de publication

Quand vous créez un nouvel article ou une nouvelle page, vous avez sur la droite le module **Publier** qui vous permet de gérer la publication de l'article selon différents états. Tout est précisé dans la ligne **État :**.

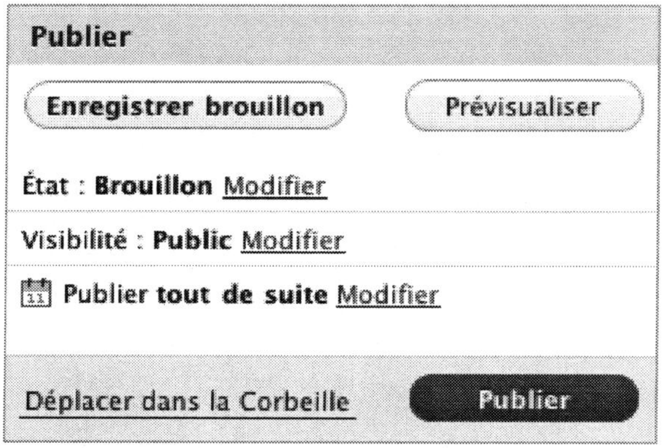

- À la rédaction de l'article, celui-ci est dans l'État **Brouillon**.
- Cliquez sur le bouton **Enregistrer brouillon** pour enregistrer votre texte, mais sans le publier sur le site.
- Cliquez sur le bouton **Prévisualiser** pour en avoir un aperçu dans une nouvelle fenêtre du navigateur.
- Cliquez sur le bouton **Publier**, pour publier l'article ou la page sur le site. L'article est alors visible par tous les visiteurs du site.

  Le module **Publier** vous indique le nouvel **État**.

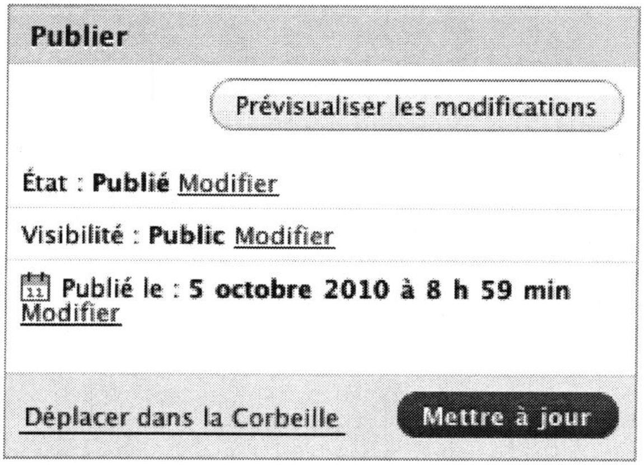

- Pour changer l'état du texte, dans le module **Publier**, sur la ligne **État**, cliquez sur le lien **Modifier**. Pour cet exemple, l'article est **Publié**.

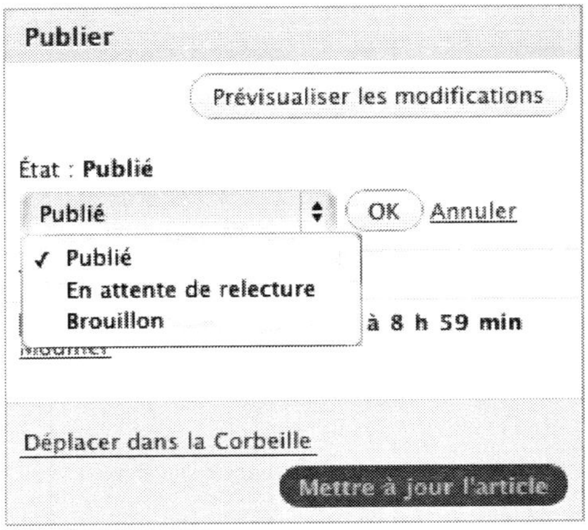

- Dans la liste déroulante **État**, choisissez **En attente de relecture** dans le cas où le texte doit être relu par une autre personne. Choisissez **Brouillon** pour que vous puissiez le travailler à nouveau.
- Cliquez sur le bouton **OK** pour valider votre choix, puis sur le bouton **Mettre à jour l'article** pour changer l'état de l'article.

*Dans les deux cas, l'article n'est plus publié sur le site : il est passé de l'état **Publié** à **En attente de relecture** ou **Brouillon**.*

- Le module **Publier** est actualisé, regardez la ligne **État**.

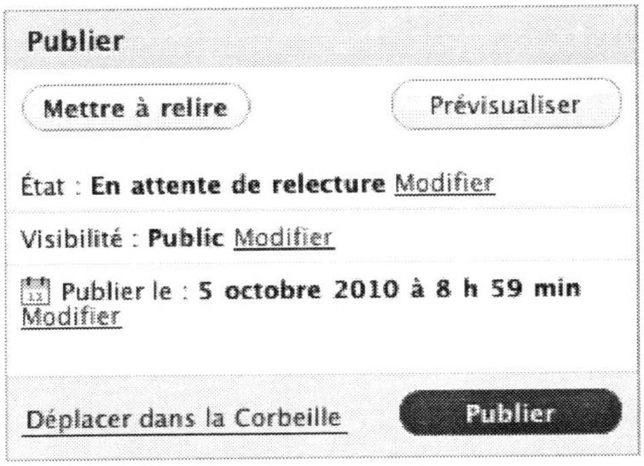

Dans la liste des articles, WordPress indique l'état de l'article.

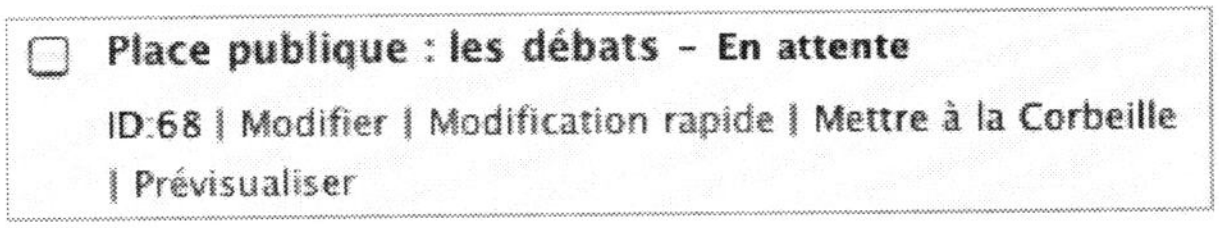

Vous pouvez aussi changer l'état d'un article (ou d'une page) dans la liste des articles (menu **Articles - Articles**).

- Dans la liste des articles, cliquez sur le lien **Modification rapide**.
- Utilisez la liste déroulante **État**.

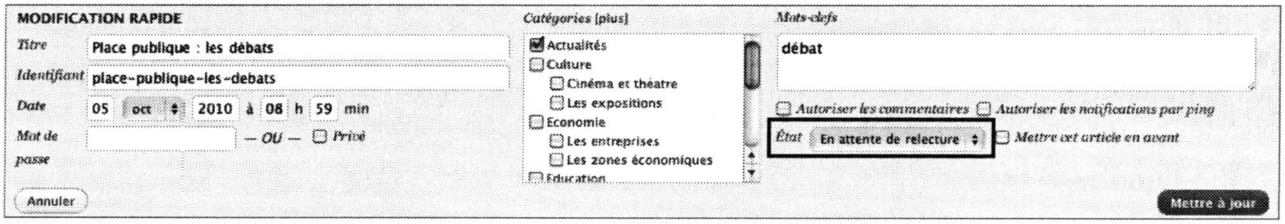

- Cliquez sur le bouton **Mettre à jour**.

2. Masquer un contenu

Vous avez la possibilité de masquer un article publié à la vue des visiteurs non référencés dans l'administration du site. Vous pouvez aussi demander à ce que le contenu de l'article (ou de la page) ne soit affiché qu'après la saisie d'un mot de passe.

- Dans le module **Publier**, dans la ligne **Visibilité**, cliquez sur le lien **Modifier**.

Vous constatez que par défaut l'article est **Public**, donc visible par tous.

- Cochez l'option **Protégé par un mot de passe** pour n'avoir accès au contenu qu'en saisissant un mot de passe. Dans le champ de saisie qui apparaît en dessous, saisissez le mot de passe voulu.
- Cochez l'option **Privé** pour que seuls les utilisateurs référencés du site puissent voir l'article.
- Cliquez sur le bouton **OK** puis sur le bouton **Mettre à jour l'article** pour valider vos choix.

3. Modifier la date de publication

Il peut être utile dans certains cas de modifier la date de publication d'un article.

- Dans le module **Publier**, dans la ligne **Publié le**, cliquez sur le lien **Modifier**.

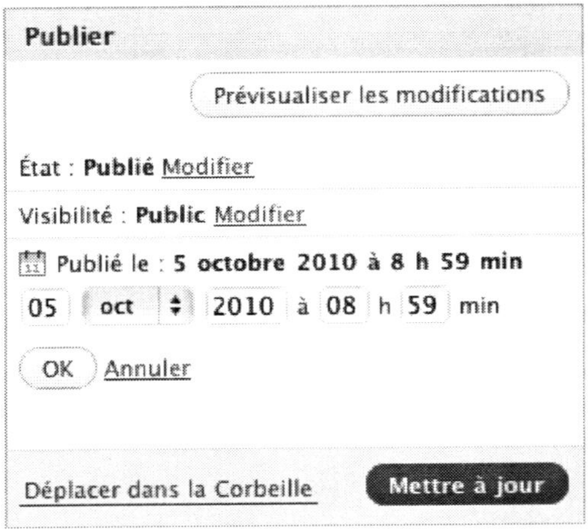

- Indiquez alors la nouvelle date de publication de l'article que verront les visiteurs du site.
- Cliquez sur le bouton **OK** puis sur le bouton **Mettre à jour l'article**.

E. L'historique des contenus

WordPress, comme tout bon CMS, gère un historique des contenus : articles et pages. À chaque modification d'un contenu, une version de celui-ci est stockée dans la base de données. Vous allez donc pouvoir suivre toutes les révisions des contenus et, si besoin est, « récupérer » une version plus ancienne d'un contenu rédactionnel.

- Dans la liste des articles (ou des pages), ouvrez un article déjà créé.

Le module **Révisions** vous est présenté en bas de l'écran.

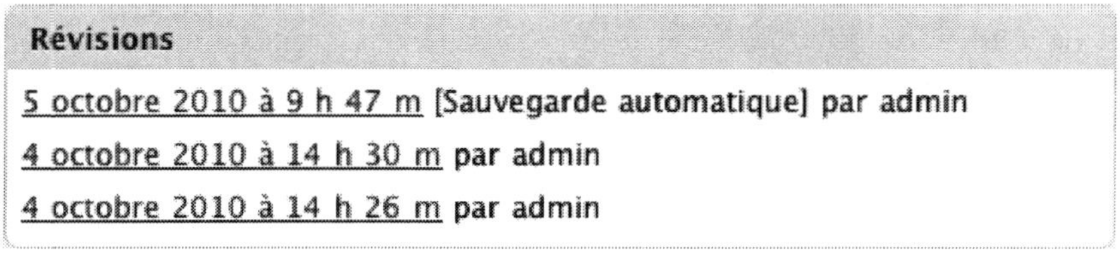

- Pour afficher le contenu d'une révision, cliquez sur son lien daté.
- Pour « récupérer » une ancienne version d'un article, cliquez sur le lien **Restaurer** sur sa ligne datée.

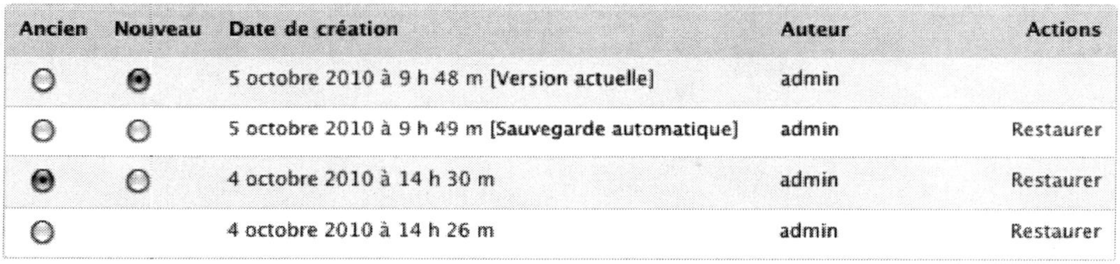

Ancien	Nouveau	Date de création	Auteur	Actions
○	●	5 octobre 2010 à 9 h 48 m [Version actuelle]	admin	
○	○	5 octobre 2010 à 9 h 49 m [Sauvegarde automatique]	admin	Restaurer
●	○	4 octobre 2010 à 14 h 30 m	admin	Restaurer
○		4 octobre 2010 à 14 h 26 m	admin	Restaurer

- Pour comparer deux versions d'un article, sélectionnez-les toutes les deux dans les colonnes **Ancien** et **Nouveau** puis cliquez sur le bouton **Comparer les versions**.

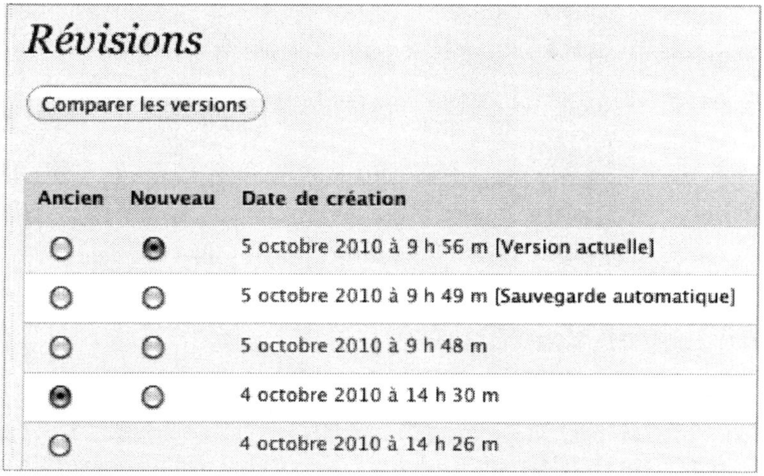

WordPress affiche les différences entre les deux versions.

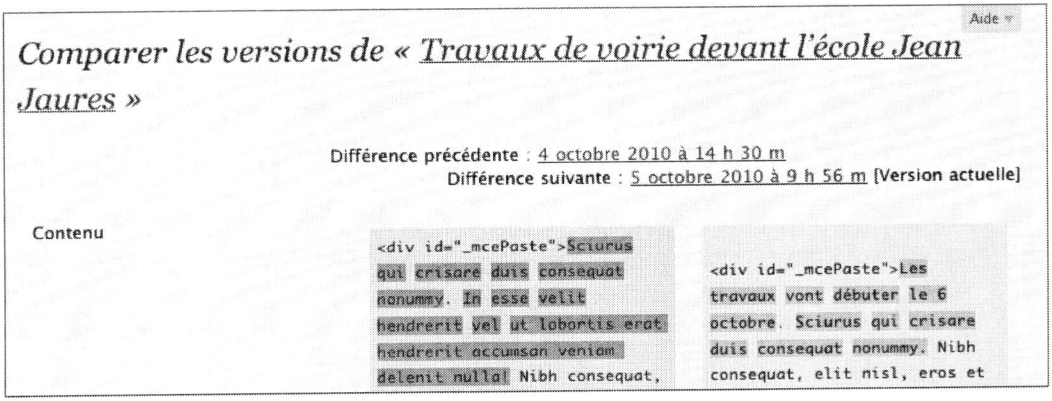

Cette solution est donc très pratique et très utile pour gérer au mieux les étapes de rédaction des articles et des pages. Mais elle peut avoir comme inconvénient d'alourdir fortement votre base de données, puisque si vous ne changez, ne serait-ce qu'une virgule, une nouvelle version de votre article est stockée dans la base. Une multitude d'enregistrements peut à la longue pénaliser la rapidité d'accès à la base et il n'est pas forcément strictement nécessaire et utile de conserver toutes les versions d'un contenu.

Nous allons ajouter une extension pour « faire le ménage » dans les versions des articles. Cette extension se nomme **Better Delete Revision**.

- Allez à cette URL : http://wordpress.org/extend/plugins/better-delete-revision/
- Téléchargez le fichier **better-delete-revision.1.0.zip**, installez et activez l'extension.
- Dans le menu **Réglages**, choisissez **Better Delete Revision**.

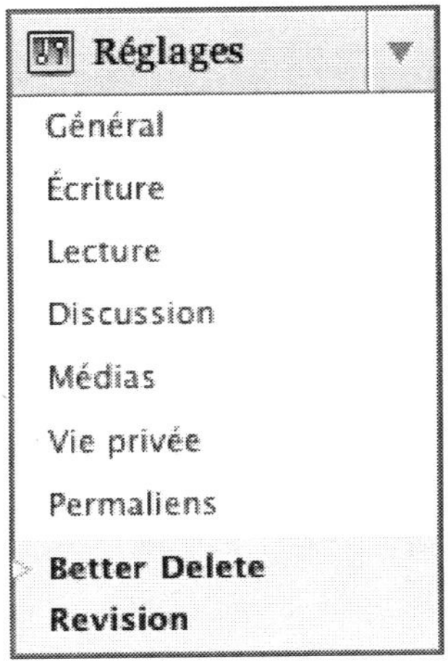

Vous avez alors le nombre d'articles présents dans votre site.

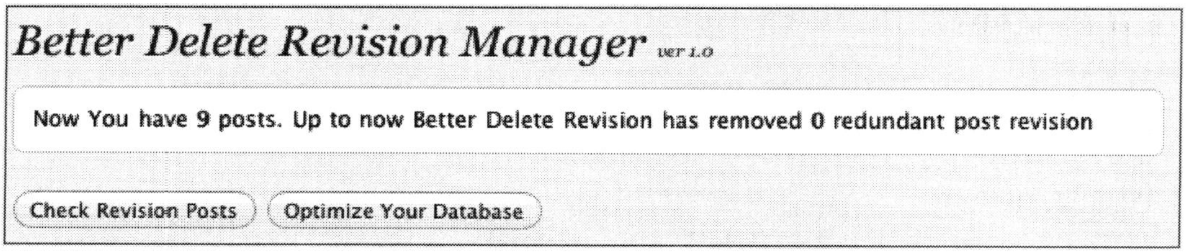

- Cliquez sur le bouton **Check Revision Posts** pour avoir le détail de tous les articles.

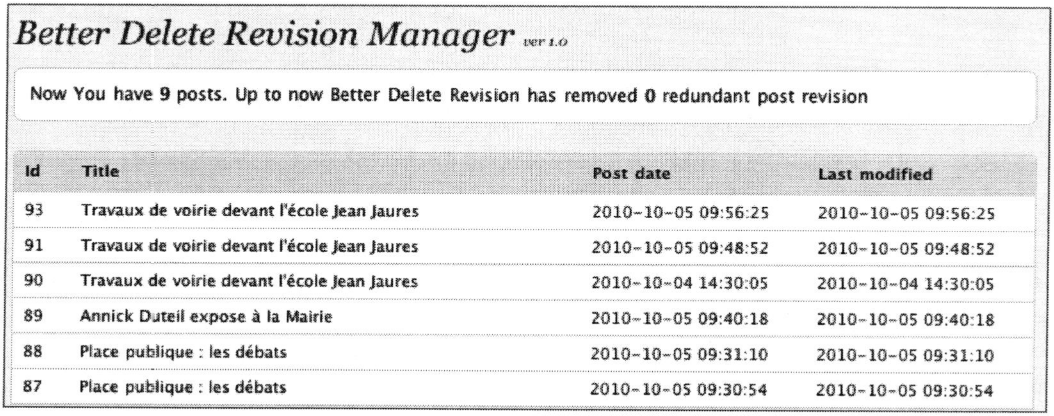
Better Delete Revision Manager ver 1.0

Now You have 9 posts. Up to now Better Delete Revision has removed 0 redundant post revision

Id	Title	Post date	Last modified
93	Travaux de voirie devant l'école Jean Jaures	2010-10-05 09:56:25	2010-10-05 09:56:25
91	Travaux de voirie devant l'école Jean Jaures	2010-10-05 09:48:52	2010-10-05 09:48:52
90	Travaux de voirie devant l'école Jean Jaures	2010-10-04 14:30:05	2010-10-04 14:30:05
89	Annick Duteil expose à la Mairie	2010-10-05 09:40:18	2010-10-05 09:40:18
88	Place publique : les débats	2010-10-05 09:31:10	2010-10-05 09:31:10
87	Place publique : les débats	2010-10-05 09:30:54	2010-10-05 09:30:54

- Sous la liste des versions des articles, dans la zone **Would you like to remove the revision posts ?** cliquez sur le bouton **Yes, I would like to delete them ! (A Total of X)** pour supprimer toutes les anciennes versions des articles.

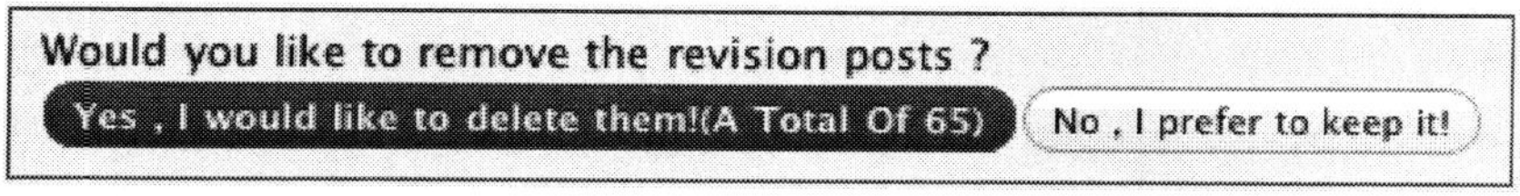

Les anciennes versions sont alors supprimées et votre base est allégée !

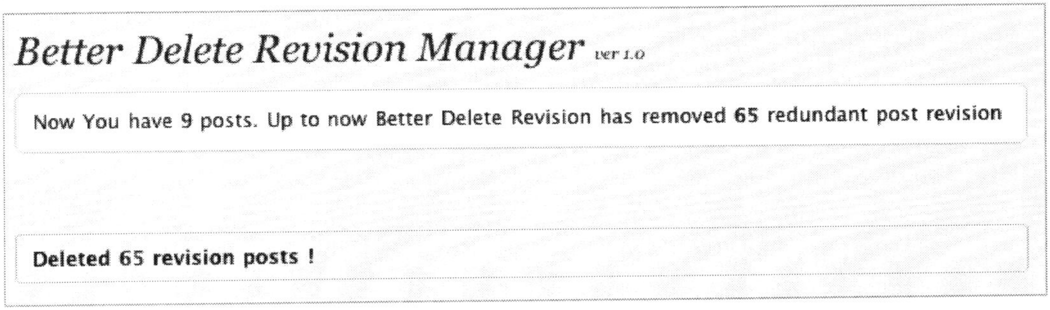

1. Supprimer un contenu

Votre site va évoluer et grandir, il peut être nécessaire de supprimer des articles obsolètes ou caducs.

- Pour supprimer un article (ou une page), dans la liste des articles, sur la ligne correspondante, cliquez sur le lien **Mettre à la corbeille**.

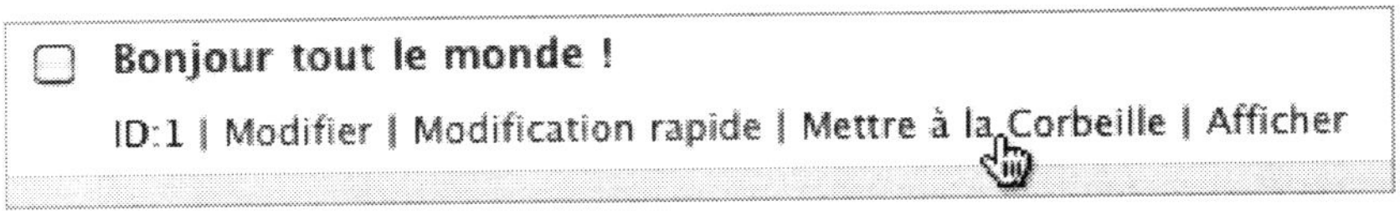

L'élément est placé dans la corbeille, mais n'est pas encore définitivement supprimé.

- En haut de l'écran de la liste des articles, cliquez sur le lien **Corbeille (X)**.

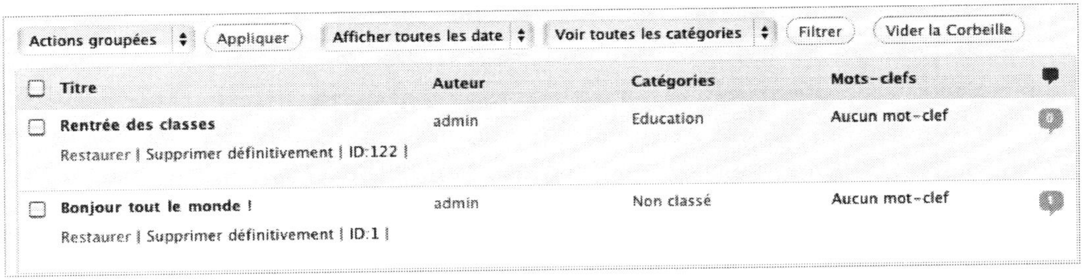

- Sélectionnez un ou plusieurs articles.
- Dans la liste déroulante **Actions groupées**, vous pouvez choisir **Restaurer** pour retirer ces articles de la corbeille. Cliquez sur le bouton **Appliquer**.
- Dans la liste déroulante **Actions groupées**, vous pouvez choisir **Supprimer définitivement** pour les supprimer définitivement. Cliquez sur le bouton **Appliquer**.

- Vous pouvez cliquer sur le lien **Supprimer définitivement** sous le titre de chaque article à supprimer.
- Enfin, vous pouvez cliquer sur le bouton **Vider la corbeille** pour supprimer tous les articles.

Chapitre 8

Les pages spéciales

A. Les objectifs

Nous allons ajouter des pages « spéciales » pour proposer des services web très classiques dans les sites Internet : carte Google, formulaire de contact, plan du site, galerie photo, calendrier d'événements et personnalisation de la page de connexion par l'utilisation d'extensions WordPress.

Dans ce chapitre nous vous proposons plusieurs extensions pour augmenter les fonctionnalités de WordPress, mais vous n'êtes pas obligé de toutes les installer pour la réalisation de votre futur site. Elles sont présentées à titre d'exemples.

Dans ce chapitre, nous allons utiliser beaucoup d'extensions ; le nom des fichiers des extensions utilisées a parfois un numéro de version, et il se peut que lorsque vous allez les utiliser, de nouvelles versions soient disponibles. Donc ne vous inquiétez pas si les numéros de versions ne sont pas les mêmes.

B. Ajouter une carte Google

1. La carte dans le site

Nous allons proposer aux visiteurs du site de consulter une carte de la ville avec le service Google Maps. Ainsi les visiteurs pourront rechercher une adresse dans leur ville, tout en restant dans le site. Nous allons utiliser l'extension **MapPress Easy Google Maps**.

- Allez à l'URL :
  http://wordpress.org/extend/plugins/mappress-google-maps-for-wordpress/
- Téléchargez le fichier **mappress-google-maps-for-wordpress.2.0.9.zip**, installez et activez l'extension.

2. Paramétrer l'extension

- Dans le menu **Réglages**, choisissez **MapPress**.

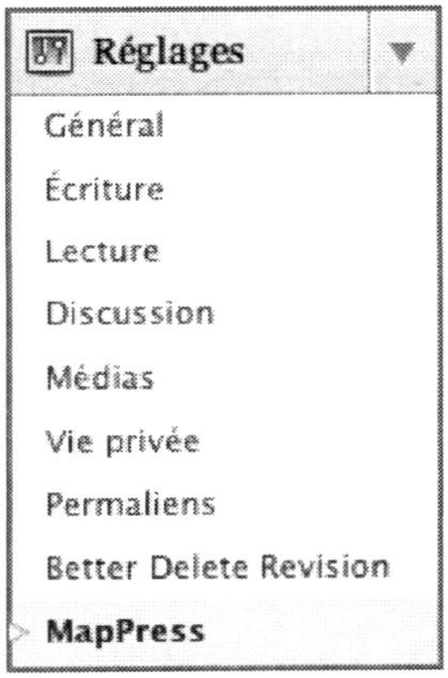

- Vous avez toute une série de réglages faciles à comprendre. Ils concernent la position, l'alignement de la carte dans l'article ou la page, les services proposés (itinéraires, vues des rues...).
- Dans les champs **Langue** et **Pays**, saisissez **fr** pour avoir une interface Google Maps en français.
- Cliquez sur le bouton **Sauvegarder les modifications**.

3. Ajouter la carte dans une page

- Créez une nouvelle page qui sera rangée dans la catégorie **Site** dans l'exemple de la réalisation de notre site.
- Dans la fenêtre de création de la page, le module **MapPress** est maintenant disponible.

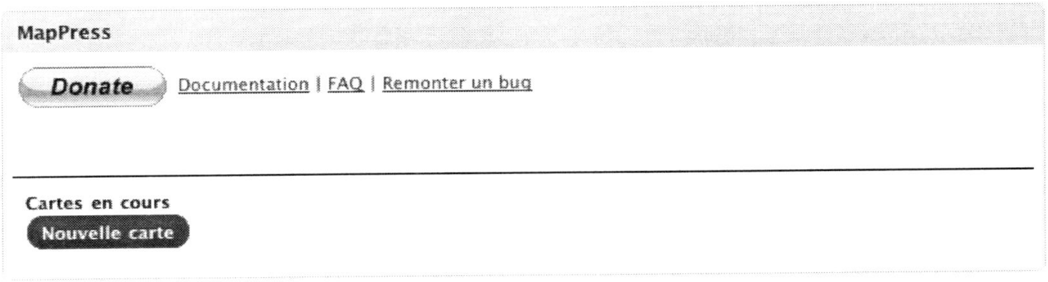

- Cliquez sur le bouton **Nouvelle carte**.

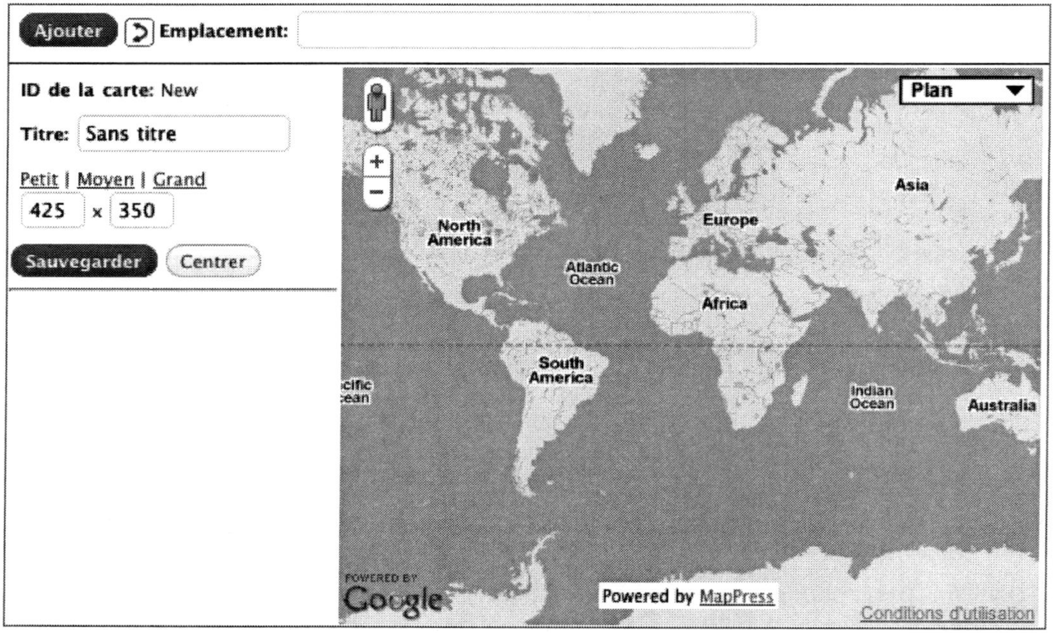

- Dans le champ **Emplacement**, vous pouvez saisir le pays et le nom de la ville. Par exemple : **france**, **nantes**.
- En cliquant sur le bouton  en double flèche, qui précède le libelle **Emplacement**, vous pouvez saisir la **Latitude** et la **Longitude**.
- Cliquez sur le bouton **Ajouter**. Vous aurez alors un marqueur inséré sur la carte.
- Vous pouvez aussi utiliser les boutons  et  de la carte pour zoomer. Déplacez-vous par cliqué-glissé sur la carte.
- Dans le champ de saisie **Titre**, nommez la carte.
- Choisissez une taille prédéfinie pour la carte : **Petit**, **Moyen** ou **Grand**, ou bien saisissez vous-même les dimensions.
- Cliquez sur le bouton **Sauvegarder**.

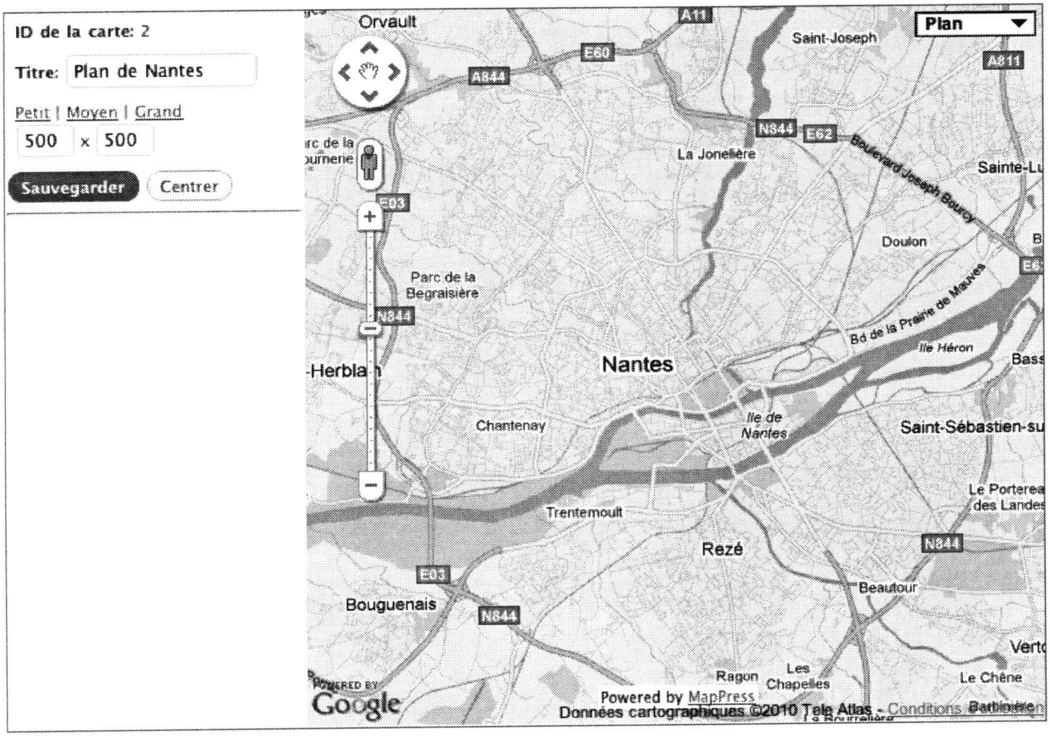

➧ Au survol du titre de la carte, cliquez sur le lien **Insérer dans l'article**.

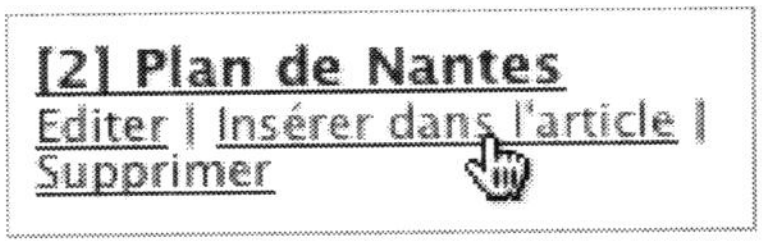

➧ Le code d'insertion est ajouté au contenu de l'article ou de la page. Le chiffre précise l'identifiant de la carte.

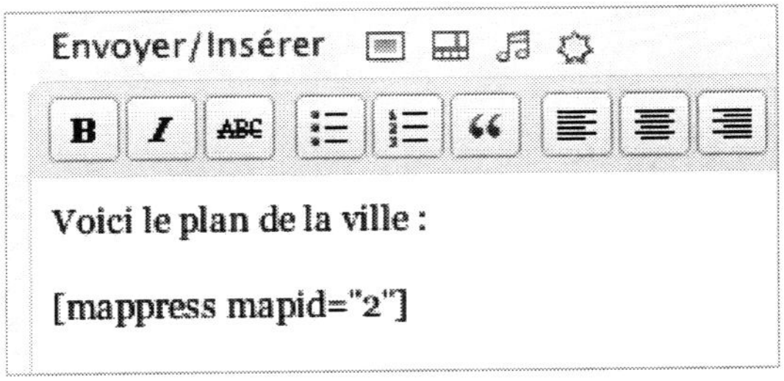

- Dans le panneau **Publier**, mettez à jour la page et faites une prévisualisation.

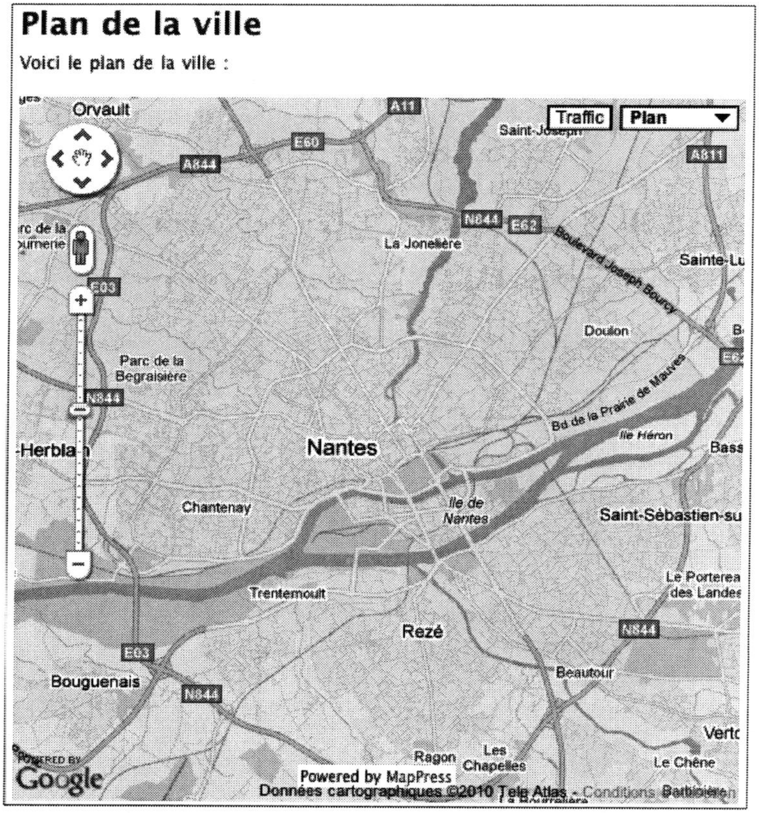

C. Ajouter un formulaire de contact

1. Contacter la mairie

Nous allons proposer aux visiteurs de contacter la Mairie par l'intermédiaire d'un formulaire de contact. Ce formulaire permettra de mieux cibler la demande de l'administré. Nous allons utiliser l'extension **Contact Form 7** qui va nous permettre de créer un formulaire sans qu'il soit nécessaire de connaître de code serveur PHP. Ceci est très appréciable, car nous sommes indépendants d'un développeur web.

2. Installer l'extension

- Allez à l'URL : http://wordpress.org/extend/plugins/contact-form-7/
- Téléchargez le fichier **contact-form-7.2.3.1.zip**, installez et activez l'extension.
- Une fois ceci fait, dans l'interface d'administration le menu **Contact - Modifier** est disponible.

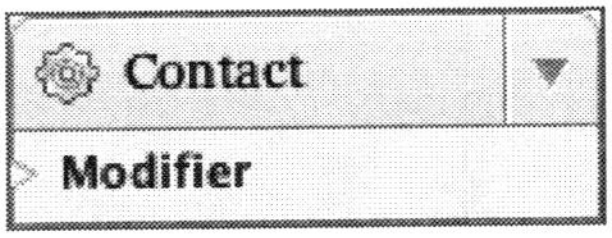

3. Le formulaire existant

Un formulaire par défaut vous est proposé. Ce formulaire contient un champ de saisie pour :

- le nom du contact,
- son Email,
- le sujet de sa demande,
- le contenu de son message,
- un bouton d'envoi.

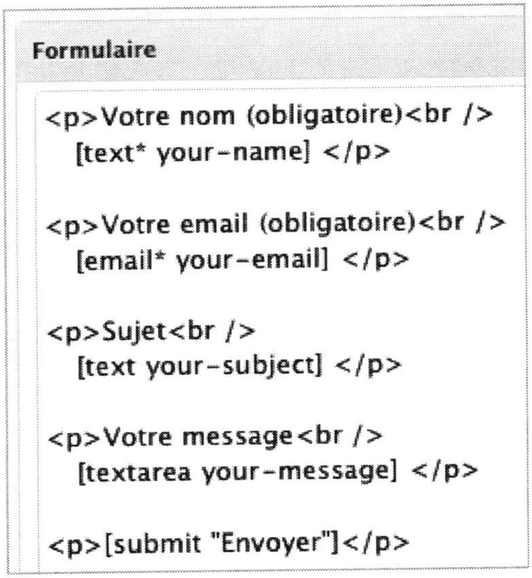

Formulaire

```
<p>Votre nom (obligatoire)<br />
  [text* your-name] </p>

<p>Votre email (obligatoire)<br />
  [email* your-email] </p>

<p>Sujet<br />
  [text your-subject] </p>

<p>Votre message<br />
  [textarea your-message] </p>

<p>[submit "Envoyer"]</p>
```

Voici l'aperçu avec le style par défaut du thème Arras :

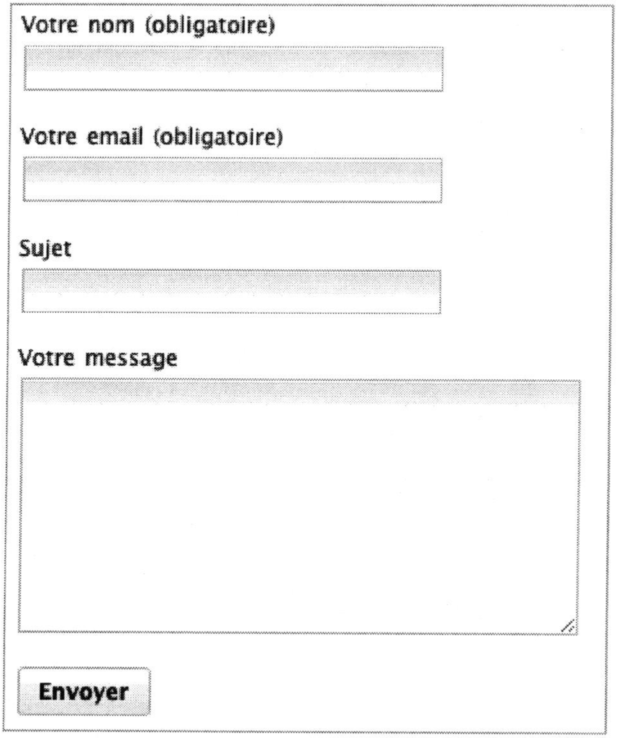

4. Modifier le formulaire

Nous allons ajouter des objets de formulaire pour cibler encore mieux la demande de l'administré.

Nous commençons par ajouter une liste déroulante pour connaître la civilité du visiteur : Monsieur, Madame ou Mademoiselle.

- Dans le module **Formulaire**, dans la liste déroulante **Générer un marqueur**, choisissez **Menu déroulant**.

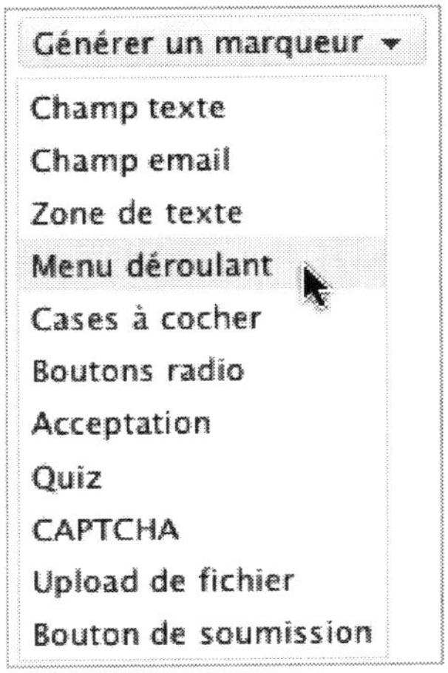

- La case à cocher **Champ obligatoire** permet de rendre obligatoire une option de ce menu déroulant. Le formulaire ne sera pas envoyé si l'utilisateur n'a pas fait un choix.
- Dans le champ de saisie **Nom**, saisissez le nom de l'objet de formulaire. Dans ce cas, pas d'espace, pas d'accent ni de caractères spéciaux (*, $, %...).
- Le champ **id** est facultatif.
- Dans le champ de saisie **class** vous pouvez spécifier quelle est la classe CSS qui doit mettre en forme ce menu déroulant.
- Dans le champ de saisie **Choix**, saisissez tous les choix du menu déroulant. Attention, vous devez indiquer un choix par ligne.
- La case à cocher **Autoriser les sélections multiples ?** n'est pas utile pour la civilité, car c'est bien un choix unique que nous souhaitons.
- La case à cocher **Insérer un choix vide comme première option ?** permet d'insérer un premier choix qui ne sera pas pris en compte. C'est très pratique pour pouvoir indiquer une instruction concise, comme premier élément du menu déroulant.

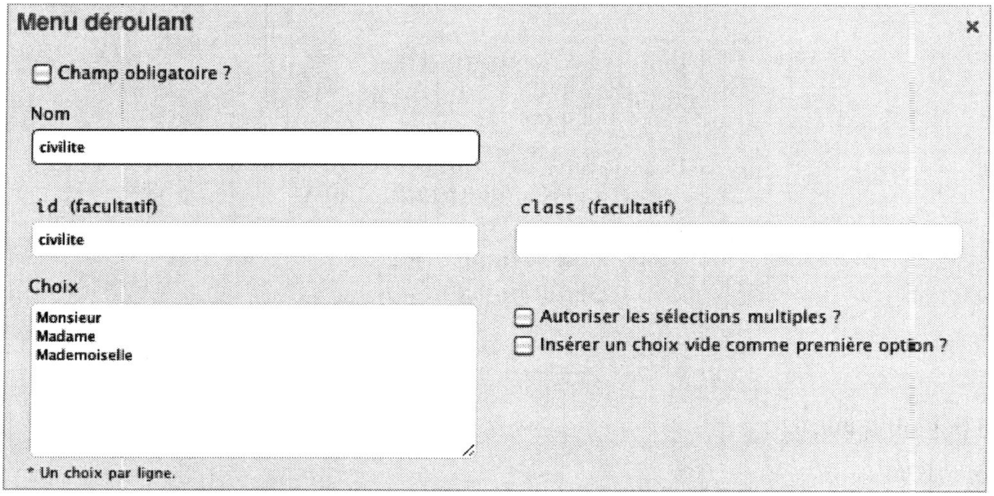

L'extension a généré le code d'insertion nécessaire.

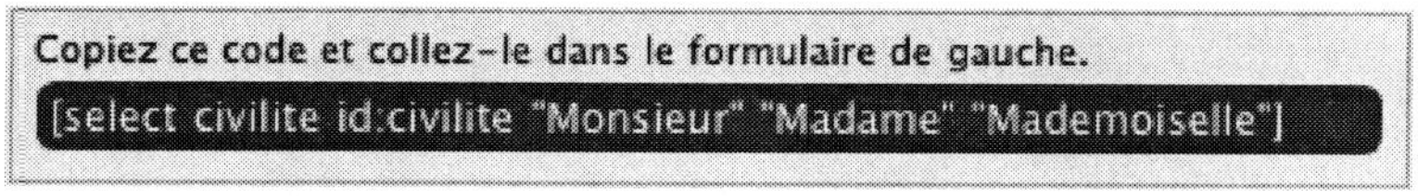

- Dans ce cartouche brun, sélectionnez et copiez ce code.
- Dans la zone du formulaire, collez ce code en début de texte.

- Nous allons ajouter du code HTML, un paragraphe `<p>`, pour affiner l'affichage.

- Modifions maintenant ce qui sera envoyé dans le mail dans le module **Email**, dans la zone **Corps du message**. Copiez-collez ce code, positionné dans le cartouche vert.

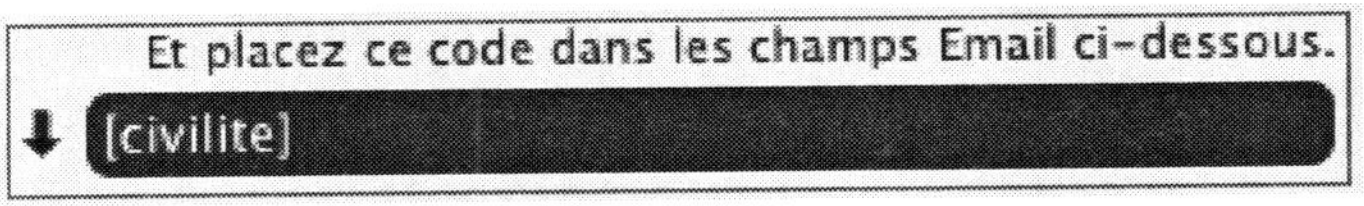

- Il faut ajouter le texte voulu devant le nom de chaque objet du formulaire, entre crochets.

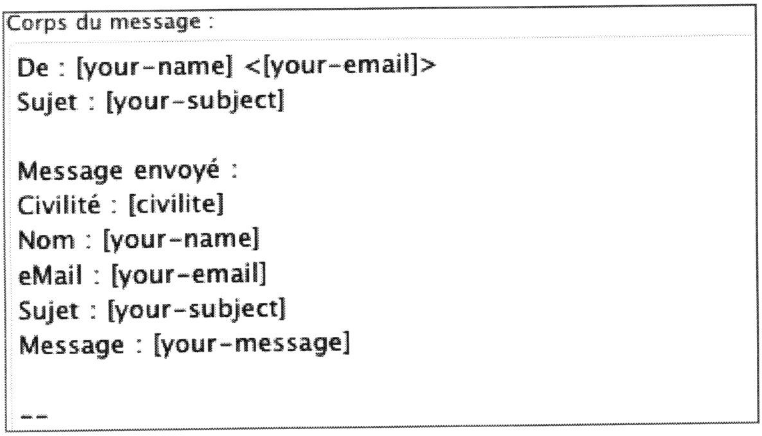

Ajoutons maintenant des boutons radio (choix unique) pour connaître l'activité du visiteur.

- Dans la liste déroulante **Générer un marqueur**, choisissez **Boutons radio**.

Vous retrouvez les mêmes options que précédemment.

- L'option **Placer d'abord le label, ensuite la case à cocher ?** permet d'avoir le libellé du bouton radio (élément HTML `<label>`) avant le symbole du bouton radio.
- L'option **Encadrer chaque élément d'une balise <label> ?** permet d'avoir le libellé du bouton radio après le symbole du bouton radio et de pouvoir sélectionner une option en cliquant sur le libellé.

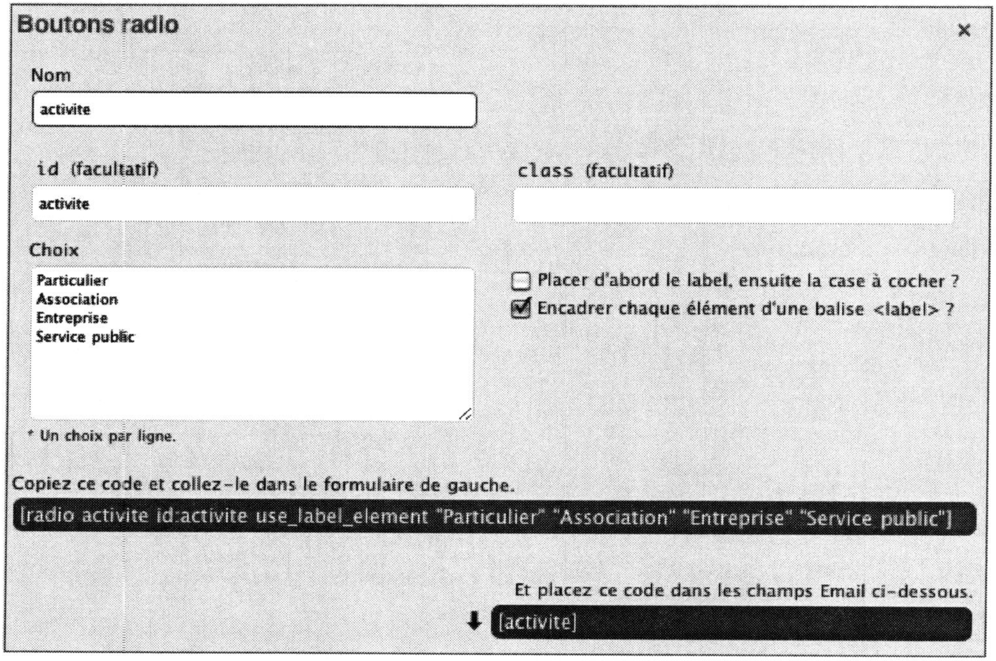

- Comme précédemment, copiez-collez le code dans le module **Formulaire**. Vous pouvez ajouter du code HTML pour affiner le rendu.

```
<p> Activité :<br/>[radio activite id:activite use_label_element "Particulier" "Association"
"Entreprise" "Service public"]</p>
```

- Personnalisez aussi le contenu du mail qui sera envoyé.

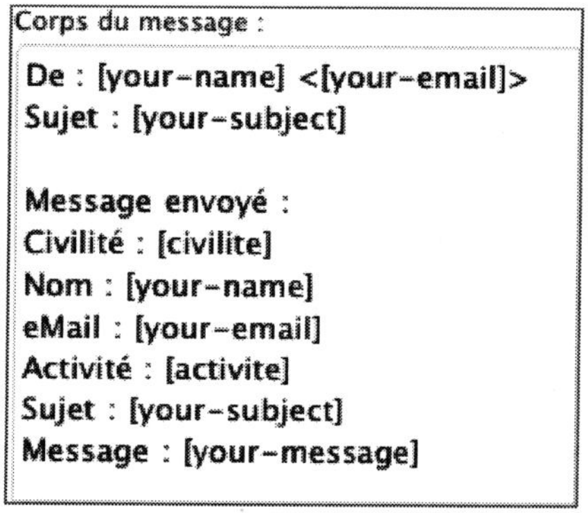

- Procédez de même pour les autres objets de formulaire (**Cases à cocher**, **Acceptation**, **Champ email**...).

Maintenant nous allons ajouter un « captcha » pour éviter l'envoi massif de message publicitaire, le spam (voir la définition dans wikipedia : http://fr.wikipedia.org/wiki/Captcha). Cela va insérer une image comportant des lettres que seul un humain pourra reconnaître et saisir dans le champ de saisie.

- Pour ce faire il faut installer une autre extension : **Really Simple CAPTCHA**, disponible à cette URL : http://wordpress.org/extend/plugins/really-simple-captcha/
- Téléchargez le fichier **really-simple-captcha.1.2.zip**, installez et activez l'extension.
- Dans la création du formulaire, dans le module **Formulaire**, dans la liste déroulante **Générer un marqueur**, choisissez **CAPTCHA**.
- Les paramètres concernent la mise en forme du captcha. C'est sans difficulté et facultatif.

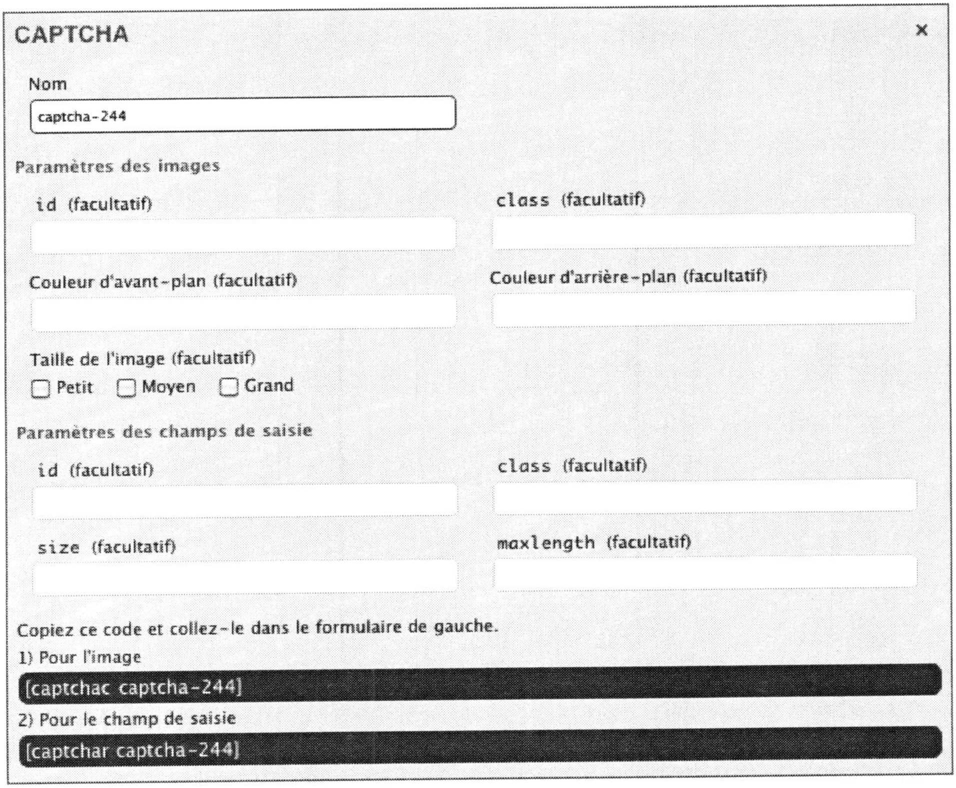

➧ Dans les cartouches bruns, copiez et collez bien à l'endroit voulu les deux lignes de code nécessaires : **Pour l'image** et **Pour le champ de saisie**.

```
<p>Votre message<br />
  [textarea your-message] </p>

[captchac captcha-244]
[captchar captcha-244]

<p>[submit "Envoyer"]</p>
```

➧ Dans la zone **Formulaire de contact 1**, cliquez sur le bouton **Sauvegarder**.

5. L'envoi du message

Dans le module **Email**, vous pouvez modifier les en-têtes du mail envoyé :

- **À** : à qui est envoyé le mail.
- **De** : quel est l'émetteur du mail, par défaut c'est le nom de l'envoyeur.
- **Sujet** : quel est le sujet de ce message, par défaut c'est le contenu du champ **Sujet** saisi dans le formulaire.
- Vous avez à votre disposition deux en-têtes supplémentaires : **Entêtes supplémentaires** et **Pièces jointes**.

Vous avez accès à un module **Email (2)** pour envoyer le message en copie à une autre adresse mail. Vous retrouverez les mêmes champs.

Dans le module **Messages** vous pouvez personnaliser tous les messages qui seront envoyés à l'émetteur du message.

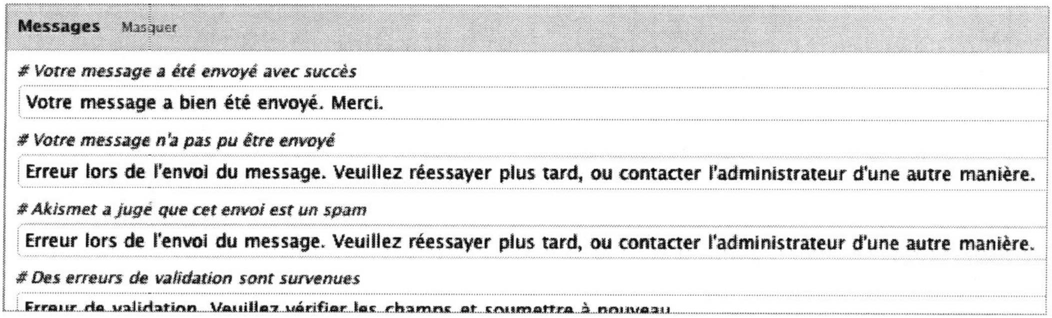

- Pour toutes ces modifications, n'oubliez pas de cliquer sur le bouton **Sauvegarder**.

6. Insérer le formulaire dans une page

- Dans la zone **Formulaire de contact 1**, dans le cartouche brun sélectionnez le code d'insertion et copiez-le.

- Créez une nouvelle page rangée dans la catégorie **Site**, pour l'exemple de notre site.
- Dans le contenu de la page, en mode HTML, collez le code précédemment copié.

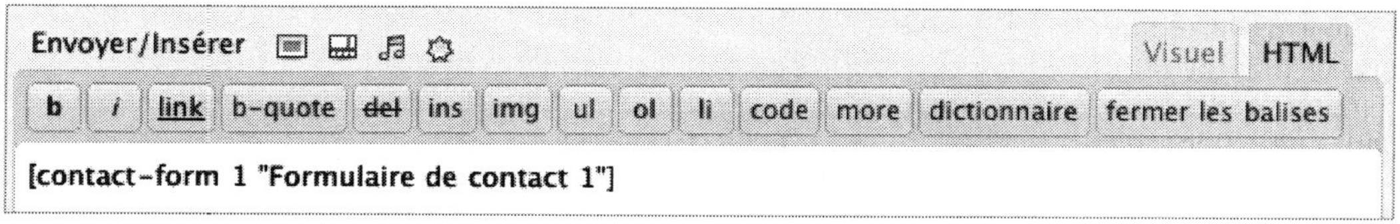

- Enregistrez le brouillon et faites une prévisualisation ou publiez la page.

Le formulaire de contact est opérationnel.

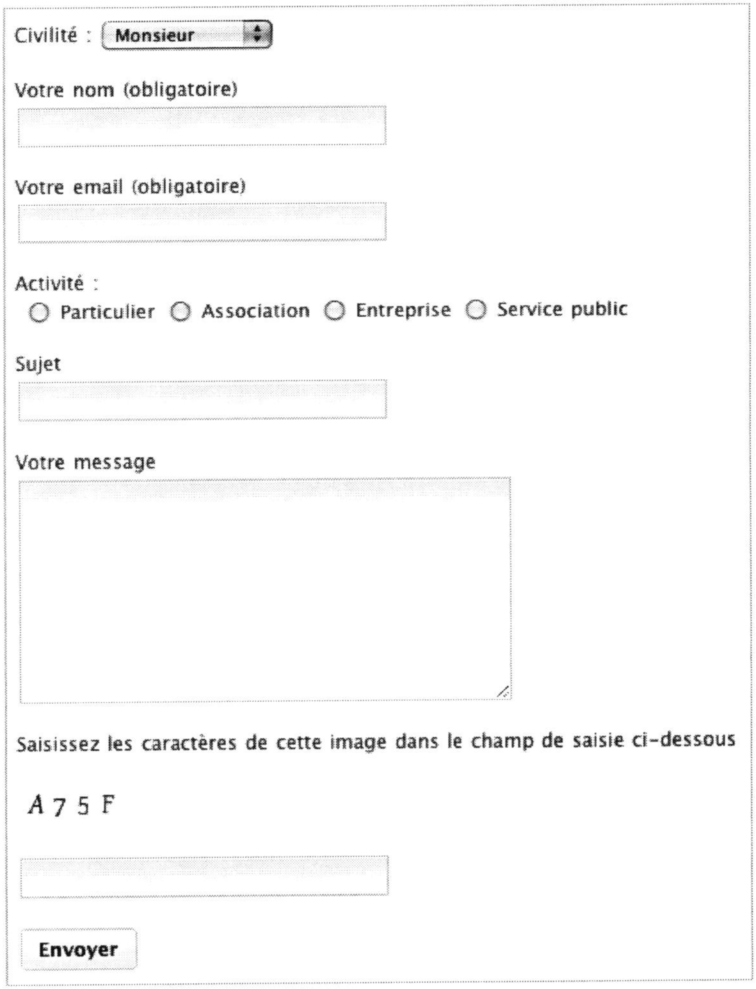

Voici l'exemple de la saisie du formulaire :

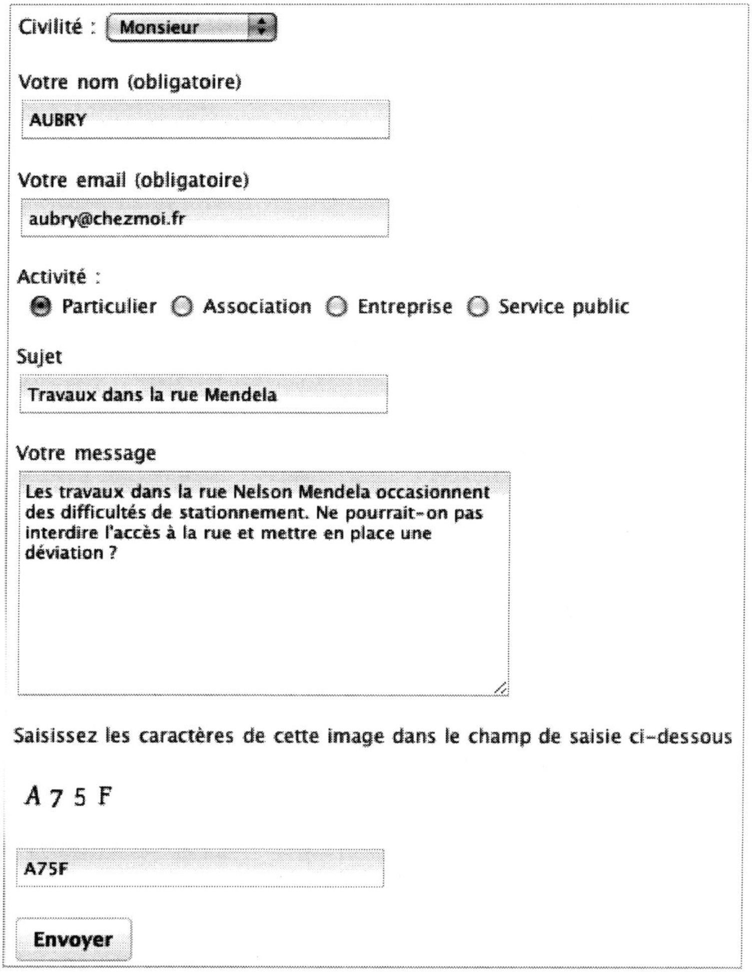

Voici le mail reçu :

```
De : AUBRY <aubry@chezmoi.fr>
Sujet : Travaux dans la rue Mendela

Message envoyé :
Civilité : Monsieur
Nom : AUBRY
eMail : aubry@chezmoi.fr
Activité : Particulier
Sujet : Travaux dans la rue Mendela
Message : Les travaux dans la rue Nelson Mendela occasionnent des difficultés
de stationnement. Ne pourrait-on pas interdire l'accès à la rue et mettre en
place une déviation ?
```

D. Ajouter une carte du site

1. Lister les contenus

Nous allons proposer aux visiteurs une page qui contiendra la liste de tous les contenus du site. Ainsi les visiteurs auront une vision globale du site et pourront cliquer sur un contenu qui les intéresse. Cela permet d'ajouter une page contenant le très classique « Plan du site ». Nous allons utiliser l'extension **Table of Contents Creator**.

- Allez à l'URL : http://wordpress.org/extend/plugins/table-of-contents-creator/
- Téléchargez le fichier **table-of-contents-creator.1.6.4.1.zip**, puis installez et activez l'extension.

2. Paramétrer l'extension

- Dans le menu **Réglages**, choisissez **Table of Contents Creator**.

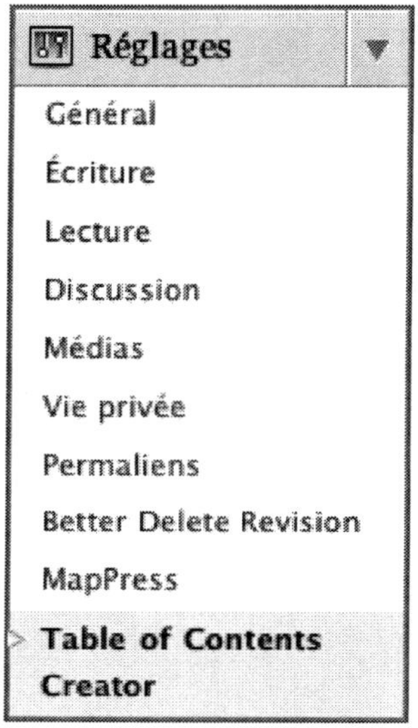

Vous avez alors cinq modules de paramétrage.

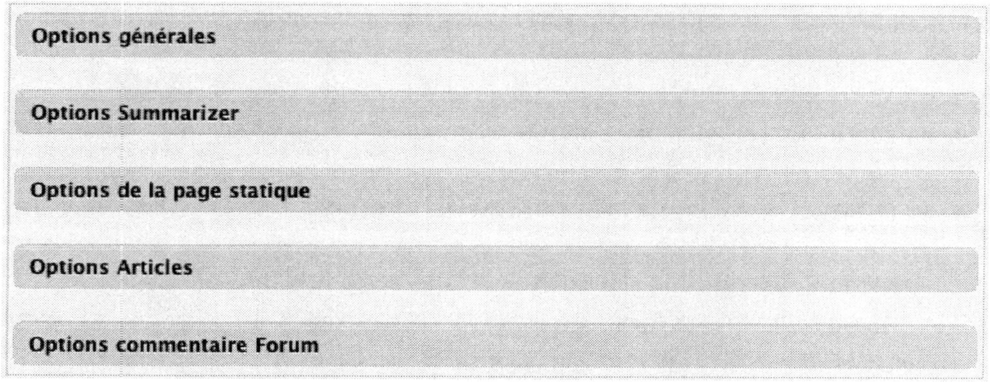

Le premier module de paramètres **Options générales** concerne la mise en forme du plan du site.

Le deuxième module de paramètres **Options Summarizer** concerne l'affichage des résumés, des extraits des contenus.

Le module **Options de la page statique** permet la mise en forme des pages du site et **Options Articles** permet la mise en forme des articles.

Le dernier module **Options commentaire Forum** permet la mise en forme des commentaires seulement si vous utilisez des plugins spécifiés.

Pour chaque option proposée, cliquez sur son libellé pour connaître son utilisation.

Les options sont très nombreuses et faciles à mettre en place.

3. Ajouter une page

Une fois que le paramétrage est fait, vous devez insérer ce plan du site dans une page.

- Pour enregistrer tous les paramètres cliquez sur le bouton **Options de mise à jour**.
- Créez une nouvelle page rangée dans la catégorie **Site**.
- Dans le contenu de la page, en mode **HTML**, collez ce code : `<!-- toc-creator -->`.

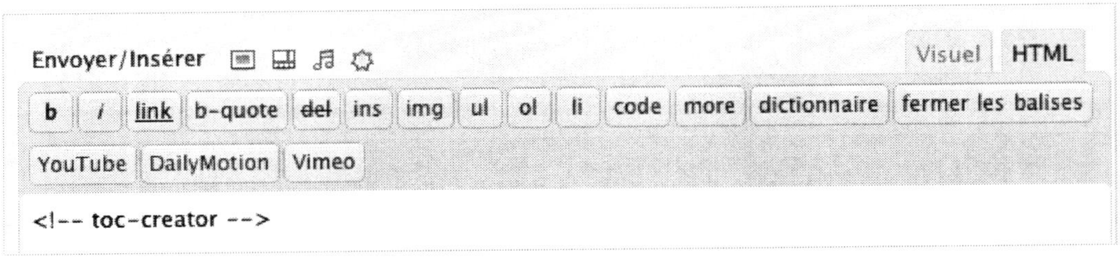

- Ou dans la fenêtre de paramétrage de **Table of Contents Creator**, renseignez les champs **Titre de la page** et **chemin de la page** comme indiqué dans la copie d'écran ci-dessous, puis cliquez sur le bouton **Créer une page**.

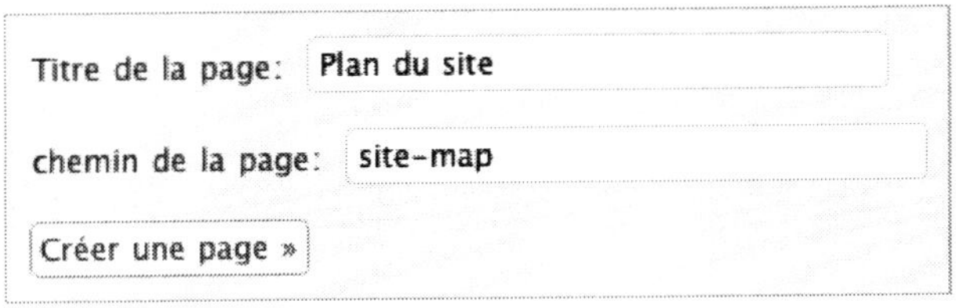

Voici un extrait de la page générée :

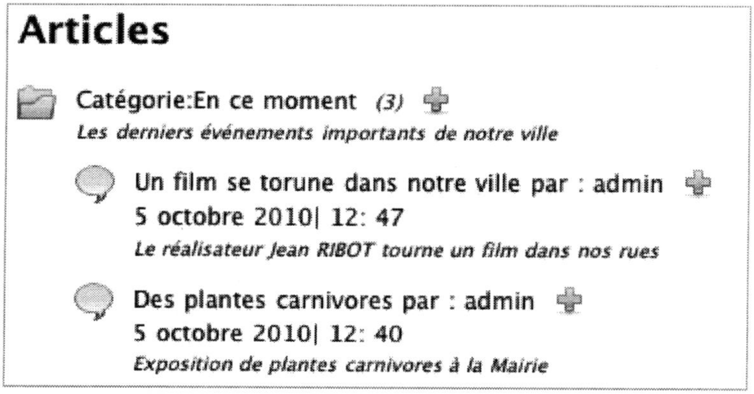

E. Ajouter une galerie photo

1. Créer un diaporama

Imaginons que lors d'un événement, une inauguration, de nombreuses photos ont été prises. Nous voulons les mettre à disposition des administrés par l'intermédiaire d'une galerie photo, d'un diaporama. Nous allons utiliser l'extension **FancyBox for WordPress**.

- Allez à cette URL : http://wordpress.org/extend/plugins/fancybox-for-wordpress/
- Téléchargez le fichier **fancybox-for-wordpress.2.7.2.zip**, installez et activez l'extension.

Dans les articles, vous devrez insérer les photos avec une petite taille. Quand l'utilisateur cliquera sur une des photos, celle-ci apparaîtra alors avec sa taille d'origine, dans une fenêtre au-dessus de l'article. S'il y a plusieurs photos, l'utilisateur pourra alors les faire défiler à son rythme.

Notez que cette extension va créer des galeries photos pour toutes les images insérées dans tous les articles du site.

2. Paramétrer l'extension

➧ Dans le menu **Réglages**, choisissez **Fancybox fo WP**.

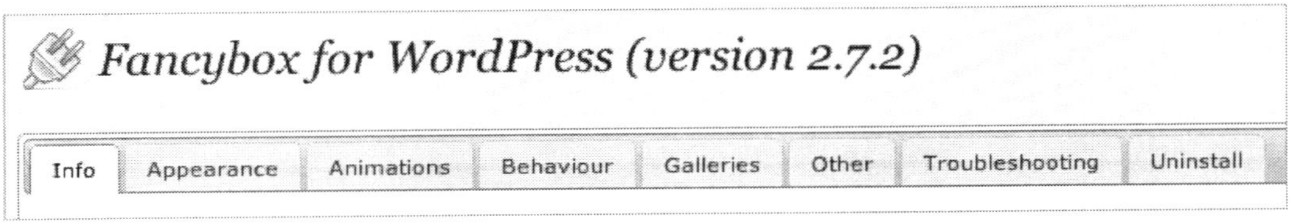

Le premier onglet **Info** affiche des informations générales sur le plugin et ses auteurs.

Le deuxième onglet **Appearance** permet de gérer l'apparence des photos.

- La zone **Border Color** permet de gérer les bordures de la zone d'affichage des photos. Cochez l'option **Show Border** pour activer l'affichage des bordures. Dans le champ de saisie en dessous, vous pouvez indiquer la couleur voulue, au format hexadécimal.

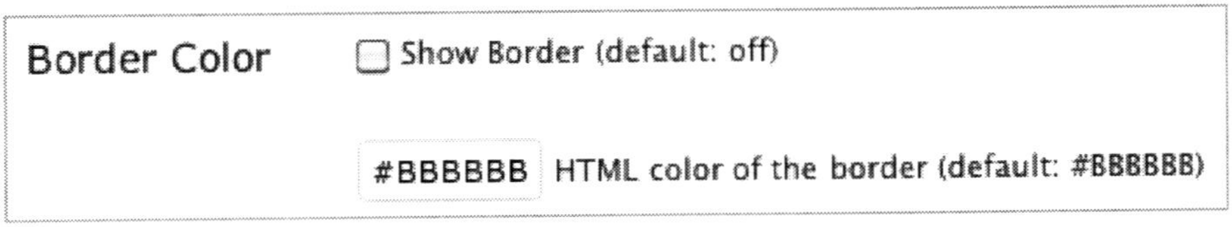

- La zone **Close Button** permet d'afficher un bouton de fermeture si l'option **Show Close button** est cochée. En dessous quatre options pour la position de ce bouton sont disponibles dans la zone **Close button position**.

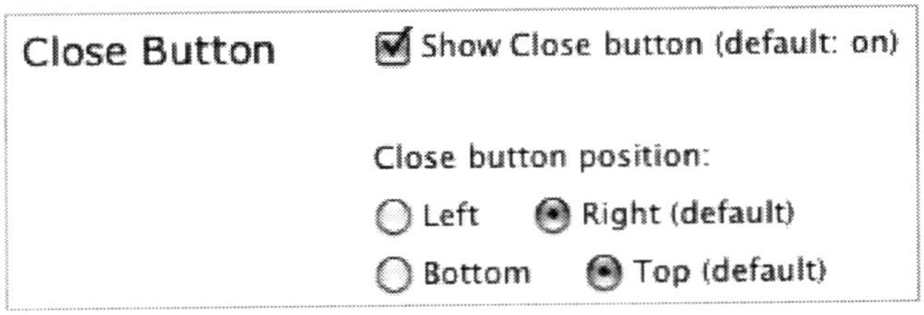

- La zone **Padding** permet de gérer l'espace entre les photos et le cadre d'affichage. Vous pouvez choisir la couleur de remplissage de cet espace et sa taille en pixels.

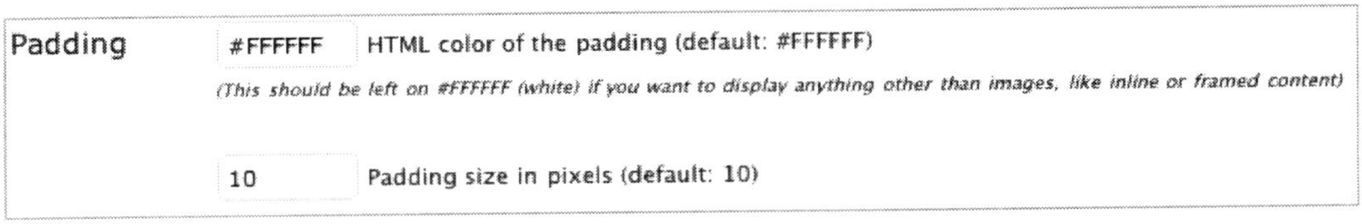

- La zone **Overlay Options** permet de paramétrer la couleur d'arrière-plan qui masque la page pour mieux visualiser les photos. L'option **Add overlay** doit être cochée. Dans le champ de saisie en dessous, indiquez la couleur du masque en hexadécimal. Dans la liste déroulante **Opacity of overlay** indiquez le niveau de transparence de la couleur du masque.

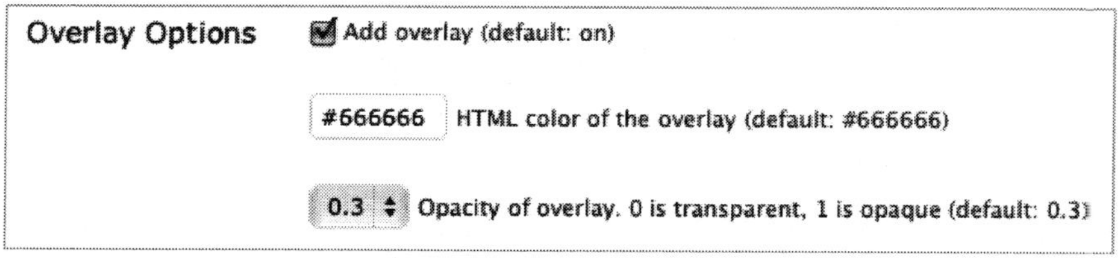

- La zone **Show Title** permet d'afficher le titre des photos, sous chaque photo.

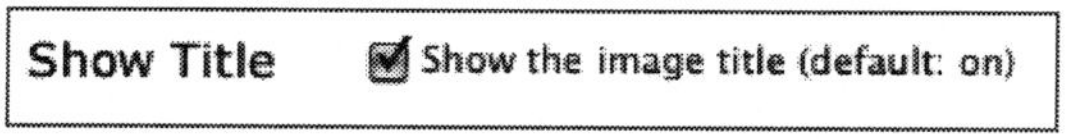

L'onglet **Animations** permet de régler le passage d'une photo à l'autre.

- La zone **Zoom Options** permet de modifier les effets de zoom à l'ouverture, à la fermeture des photos et lors d'un passage de l'une à l'autre. Vous pouvez choisir la vitesse de zoom, exprimée en millisecondes.

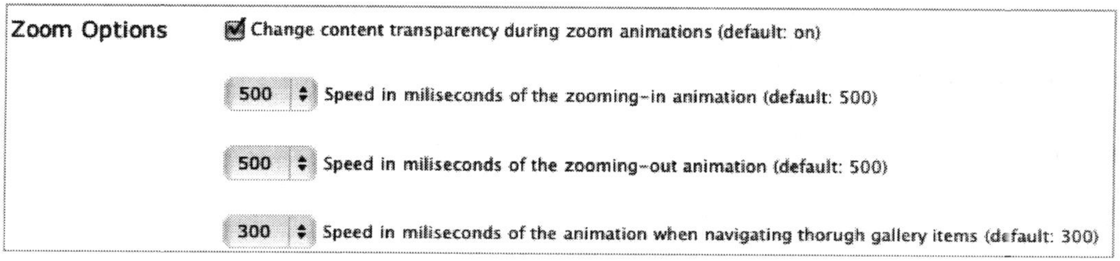

- La zone **Easing** permet d'ajouter des effets visuels à l'ouverture, à la fermeture des photos et lors d'un passage de l'une à l'autre.

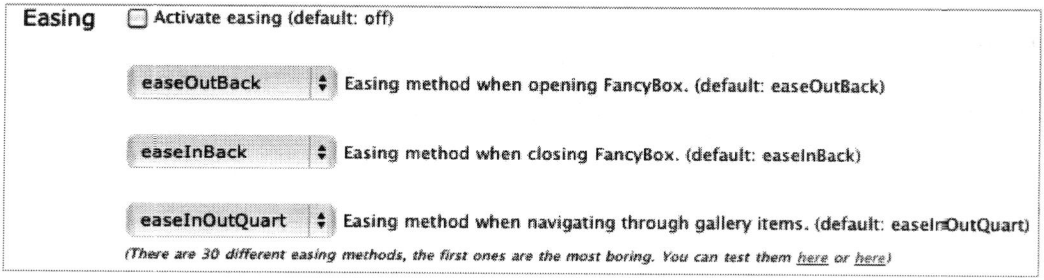

L'onglet **Behaviour** permet de gérer le comportement des photos à l'affichage.

- L'option **Auto Resize to Fit** permet un redimensionnement automatique des images pour qu'elles soient entièrement affichées.
- L'option **Center on Scroll** permet de toujours afficher l'image centrée lors de l'utilisation de la barre de défilement dans le navigateur.
- L'option **Close on Content Click** permet de fermer le diaporama quand l'utilisateur clique sur une photo.
- L'option **Close on Overlay Click** permet de fermer le diaporama quand l'utilisateur clique sur le masque d'arrière-plan.
- L'option **Close with "Esc"** permet de fermer le diaporama quand l'utilisateur appuie sur la touche Echap.

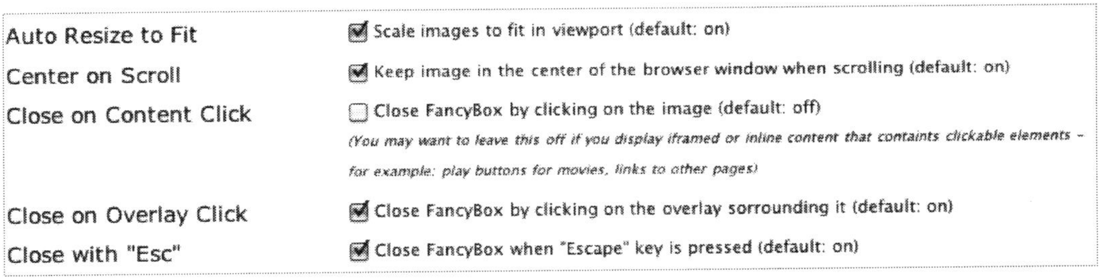

L'onglet **Galleries** permet de définir quand doivent être mis en place les galeries photos.

- La première option permet de créer une galerie pour toutes les images présentes dans l'article ou dans la page.
- La deuxième option permet de créer une galerie uniquement pour les photos ayant un attribut REL renseigné.
- La troisième option permet de créer une galerie pour tous les articles du site.
- La quatrième option permet de paramétrer vous-même l'application de la galerie en modifiant les paramètres jQuery.

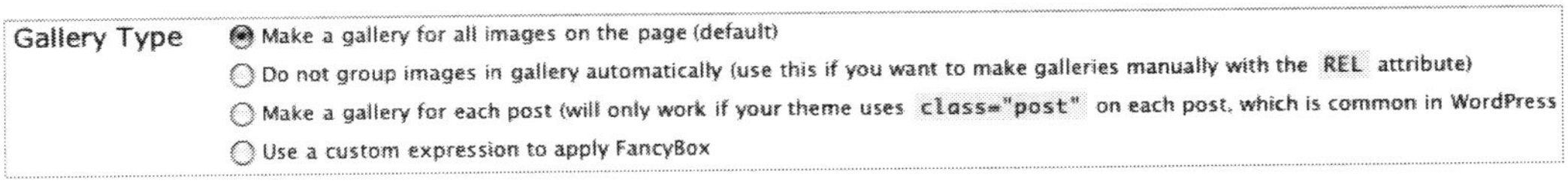

L'onglet **Other** est réservé aux développeurs web. L'onglet **Troubleshooting** est à utiliser lorsque l'extension ne fonctionne pas correctement et le dernier onglet **Uninstall** permet de désinstaller l'extension.

➧ Quand vous avez paramétré les réglages, cliquez sur le bouton **Save Changes**.

3. Création de l'article

- Créez un nouvel article.
- Insérez toutes les images voulues avec une **Taille Miniature**, et sans **Aucun Alignement**.

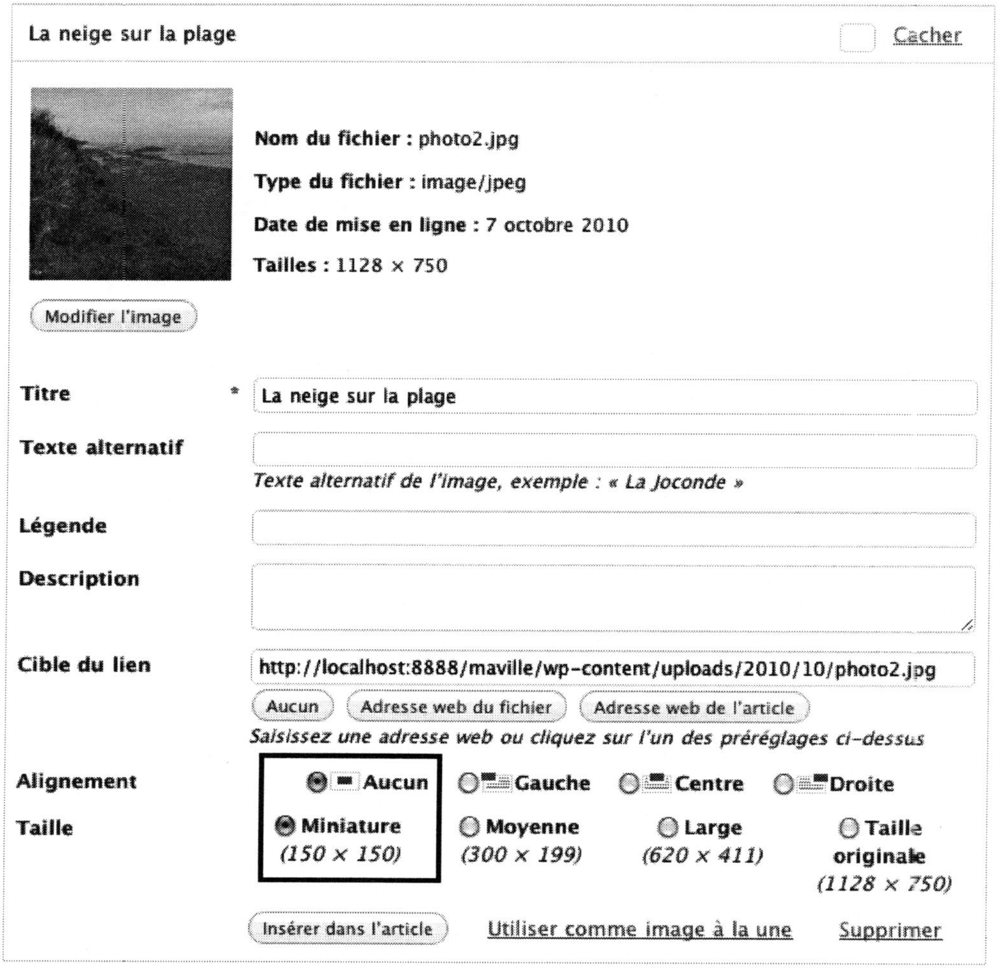

Voici l'article présentant les miniatures des photos :

- Enregistrez le brouillon de l'article et faites une prévisualisation ou publiez-le puis affichez-le.

- L'utilisateur clique sur une des photos pour l'afficher en grand et démarrer le diaporama.

- En passant le pointeur sur la droite et sur la gauche de la photo, les boutons de navigation apparaissent.

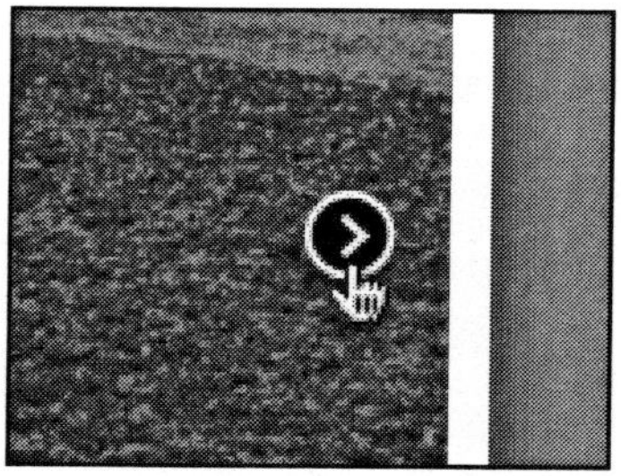

- Le bouton de fermeture se trouve par défaut en haut à droite.

4. La traduction de l'interface

L'interface de cette extension est en anglais, mais notez que l'auteur de ce livre l'a traduite en français. Cette traduction est disponible sur le site de l'auteur (http://www.netplume.net/traduction-de-fancybox) et sur le site wptrads.fr (http://www.wptrads.fr/fancybox/).

- Téléchargez le fichier de traduction : **mfbfw-fr_FR.mo**. Placez ce fichier dans le dossier : **wp-content/plugins/fancybox-for-wordpress/languages/**

F. Ajouter un agenda d'événements

1. L'extension pour un calendrier

Nous allons ajouter une page qui va afficher un agenda mensuel pour informer les habitants de Maville des événements liés à la vie de la ville : inauguration, délibération, fêtes de quartier, événements sportifs et culturels...

Nous allons utiliser l'extension **Events Calendar**.

- Allez à cette URL : http://wordpress.org/extend/plugins/events-calendar/
- Téléchargez le fichier **events-calendar.6.7.8.zip**, installez et activez l'extension.

2. Ajouter des événements

Le menu 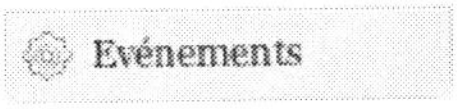

est ajouté à la barre des menus.

- Sélectionnez le menu **Evénements**.

Dans la partie supérieure de la fenêtre le calendrier du mois en cours est affiché.

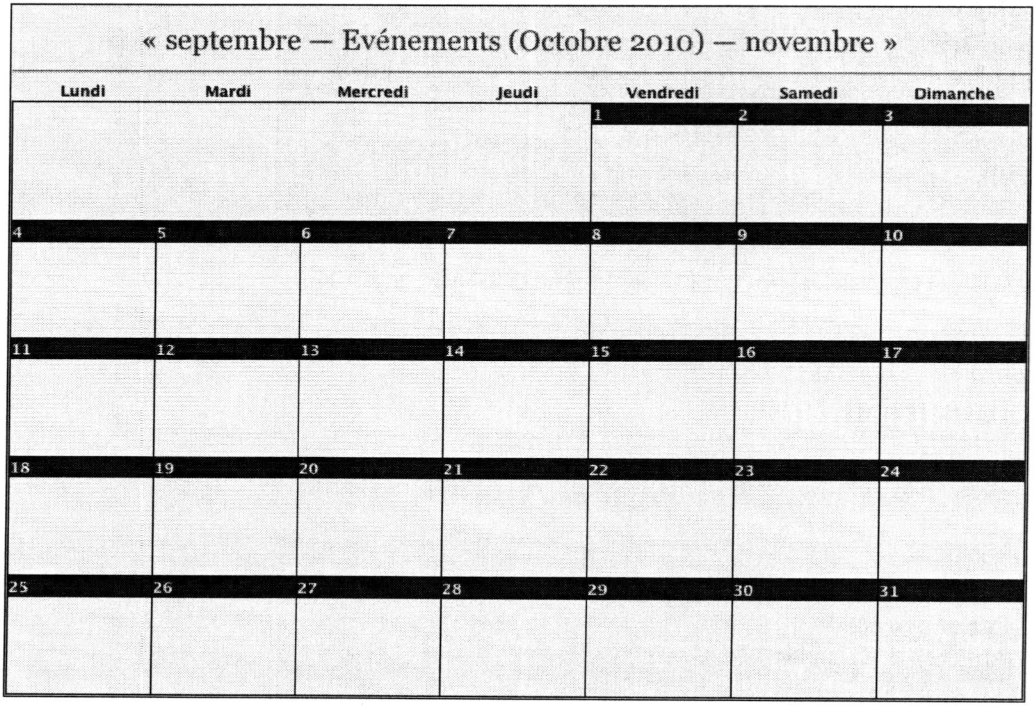

Dans la partie inférieure de l'écran, vous pouvez ajouter les événements.

- Dans le champ de saisie **Titre**, saisissez le titre de l'événement. C'est ce que va voir l'internaute dans le calendrier.
- Dans le champ de saisie **Lieu**, vous pouvez saisir le lieu de l'événement. Cette information est facultative.
- Dans le champ de saisie **Lien vers**, vous pouvez lier l'événement à un contenu, article ou page, de votre site ou d'un autre site. Cette information est facultative.
- Dans le champ de saisie **Description**, vous pouvez saisir une description plus importante de l'événement. Cette description apparaîtra au survol de la souris au-dessus de cet événement. Cette information est facultative.
- Dans le champ de saisie **Date début**, saisissez la date de début de l'événement. Attention à bien respecter le format de la date : **YYYY-MM-DD**. L'année sur quatre chiffres, le mois puis le jour sur deux. Exemple : **2010-10-14**, pour le 14 octobre 2010.

- Dans le champ de saisie **Heure début**, saisissez l'heure de début de l'événement. Attention à bien respecter le format de l'heure : **hh:mm.** 09:30 pour neuf heures trente minutes. Ce champ peut être vide.
- Mêmes principes avec les champs **Date de fin** et **Heure de fin**.
- La liste déroulante **Niveau d'accès** permet de déterminer qui pourra voir cet événement. **Public** : tout le monde verra cet événement. Les autres choix concernent les personnes référencées pour l'administration et la gestion du site.
- L'option **Créer un article pour cet événement** est très pratique, elle permet de créer automatiquement un article lié à cet événement. Quand les utilisateurs cliqueront sur cet événement, ils seront alors automatiquement dirigés vers l'article associé.
- La liste déroulante **Avec quel statut ?** permet de publier (**Publié**) ou pas (**Non publié**) l'événement.
- Renseignez les champs comme présenté ci-dessous. Quand vous avez renseigné tous les champs nécessaires, cliquez sur le bouton **Ajouter un événement**.

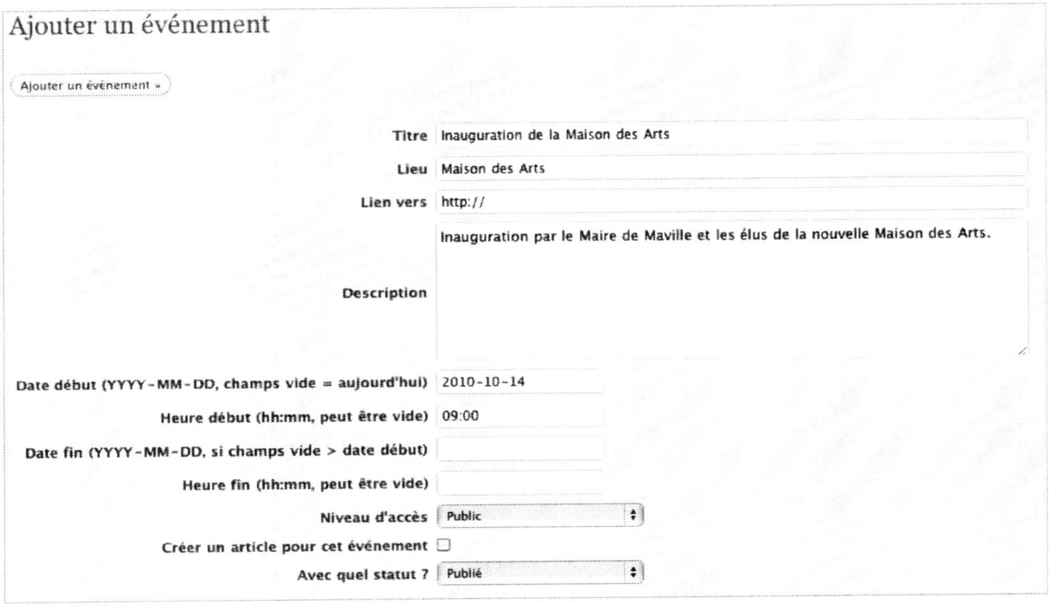

L'événement est créé et affiché dans le calendrier.

3. Gérer les événements

➧ Pour modifier un événement, dans le calendrier, cliquez dessus.

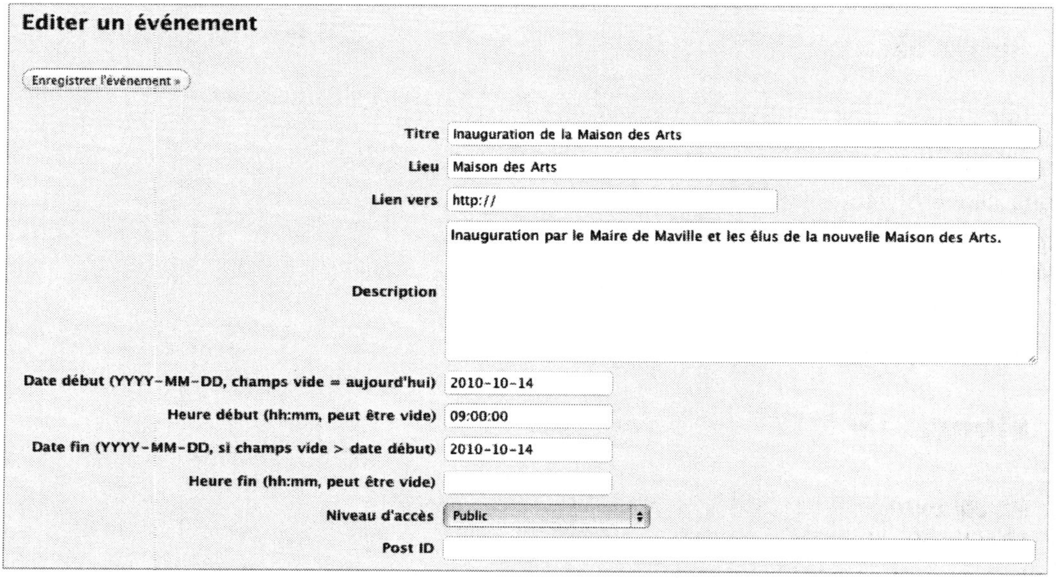

Vous retrouverez tous les champs décrits précédemment.

➧ Cliquez sur le bouton **Enregistrer l'événement**.

➧ Pour supprimer un événement, cliquez sur la petite croix rouge dans le calendrier.

Un message d'alerte vous demande de confirmer cette suppression.

4. Gérer les options du calendrier

➧ Dans le menu **Événements**, choisissez **Options**.

Vous allez pouvoir choisir le format des dates et des heures à afficher dans les calendriers.

- Vous pouvez désactiver l'apparition de la bulle d'aide au survol des événements, **Disable Tooltips (Checked = Yes)**.
- Vous pouvez gérer la mise en forme des événements avec des styles CSS.

➧ Une fois que vous avez renseigné les options nécessaires, cliquez sur le bouton **Enregistrer les options**.

5. Afficher le calendrier dans un widget

Les widgets sont des zones permettant d'afficher un contenu dans la colonne latérale droite. Vous apprendrez à utiliser les widgets dans le chapitre La navigation dans le site, à la section Les widgets de navigation.

6. Afficher le calendrier dans une page

Nous allons afficher le calendrier dans une page. Cette page sera affichée en cliquant sur un lien dans une barre de navigation que nous allons mettre en place dans le chapitre suivant, La navigation dans le site.

➧ Créez une nouvelle page.

➧ Saisissez un titre et rangez la page dans la catégorie **Site**.

➧ Dans le contenu de la page saisissez : `[events-calendar-large]`.

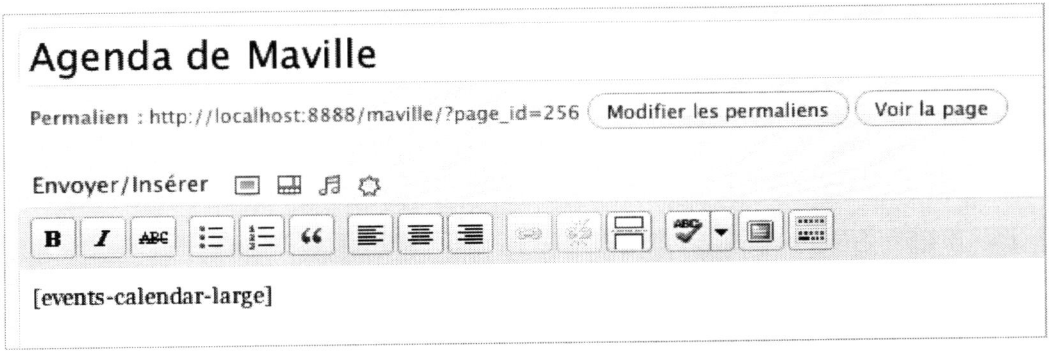

➧ Pour visualiser le résultat, sous le titre de la page, cliquez sur le bouton **Voir la page**.

La date du jour est sur fond bleu.

Le titre des événements apparaît dans la case du jour.

Au survol d'un événement, le contenu complet de l'événement apparaît dans une bulle d'aide (si l'option de désactivation n'a pas été cochée dans les options du calendrier).

G. Personnaliser la page de connexion

1. Se connecter à l'administration

Tous les utilisateurs référencés vont pouvoir se connecter à l'interface d'administration par l'intermédiaire de la page de connexion à l'URL suivante :
http://localhost:8888/maville/wp-login.php

L'utilisateur référencé verra alors cet écran :

Cet écran de connexion est l'écran standard de WordPress, quel que soit le site, quelle que soit l'entreprise. Ce n'est pas engageant et absolument pas personnalisé.

2. Une extension de personnalisation

Nous allons utiliser l'extension **Custom Login** qui va nous permettre de personnaliser l'écran de connexion « aux armoiries de la ville ».

- Allez à cette URL : http://wordpress.org/extend/plugins/custom-login/
- Téléchargez le fichier **custom-login.zip**, installez et activez l'extension.

3. Paramétrer l'extension

- Dans le menu **Réglages**, choisissez **Costum Login**.
- Dans le module **Activation - to infinity and beyond**, cochez l'option **Activate**.

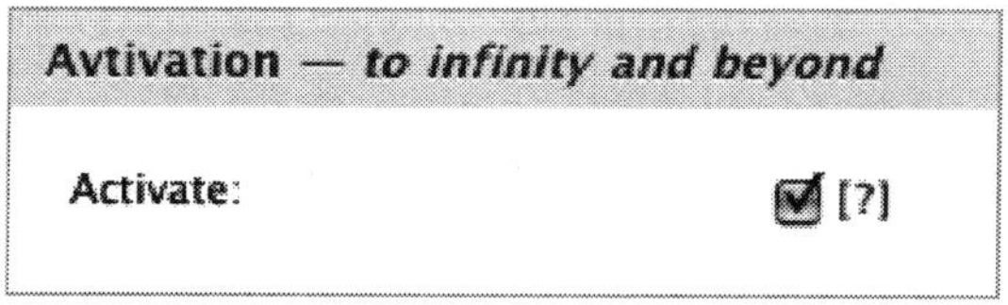

Le module **General Settings** permet de modifier la page de connexion.

- Dans le champ **html border-top background** sélectionnez l'image (1x21 pixels recommandés) qui peut remplacer l'image d'arrière-plan en haut de l'écran de connexion.
- Dans le champ **html background color** choisissez la couleur d'arrière-plan de l'écran de connexion.
- Dans le champ **html background url** choisissez l'image (10x500 pixels recommandés) qui apparaîtra en fond de page, derrière le formulaire de connexion.
- Dans le champ **html background repeat**, choisissez comment doit être répétée cette image. Vous pouvez utiliser **no-repeat**, **repeat**, **repeat-x** ou **repeat**.

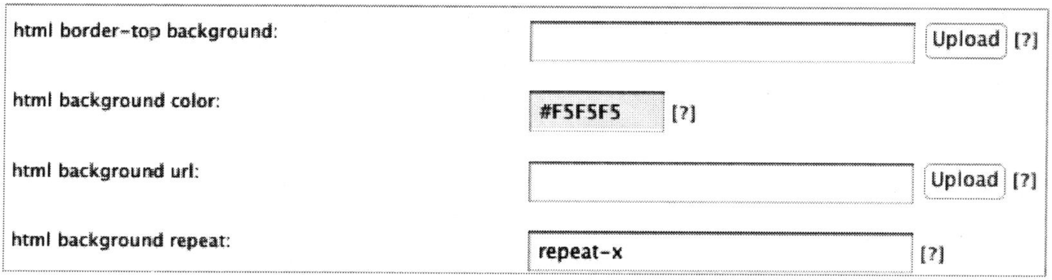

- Dans le champ **Logo**, indiquez l'image qui doit apparaître au-dessus du formulaire. La taille doit être 310x70 pixels.

- Dans le champ **login form background color**, choisissez la couleur de fond du formulaire.
- Dans le champ **login form background url**, choisissez l'image qui apparaîtra en haut du formulaire (308x108 pixels recommandés).

- Dans le champ **login form border radius**, choisissez le diamètre de l'arrondi des angles du formulaire.
- Dans le champ **login form border thickness**, choisissez l'épaisseur de la bordure du formulaire.
- Dans le champ **login form border color**, choisissez la couleur de la bordure du formulaire.
- Dans les champs **login form box shadow**, indiquez la distance à droite, en bas, la taille du flou et la couleur de l'hombre.
- Dans le champ **label font color**, choisissez la couleur du texte.

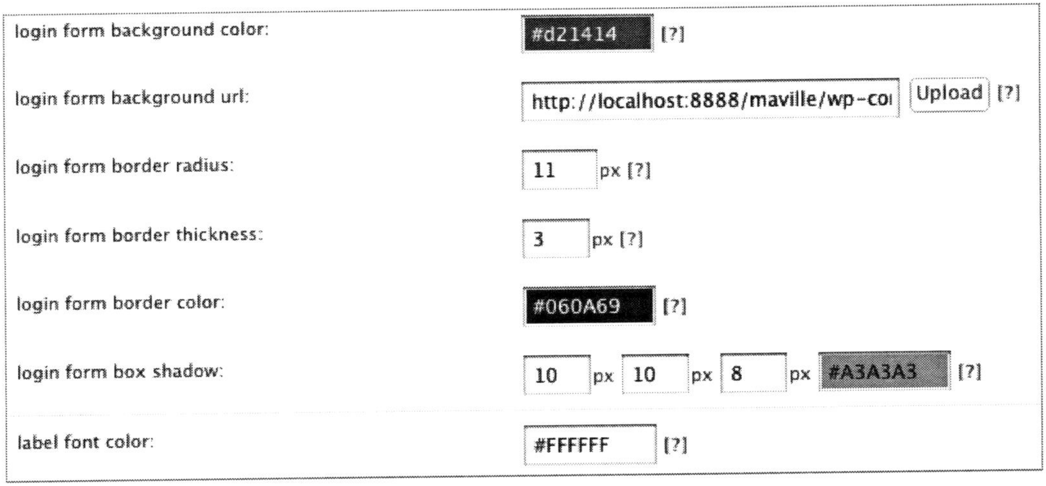

- Dans le module **Preview your work**, cliquez sur le lien **Click here to see a live preview !**.

- Dans le module **Advanced Settings**, dans le champ **Custom CSS**, vous pouvez saisir des styles CSS qui pourront être utilisés dans le texte saisi dans le champ **Custom HTML**. Ce texte apparaîtra sous le formulaire de connexion.

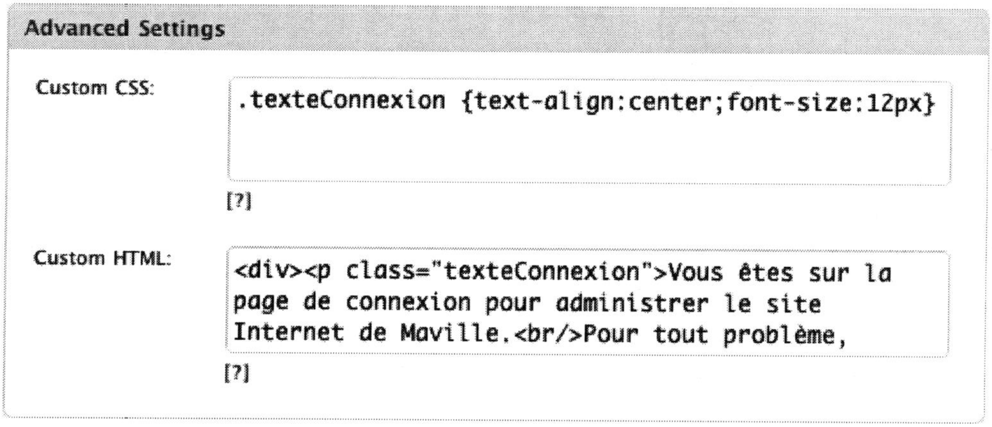

- Une fois le paramétrage terminé, cliquez sur le bouton **Update Settings**.

➧ Déconnectez-vous et connectez-vous.

Chapitre 9

La navigation dans le site

A. L'objectif

Il faut que le site soit ergonomique, qu'il soit facile à utiliser, avec une navigation claire. Le visiteur doit pouvoir trouver rapidement et facilement l'information qu'il souhaite. Nous allons donc mettre en place plusieurs éléments de navigation.

B. La barre de navigation du haut

En haut de la fenêtre du navigateur, tout en haut de notre site, nous allons insérer une barre de navigation qui contiendra les liens pour revenir à la page d'accueil, pour accéder au formulaire de contact, à la page du plan du site et à l'agenda des événements.

1. Création d'un menu WordPress

WordPress offre la possibilité de créer des « menus » de navigation. Dans ces menus vous pouvez insérer des liens vers les URL, vers des pages, vers des articles, vers des catégories et des mots-clefs. La position des menus dans votre site dépend entièrement des possibilités que vous offre le thème utilisé.

- Dans le menu **Apparence**, choisissez **Menus**.

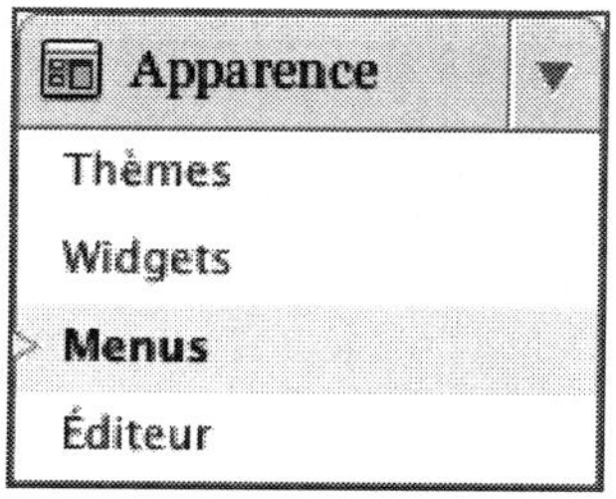

- Pour accéder à tous les éléments de menu possibles, en haut à droite, cliquez sur le bouton **Options de l'écran**.
- Cochez alors les éléments de menu à utiliser.

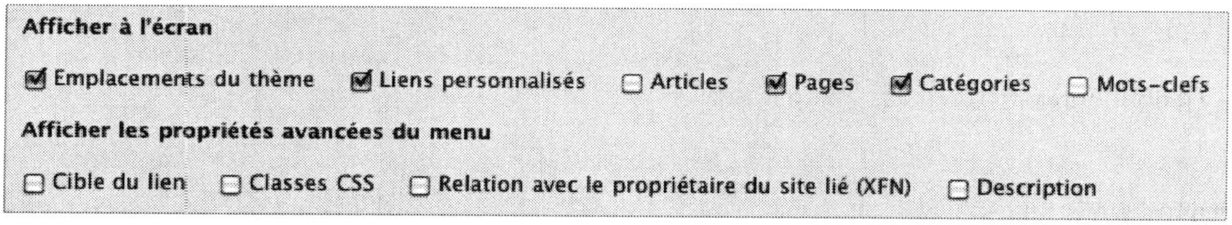

Maintenant, créons le menu en lui-même.

- Cliquez à nouveau sur le bouton **Options de l'écran** pour le fermer.
- Sur la droite de l'écran, dans le champ de saisie **Nom du menu**, saisissez le nom voulu.
- Cliquez sur le bouton **Créer un menu**.

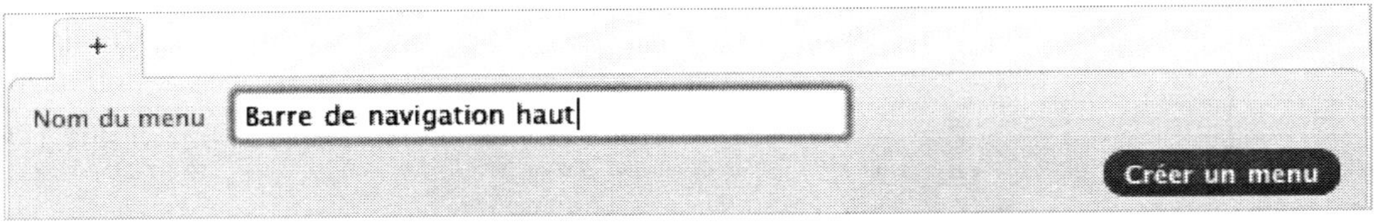

Le menu est créé :

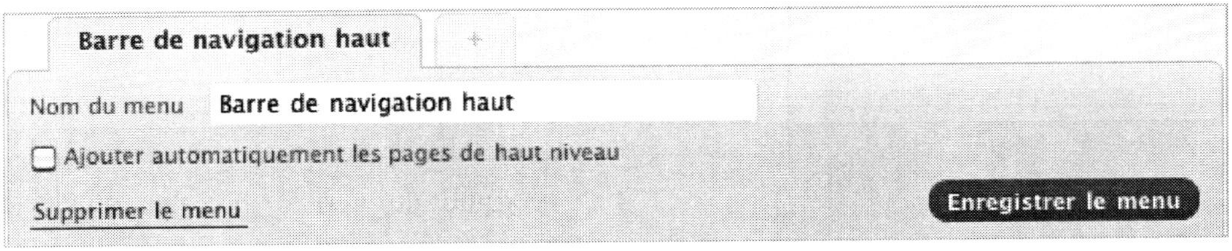

- Arras propose deux emplacements prédéfinis, accessibles dans le module **Emplacements du thème**.
- Choisissez d'insérer le menu créé précédemment dans la position **Menu haut**. La position **Menu haut** va insérer le menu au-dessus du bandeau du site.

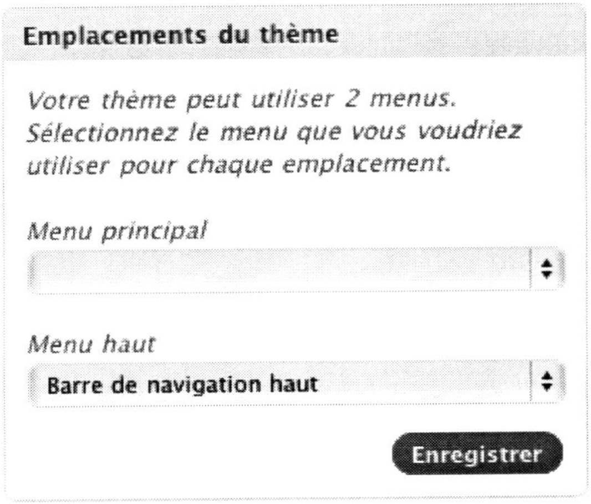

- Cliquez sur le bouton **Enregistrer**.

- Dans le module **Liens personnalisés**, nous allons créer le lien qui va permettre de revenir à la page d'accueil. Dans le champ de saisie **Adresse web**, saisissez l'URL de la page d'accueil du site : http://localhost:8888/maville pour une utilisation locale sous Mac, ou http://localhost/maville sous Windows ou Linux.

- Cliquez sur le bouton **Ajouter au menu**.

Cet élément est bien ajouté au menu.

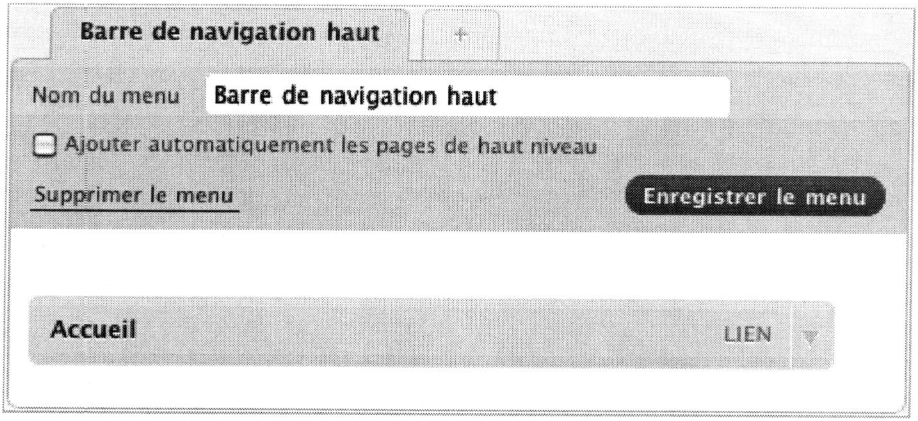

- Dans le module **Pages**, sélectionnez les pages **Plan du site**, **Contact** et **Agenda de Maville** que nous avons créées dans le chapitre précédent, Les pages spéciales.

- Cliquez sur le bouton **Ajouter au menu**.
- Pour modifier l'ordre des éléments dans le menu, faites un cliqué-glissé d'un élément de menu à l'emplacement voulu.

- Cliquez sur le bouton **Enregistrer le menu**.

Affichez la page d'accueil du site, votre barre de navigation apparaît en haut de l'écran, avec les liens fonctionnels.

C. La barre de navigation principale

Sous le bandeau supérieur, nous allons ajouter une nouvelle barre de navigation, pour afficher les liens concernant directement la Mairie : La Mairie, Plan de la ville, Les élus et Histoire de Maville. Réexécutons les actions faites précédemment.

- Dans le menu **Apparence**, choisissez **Menus**.
- Sur la droite de l'écran, dans les onglets de menus, cliquez sur l'onglet **+**.

- Dans le champ de saisie **Nom du menu**, saisissez le nom voulu et cliquez sur le bouton **Créer un menu**.

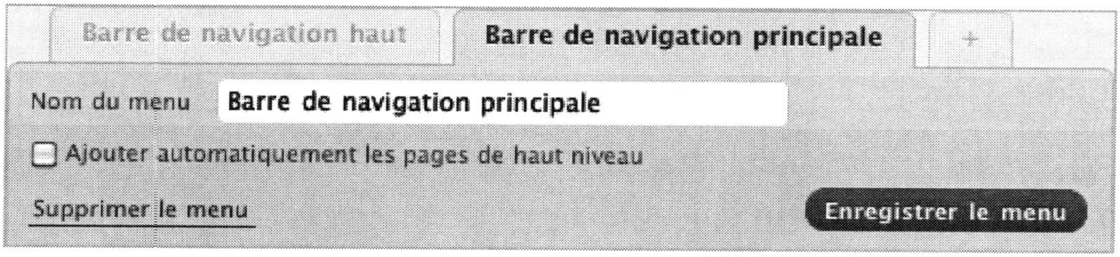

- Dans le module **Emplacement du thème**, placez le menu dans **Menu principal**. L'emplacement **Menu principal** insère le menu sous le bandeau supérieur.
- Cliquez sur le bouton **Enregistrer**.
- Dans le module **Pages**, sélectionnez les pages **La Mairie**, **Plan de la ville**, **Les élus**, **Les élus et leur quartier**, **Les délibérations** et **Histoire de Maville** que nous avons déjà créées précédemment.
- Cliquez sur le bouton **Ajouter au menu**.

➧ Dans l'onglet des menus nommé **Barre de navigation principale**, modifiez l'ordre des éléments de menu, si besoin est.

Nous allons maintenant créer un menu hiérarchique, pour faire apparaître des éléments sous la forme d'un menu déroulant. Ce menu déroulant est possible si le thème choisi le permet.

- Pour créer un menu hiérarchique, faites un cliqué-glissé vers la droite sur l'élément de menu voulu. Dans cet exemple, nous déplaçons vers la droite l'élément **Les élus et leur quartier** qui sera alors élément enfant de **Les élus**.

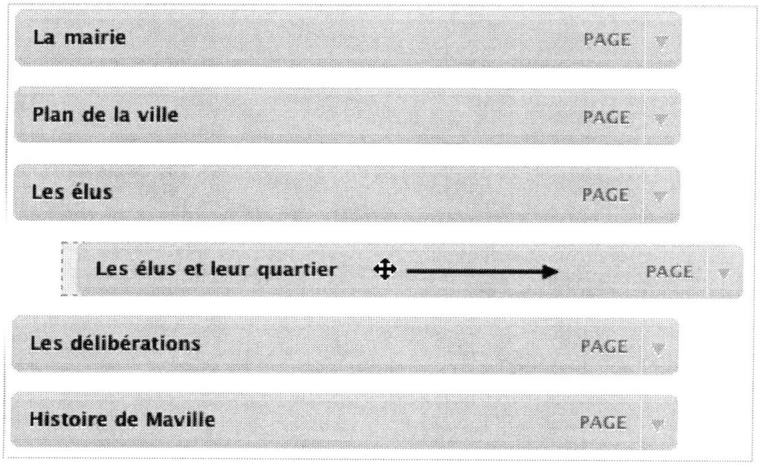

- Faites de même avec l'élément de menu **Les délibérations**.
- Cliquez sur le bouton **Enregistrer le menu**.

Notez que vous pouvez avoir deux niveaux hiérarchiques.

- Affichez la page d'accueil du site, la barre de navigation principale est affichée avec ses liens fonctionnels et son menu hiérarchique.

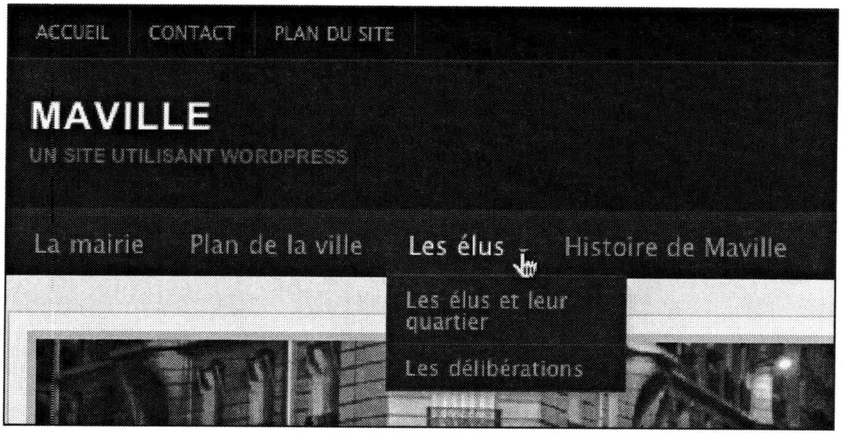

D. La navigation latérale

1. La mise en page générale

Le thème Arras nous propose plusieurs mises en page avec un nombre de colonnes à définir. C'est dans cette ou ces colonnes latérales que nous placerons une nouvelle navigation.

➧ Dans le menu **Arras**, choisissez **Options du thème**.

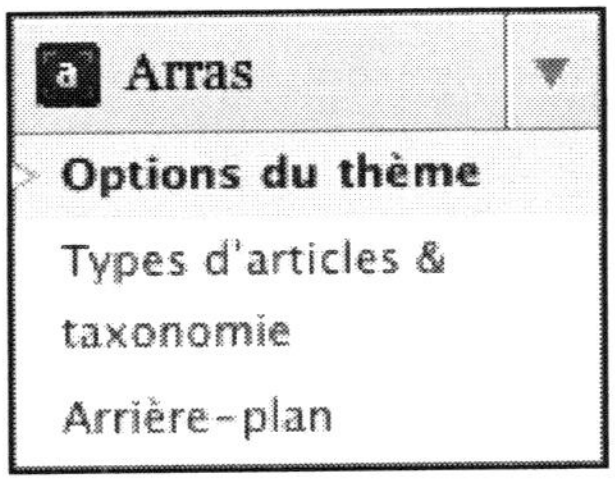

➧ Cliquez sur l'onglet **Mise en page**.

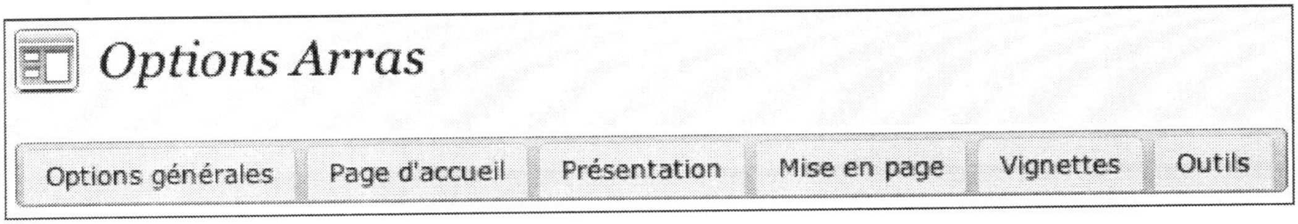

➧ Dans la zone **Mise en page générale**, dans la liste déroulante, choisissez **2 colonnes (barre latérale à droite)** qui est la mise en page par défaut.

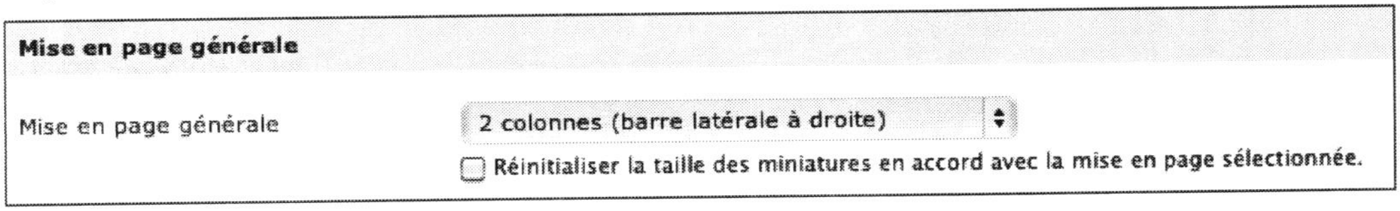

2. Les widgets de navigation

Nous allons placer deux « panneaux » de navigation sur la droite de la fenêtre. Le premier contiendra des catégories proposant des services aux administrés, le deuxième concernant la vie quotidienne de la ville. Dans ces panneaux nous allons placer des catégories et non des pages ou articles. En effet l'objectif est de proposer la liste de tous les articles faisant partie de ces catégories.

Nous allons de nouveau créer des menus. Pour placer ces menus dans la colonne latérale de droite du site, nous allons utiliser des « widgets ». Les widgets dans WordPress sont des éléments d'interface dans lesquels nous pouvons placer des éléments de navigation, des listes de liens, des textes personnalisés et des menus... et que nous pouvons placer là où le thème le permet. Chaque thème propose des emplacements divers et variés, même si la plupart proposent un emplacement à droite et en bas de la fenêtre.

3. La création du menu

- Dans le menu **Apparence**, choisissez **Menus**.
- Créez un nouveau menu en cliquant sur l'onglet **+**.
- Nommez-le **Services** par exemple et cliquez sur le bouton **Créer un menu**.

*Nous ne renseignons pas le module **Emplacement du thème**, puisque le menu sera placé dans un widget.*

- Dans le module **Catégories**, avec l'onglet **Afficher tout** actif, sélectionnez les catégories à placer dans ce menu (nous avons créé les catégories dans le chapitre Organiser le contenu rédactionnel).

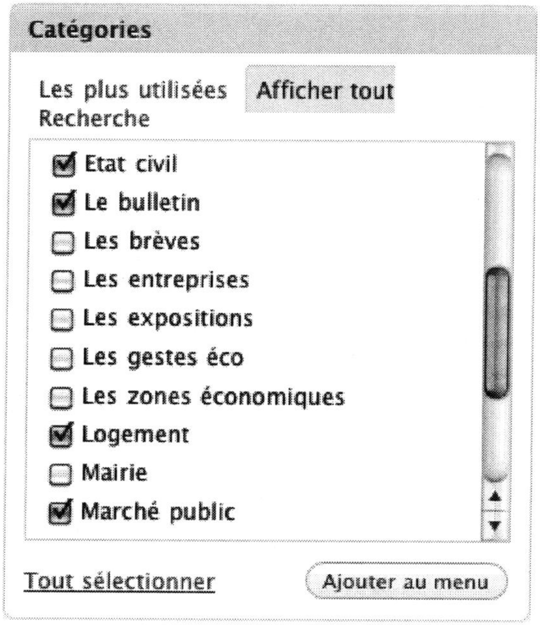

- Cliquez sur le bouton **Ajouter au menu**.

➧ Dans le module du menu, cliquez sur le bouton **Enregistrer le menu**.

4. Utilisation des widgets

Nous allons maintenant ajouter ce menu dans un widget que nous allons placer dans la colonne latérale à droite de la fenêtre.

➧ Dans le menu **Apparence**, choisissez **Widgets**.

Trois modules sont disponibles dans l'écran :

Le module **Widgets disponibles** liste tous les widgets à votre disposition.

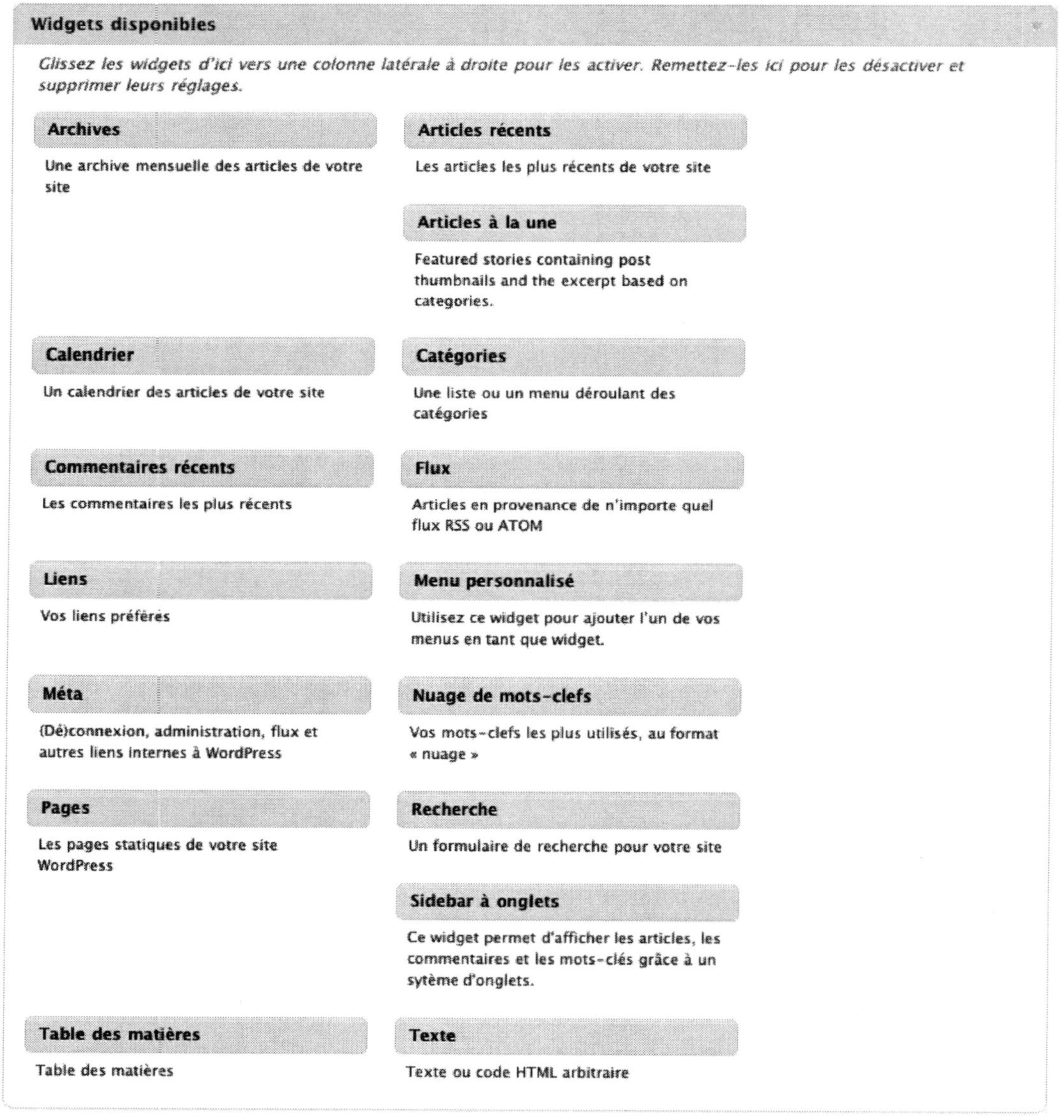

*Notez que certains thèmes peuvent ajouter leurs propres widgets, en plus des widgets « standard » proposés à l'installation de WordPress. C'est le cas avec le thème Arras qui propose le widget **Sidebar à onglets**.*

Le module **Widgets désactivés** contient tous les widgets que vous avez pu créer et personnaliser, mais que vous n'avez pas placés ou que vous avez retirés d'un emplacement prédéfini. C'est pratique pour conserver un widget personnalisé pour le réutiliser plus tard, sans le supprimer définitivement.

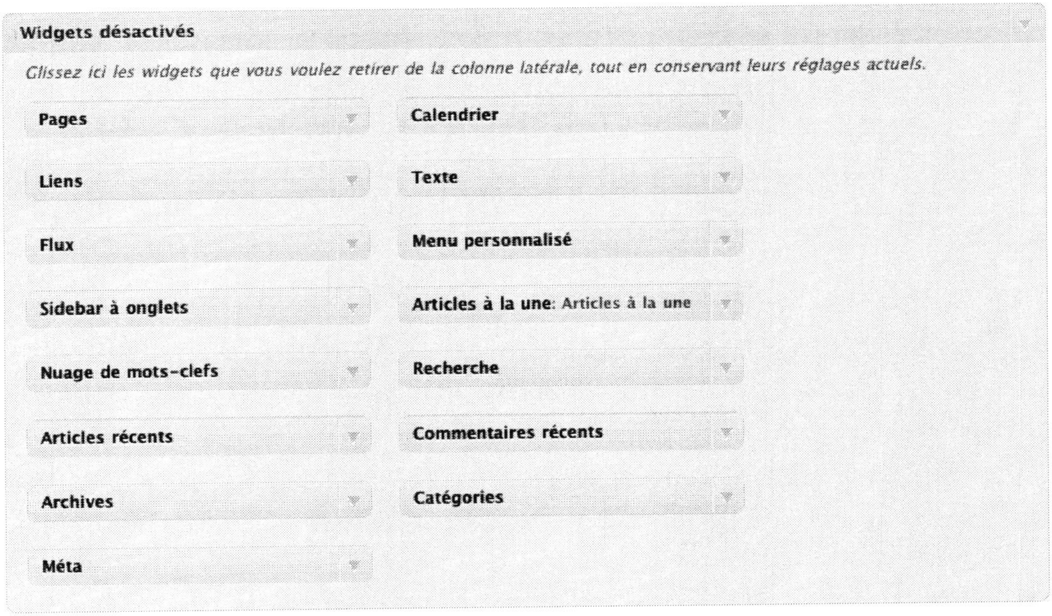

Enfin sur la droite se trouvent les emplacements prédéfinis qui, rappelons-le, dépendent entièrement du thème choisi.

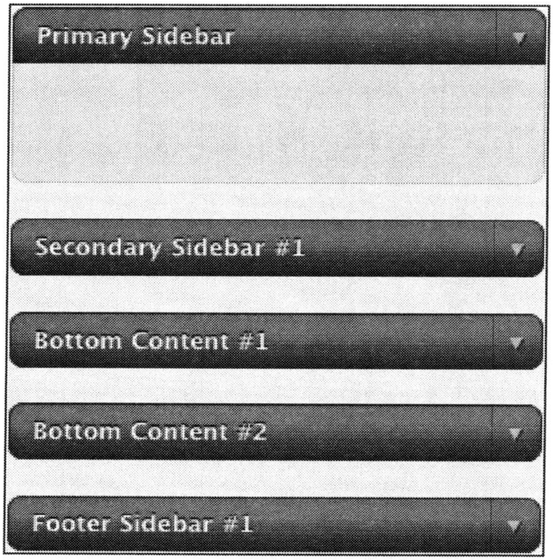

➧ Pour ouvrir ou fermer un emplacement, cliquez sur  dans la barre de titre.

Avec le thème Arras, nous avons quatre emplacements prédéfinis :

- **Primary Sidebar**, placé en haut de la colonne latérale.
- **Secondary Sidebar**, placé sous le précédent emplacement, dans la colonne latérale.
- Les emplacements **Bottom Content #1** et **Bottom Content #2** sont placés sous le contenu principal de la page du site.
- Le **Footer Sidebar #1** est placé en bas de la fenêtre du site.

Notez que vous pouvez placer plusieurs widgets dans le même emplacement. Après c'est juste une question de place, d'ergonomie et d'esthétisme.

Voilà la structure du site dans la fenêtre du navigateur :

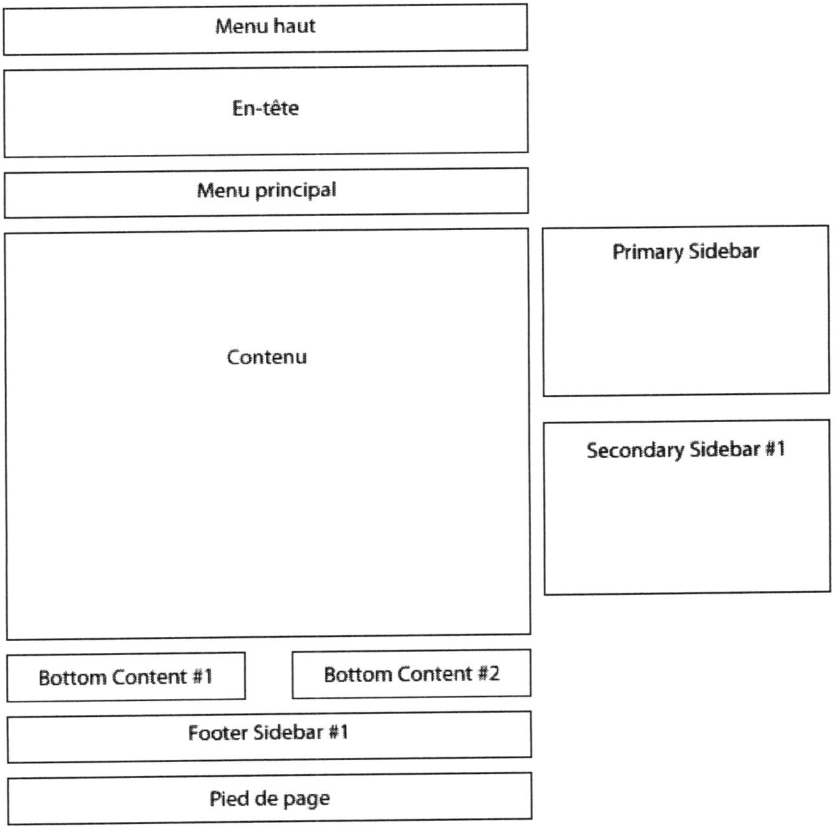

5. Placer le widget dans l'emplacement Primary Sidebar

➧ Depuis le module **Widgets disponibles**, cliquez-glissez le widget **Menu personnalisé** dans l'emplacement **Primary Sidebar**.

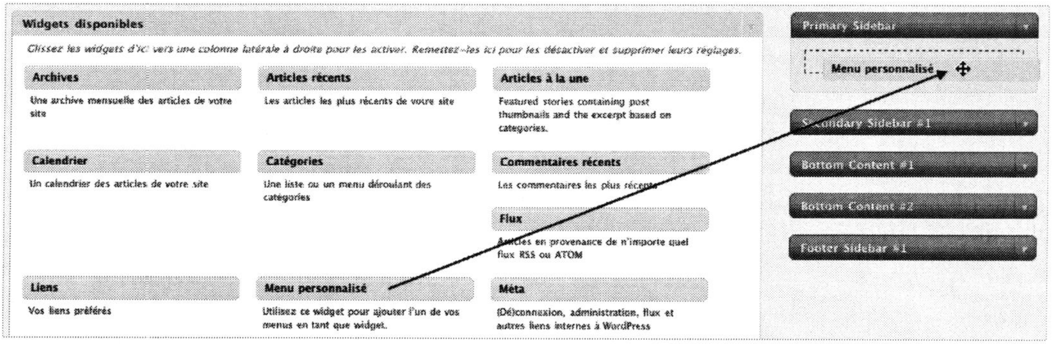

Le widget est ajouté dans l'emplacement.

- Dans le champ de saisie **Titre** saisissez un titre au widget. C'est ce titre que verra l'utilisateur dans le site.
- Dans la liste déroulante **Sélectionner le menu**, choisissez le menu **Services** créé précédemment.

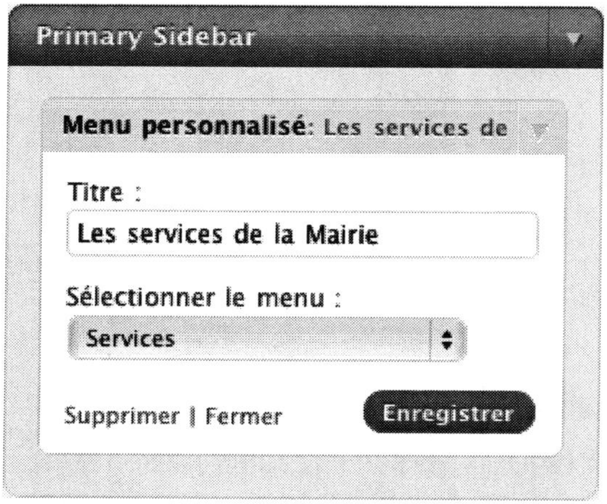

- Cliquez sur le bouton **Enregistrer** et cliquez sur le lien **Fermer**.
- Affichez le site : le menu personnalisé inséré dans le widget est bien affiché dans l'emplacement voulu dans la colonne latérale droite.

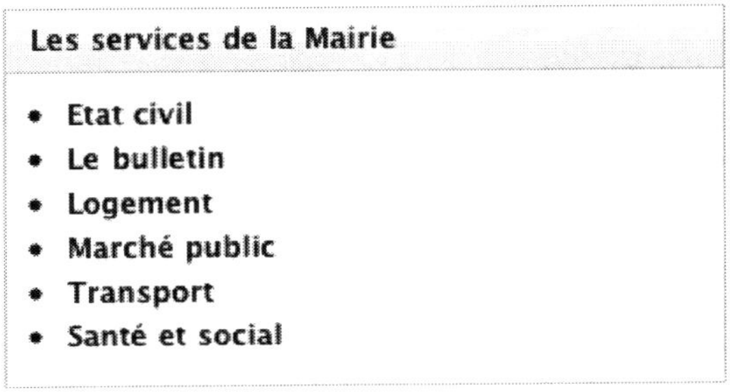

L'utilisateur pourra maintenant cliquer sur une de ces catégories, il affichera alors tous les articles rangés dans celle-ci.

6. Création du deuxième widget de navigation

Nous allons créer un nouveau menu de navigation, mais hiérarchique cette fois, que nous placerons dans un autre widget qui sera affiché dans le deuxième emplacement de la colonne latérale.

- Comme précédemment, dans le menu **Apparence**, dans l'élément **Menus**, créez un menu personnalisé nommé **Ville** par exemple.
- Dans ce nouveau menu, ajoutez les catégories que vous souhaitez.
- Pour avoir des menus hiérarchiques, faites un cliqué-glissé vers la droite d'un élément du menu. Dans l'exemple ci-dessous, les éléments de menu **Cinéma et théâtre** et **Les expositions** sont des enfants de l'élément **Culture**.

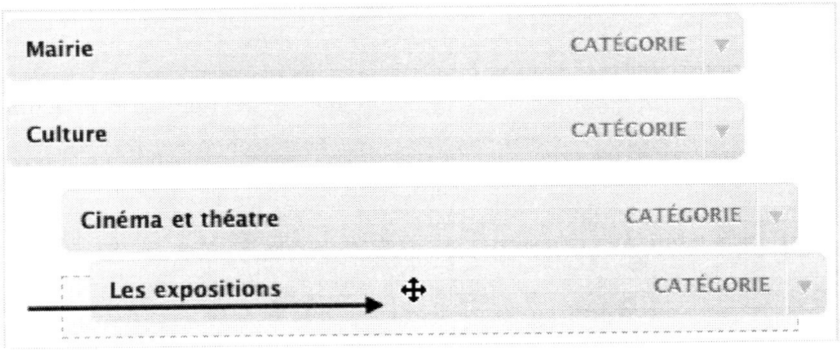

- Faites de même pour les autres catégories à hiérarchiser.

Nous pouvons modifier le libellé des éléments de menu que les visiteurs vont voir.

- Ouvrez le module de la catégorie **Mairie** par exemple en cliquant sur le petit triangle à droite du titre.
- Vous pouvez modifier le **Titre de la navigation**, c'est-à-dire le libellé que verra l'utilisateur. Puisque par défaut, le libellé du lien reprend le nom de la catégorie.

- Dans le champ de saisie **Attribut de titre**, saisissez le texte qui apparaîtra au survol de la souris sur ce lien.
- Vous retrouvez dans la zone **Original** le nom initial de la catégorie.

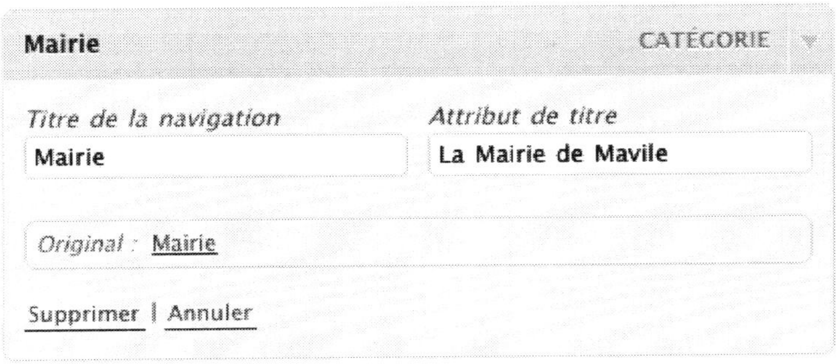

Plaçons maintenant ce menu dans son widget.

- Dans le menu **Apparence**, choisissez **Widgets**.
- Placez le widget **Menu personnalisé** dans l'emplacement **Secondary Sidebar #1**.
- Dans le champ de saisie **Titre** saisissez le titre du widget.
- Dans la liste déroulante **Sélectionner le menu**, choisissez le menu **Ville** créé précédemment.

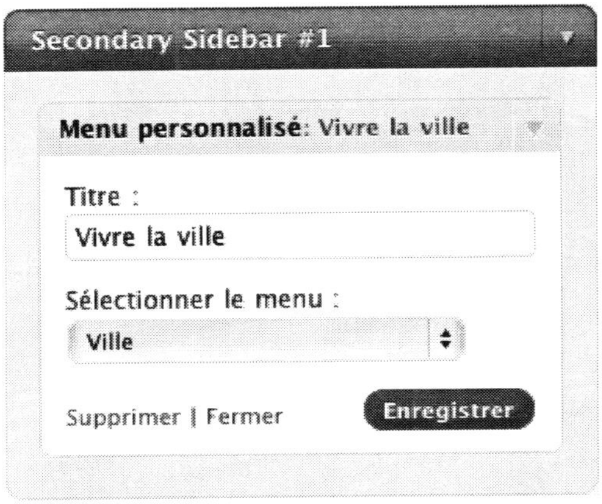

- Cliquez sur le bouton **Enregistrer** et cliquez sur le lien **Fermer**.
- Affichez le site : le menu personnalisé dans le widget nommé **Vivre la ville**, est bien affiché dans le deuxième emplacement prédéfini dans la colonne latérale droite, sous le widget **Les services de la Mairie**.

E. Le texte personnalisé en HTML

Nous allons utiliser l'emplacement prédéfini **Bottom Content #1** pour y placer un texte personnalisé en HTML.

WordPress propose le widget **Texte** dans lequel nous pouvons saisir le texte que nous souhaitons en y ajoutant des éléments HTML si besoin est. Nous allons saisir du texte, le mettre en forme avec du HTML et faire un lien vers une page de mentions légales.

- Dans le menu **Apparence**, choisissez **Widgets**.
- Placez le widget **Texte** dans l'emplacement **Bottom Content #1**.
- Dans la zone de texte, saisissez : `Le site officiel de la Mairie de Maville Directeur de publication : Yannick CELMAT Mentions légales.`

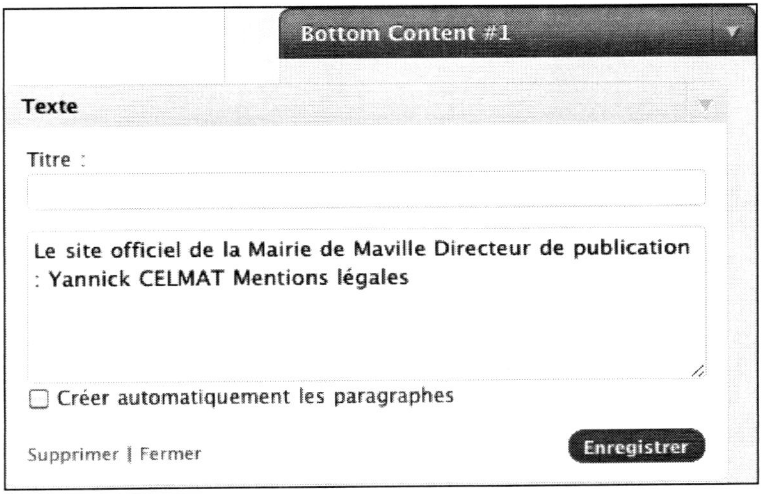

Nous allons utiliser des éléments HTML pour mettre en forme le texte.

- Pour aller à la ligne dans le texte, utilisez l'élément `<br/>` : `Le site officiel de la Mairie de Maville`**`<br/>`**`Directeur de publication : Yannick CELMAT`**`<br/>`**`Mentions légales`.
- Pour mettre en gras et en italique le nom, utilisez les éléments `<strong>` et `<em>` : `Le site officiel de la Mairie de Maville<br/>Directeur de publication :`**`<strong><em>`**`Yannick CELMAT`**`</em></strong>`**`<br/>Mentions légales`.

Pour créer le lien vers la page des mentions légales, nous devons connaître son « permalien », c'est-à-dire le chemin d'accès par l'intermédiaire de son identifiant unique.

- Dans le menu **Pages**, choisissez **Pages** pour lister toutes les pages du site.
- Ouvrez la page des mentions légales.
- Sous le titre vous voyez le permalien.

- Sélectionnez et copiez la fin du permalien.

- Revenez dans le widget **Texte**. Pour créer un lien, utilisez l'élément `<a>` avec comme référence hypertexte le permalien copié : `Le site officiel de la Mairie de Maville<br/>Directeur de publication : <strong><em>Yannick CELMAT</em></strong><br/>`**`<a href="/maville/?page_id=235">`**`Mentions légales`**`</a>`**.

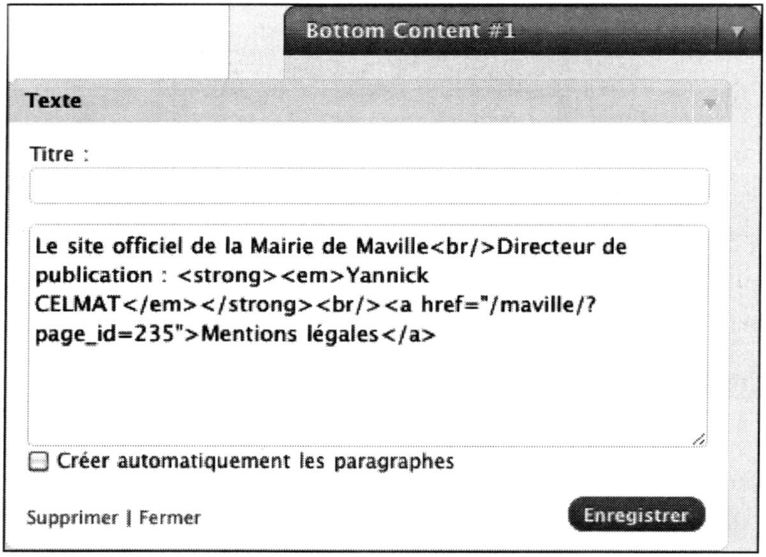

- Cliquez sur le bouton **Enregistrer** et sur le lien **Fermer**.
- Affichez le site. La zone de texte personnalisé apparaît bien en bas du site et le lien est fonctionnel.

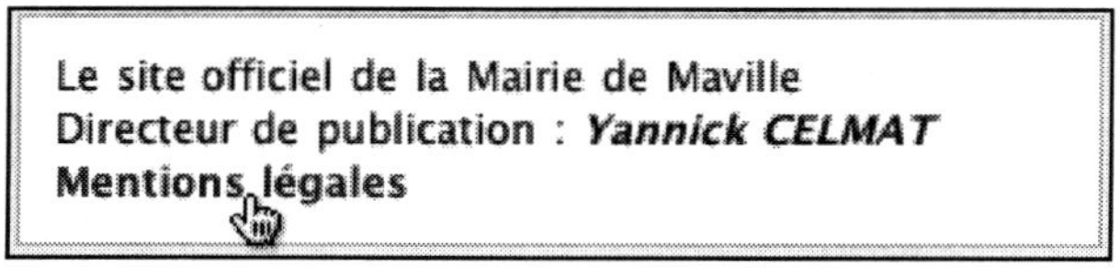

F. Une liste de liens externes

1. Organiser les liens

Comme pour les articles (et les pages), WordPress nous invite à bien organiser nos liens externes dans des catégories. Vous allez retrouver exactement les mêmes fonctionnalités que celles vues précédemment.

- Dans le menu **Liens**, choisissez **Catégories de liens**.

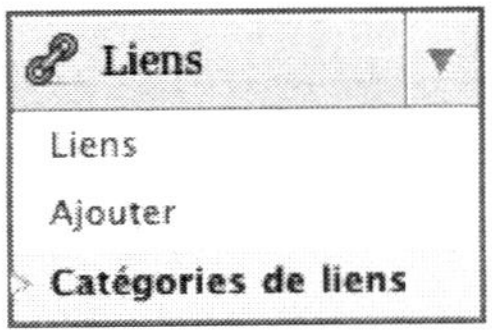

- Dans le champ de saisie **Nom de la catégorie de lien**, saisissez le nom de la catégorie. Vous pouvez personnaliser l'identifiant et indiquer une description.

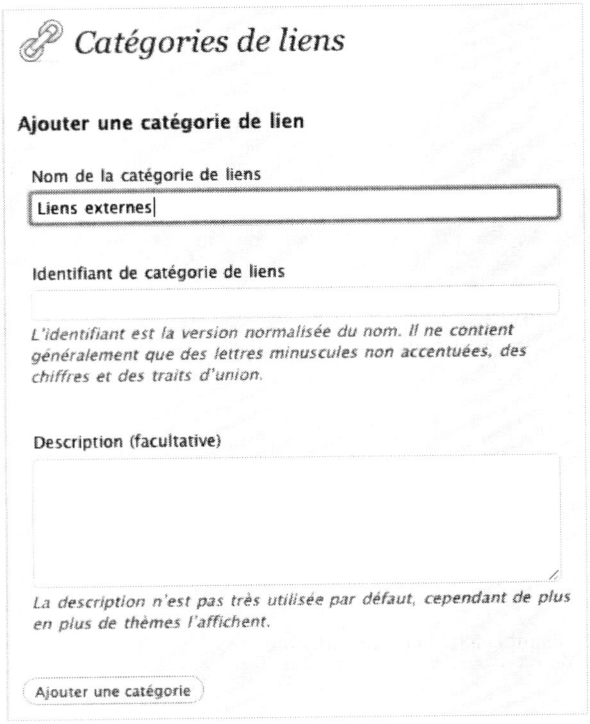

- Cliquez sur le bouton **Ajouter une catégorie**.

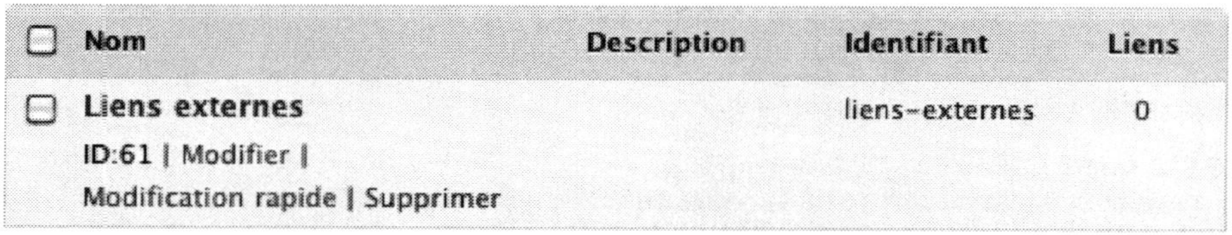

Vous retrouvez les fonctionnalités pour **Modifier**, **Supprimer** les catégories et la **Modification rapide**.

2. Créer la liste des liens

Nous allons maintenant créer les liens.

- Dans le menu **Liens**, choisissez **Ajouter**.
- Dans le champ de saisie **Nom** saisissez le nom du lien qui sera vu par l'internaute.
- Dans le champ de saisie **Adresse web** saisissez l'URL du site externe (ou copiez-collez).

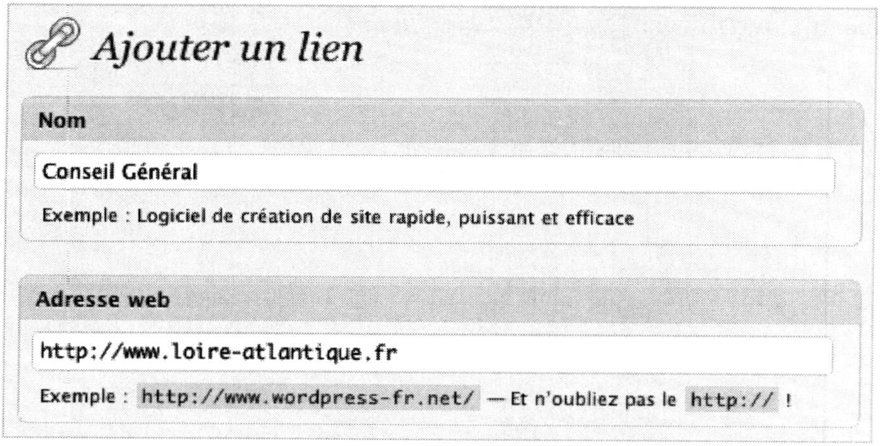

- Dans le champ de saisie **Description**, vous pouvez saisir une courte description du lien qui apparaîtra au survol de la souris sur ce lien.
- Dans la zone **Catégories**, choisissez la catégorie **Liens externes** que nous avons créée précédemment.
- Dans la zone **Cible**, cochez l'option **_blank** si vous souhaitez que le lien s'ouvre dans une nouvelle fenêtre ou un nouvel onglet dans le navigateur.

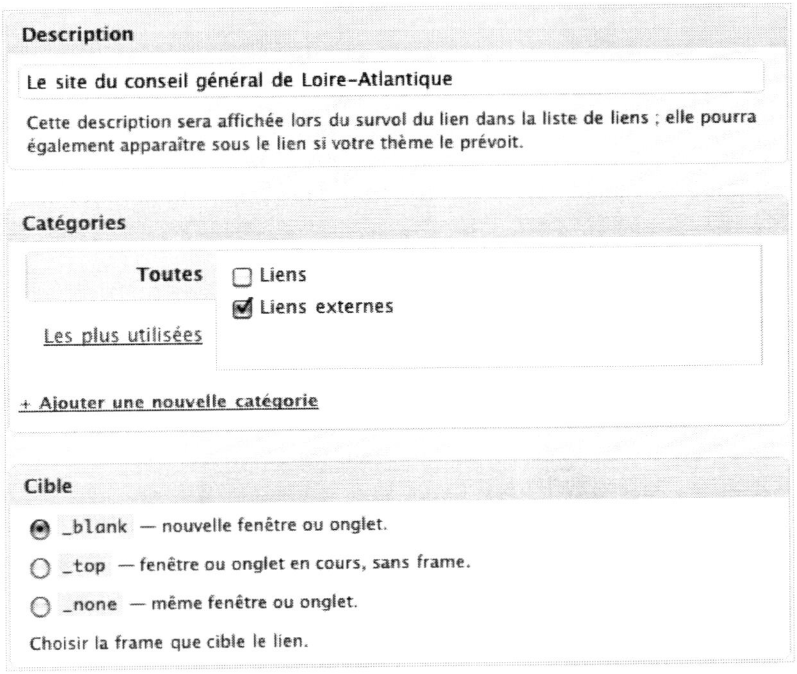

➧ Dans le module **Enregistrer**, cliquez sur le bouton **Ajouter un lien**.

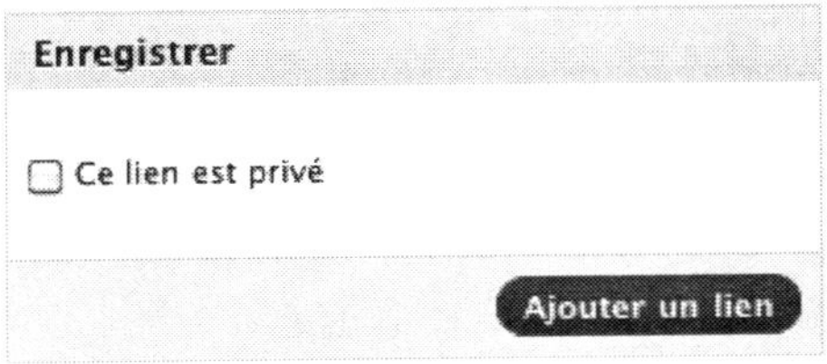

➧ Dans le menu **Liens - Liens**, vous listerez tous les liens insérés. Le nouveau lien est bien ajouté.

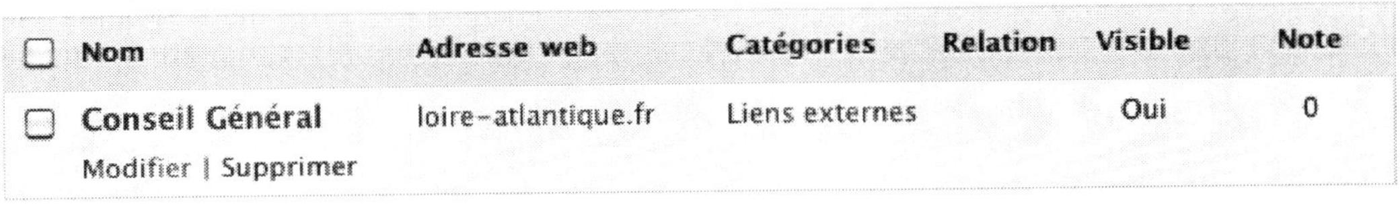

Vous retrouvez à nouveau les fonctionnalités pour **Modifier**, **Supprimer** les liens.

➧ Faites de même pour ajouter deux autres liens externes.

Nom	Adresse web	Catégories	Relation	Visible	Note
CCI Nantes - Saint-Nazaire Modifier | Supprimer	nantesstnazaire.cci.fr/CCI44/Page	Liens externes		Oui	0
Conseil Général Modifier | Supprimer	loire-atlantique.fr	Liens externes		Oui	0
Nantes Métropole Modifier | Supprimer	nantesmetropole.fr	Liens externes		Oui	0

3. Ajouter le widget

- Dans le menu **Apparence**, choisissez **Widgets**.
- Faites glisser le widget **Liens** dans l'emplacement **Bottom Content #2**.
- Dans la liste déroulante des catégories de liens, choisissez celle que vous avez créée. Différentes options sont disponibles pour paramétrer l'affichage.

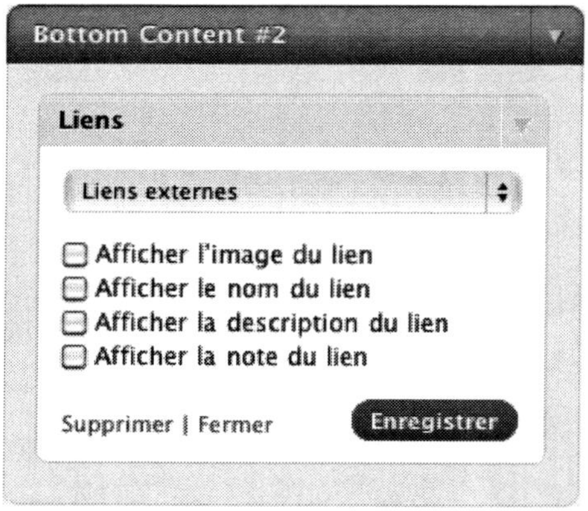

- Cliquez sur le bouton **Enregistrer** et sur le lien **Fermer**.
- Affichez le site : la liste des liens externes est bien affichée en bas de la fenêtre du navigateur.

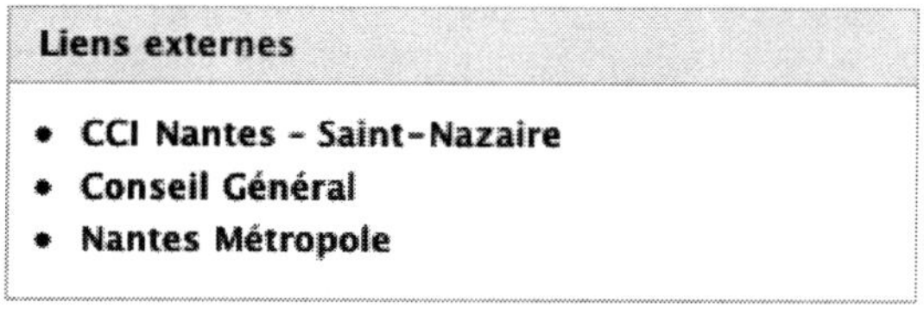

Nous apprendrons dans le chapitre sur la personnalisation du thème à masquer la barre de titre du widget.

G.Les articles de la page d'accueil

1. L'organisation des contenus

Rappelons que nous avons structuré notre contenu en **Articles** et en **Pages** :

- Les **articles** sont faits pour les contenus liés à l'actualité, aux événements. Les articles apparaissent « à la une » du site, dans la page d'accueil, dans la zone principale de la fenêtre.
- Les **pages** sont faites pour les contenus dédiés aux informations permanentes. Les pages apparaissent par l'intermédiaire de liens placés dans les widgets de la colonne latérale de droite.

Les articles et les pages sont organisés dans des catégories qui permettent justement cette structuration du contenu.

2. L'affichage des articles

Tous les articles dits « dynamiques » (car liés au temps) sont organisés dans des catégories bien précises qui vont permettre un affichage structuré et hiérarchique à la une du site, dans la page d'accueil.

La première zone d'affichage est nommée **Diaporama** dans le thème Arras. Elle concerne les articles de la catégorie **En ce moment**. Les articles de cette catégorie seront affichés en haut de la fenêtre, sous la forme d'un diaporama. Chaque article du diaporama affichera sa photo d'illustration (**Image à la une** dans la terminologie WordPress) avec en incrustation son titre et son texte de l'extrait.

Tous, ou un nombre précis, les articles de cette catégorie défileront automatiquement dans le diaporama. L'internaute pourra alors cliquer n'importe où sur cette zone pour lire l'article complet.

Il convient donc que ces articles aient tous une Image à la une et un extrait.

La deuxième zone d'affichage est nommée **Contenus à la une #1** dans le thème Arras. Elle concerne les articles de la catégorie **Actualité**. Les articles de cette catégorie seront affichés en colonne, avec en incrustation la date de publication et en dessous le titre et l'extrait.

De nouveau ces articles devront avoir une image à la une et un extrait.

La troisième zone d'affichage est nommée **Options des actualités** dans le thème Arras. Elle concerne les articles de la catégorie **Les brèves**. Seuls les titres des articles apparaîtront sous forme de liste chronologique.

Les brèves	**Exposition photo**	Pas de commentaire
Les brèves	**Les enfants des écoles chez les séniors**	Pas de commentaire
Les brèves	**Ouverture de la Maison des Arts**	Pas de commentaire
Les brèves	**Un élu à l'honneur : Christine DUTEIL**	Pas de commentaire
Les brèves	**Moins de panneaux publicitaires ?**	Pas de commentaire
Les brèves	**Projet de construction dans la ZI Les bois noirs**	Pas de commentaire
Les brèves	**Le budget des espaces verts à l'étude**	Pas de commentaire

Voilà l'affichage complet de la zone principale du site :

3. L'organisation des articles

Nous avons créé les trois catégories pour les articles et rangé chaque article concerné dans la bonne catégorie. C'est la première étape.

Dans un deuxième temps, nous devons indiquer quel type de contenu doit apparaître dans les différentes zones d'affichage que nous venons de décrire.

➧ Dans le menu **Arras**, choisissez **Types d'articles & taxonomie**.

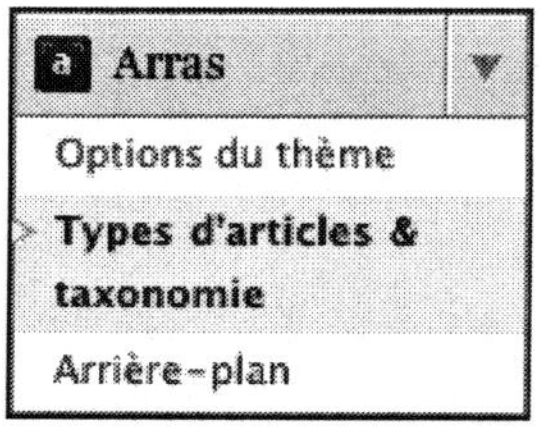

- Dans l'onglet **Types de contenus**, dans la zone **Page d'accueil**, affectez à chaque liste déroulante des quatre zones d'affichage du thème : **Diaporama**, **Contenus à la une #1**, **Contenus à la une #2** (que nous n'utilisons pas dans l'exemple de création de ce site) et **Options des actualités**, la valeur **Articles**.

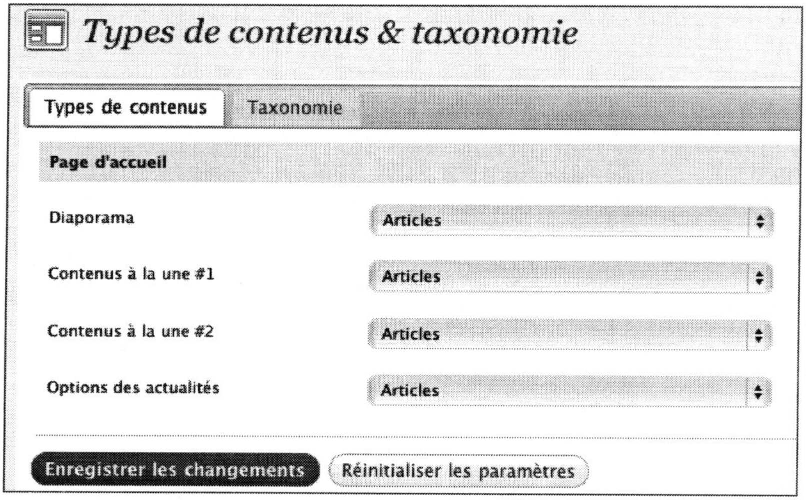

- Cliquez sur le bouton **Enregistrer les changements**.
- Dans l'onglet **Taxonomie**, indiquons quel type de données sera utilisé. Pour les quatre zones, ce sont des **Catégories** que nous utilisons.

➧ Cliquez sur le bouton **Enregistrer les changements**.

4. Les zones d'affichage

Maintenant nous allons paramétrer l'affichage des catégories dans le thème.

➧ Dans le menu **Arras**, choisissez **Options du thème**.

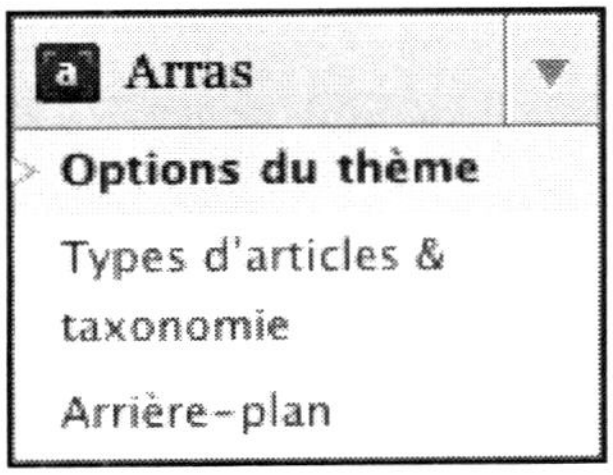

➧ Cliquez sur l'onglet **Page d'accueil**.

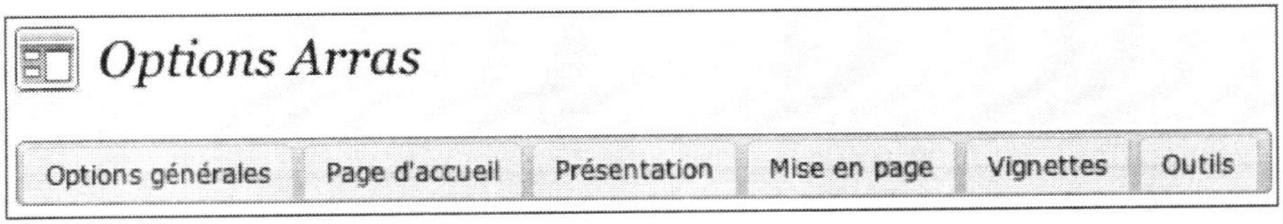

La première zone d'affichage est **Diaporama**.

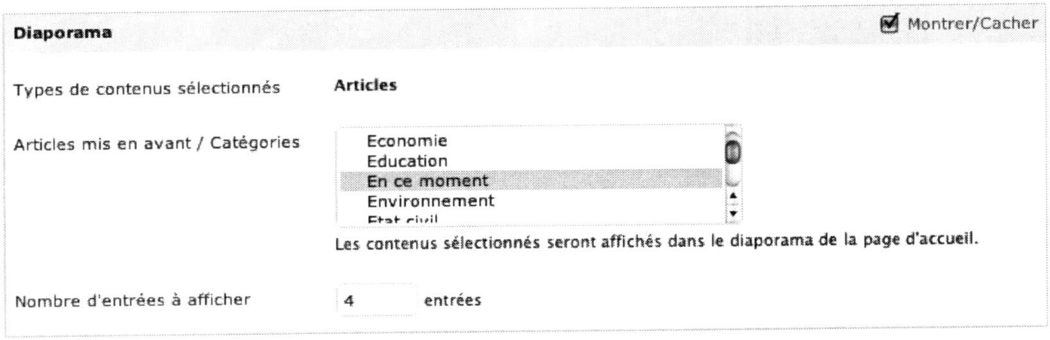

➧ Pour utiliser cette zone d'affichage, cochez l'option **Montrer/Cacher** dans la barre de titre.

➧ La ligne **Types de contenus sélectionnés** contient le choix effectué précédemment, **Articles**.

➧ Dans la zone **Articles mis en avant** nous avons bien **Catégories**, choix effectué précédemment.

- Dans la liste des catégories, choisissez **En ce moment**.
- Dans le champ de saisie **Nombre d'entrées à afficher**, indiquez combien d'articles doivent être affichés dans cette zone **Diaporama**. Ce sont les X derniers articles les plus récents.
- En bas de la fenêtre, cliquez sur le bouton **Enregistrer les modifications**.

La deuxième zone d'affichage est **Contenu à la une #1**.

Vous retrouvez les mêmes fonctionnalités que pour la première zone d'affichage, complétées par :

- Dans le champ de saisie **Titre** saisissez le titre qui sera visible dans la barre de titre de cette zone, **En ce moment** dans cet exemple.
- Dans la liste déroulante **Disposition (type d'affichage)**, choisissez **En blocs**.

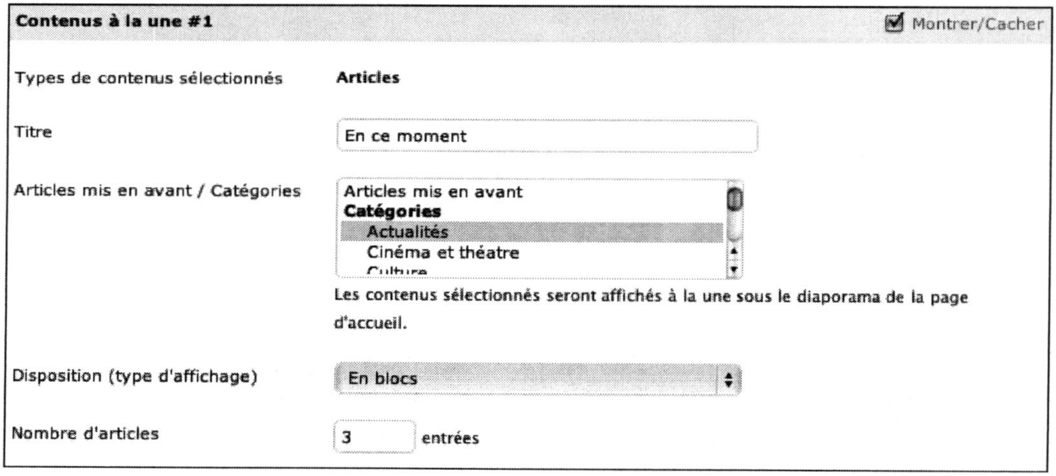

- En bas de la fenêtre, cliquez sur le bouton **Enregistrer les modifications**.
- Affichez le site.

La troisième zone d'affichage **Contenu à la une #2** n'est pas utilisée dans cet exemple de site. L'option **Montrez/Cacher** n'est pas cochée.

La quatrième zone d'affichage **Options des actualités** dispose des mêmes fonctionnalités.

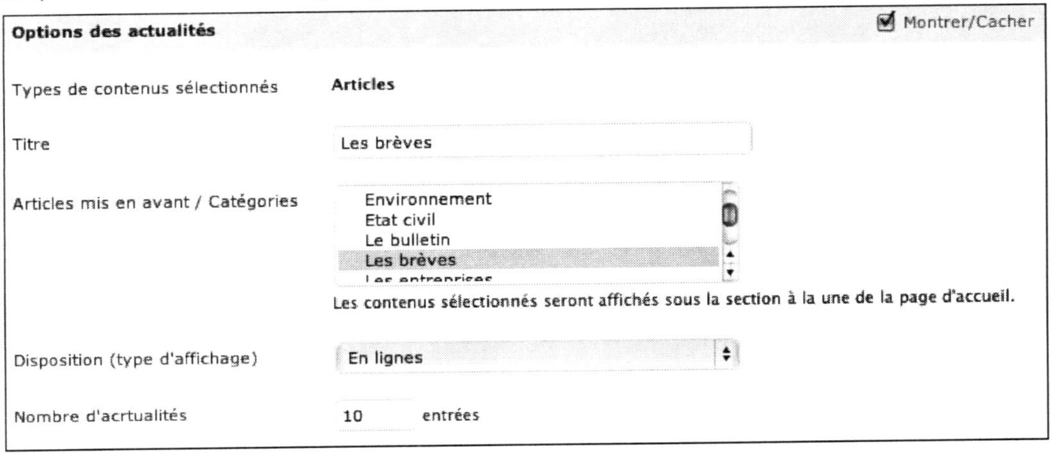

➧ Choisissez une **Disposition (type d'affichage)** de type **En lignes**.

Voilà la page d'accueil avec les paramètres modifiés.

5. Les extraits

Les zones **Diaporama** et **Contenus à la une #1** utilisent les extraits des articles. Nous pouvons indiquer le nombre maximum de mots à afficher.

- Dans la zone **Options des extraits**, dans le champ de saisie **Limite de l'extrait**, indiquez le nombre maximum de mots à afficher dans les extraits.

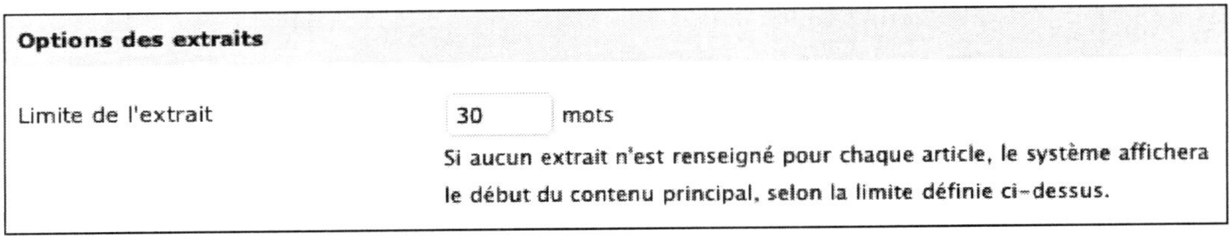

Vous notez que cette limite est aussi utilisée quand il n'y a pas d'extrait. Le thème affiche alors les X premiers mots de l'article.

6. L'affichage des blocs

Les articles de la zone **Contenus à la une #1** sont affichés sous forme de **Bloc**. Dans la zone **Options de la disposition en blocs** vous pouvez décider d'afficher ou non les extraits et déterminer la hauteur des blocs.

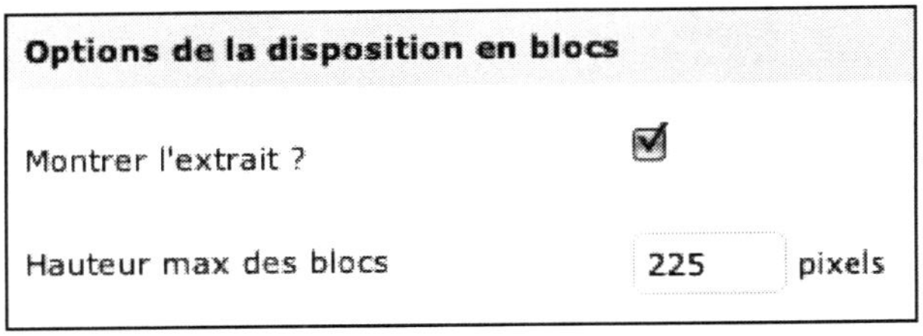

7. L'affichage des articles

Quand un article est affiché, suite à un clic d'un utilisateur, un certain nombre d'informations sont affichées sous le titre de l'article et sous son contenu. La nature de ces informations est paramétrable.

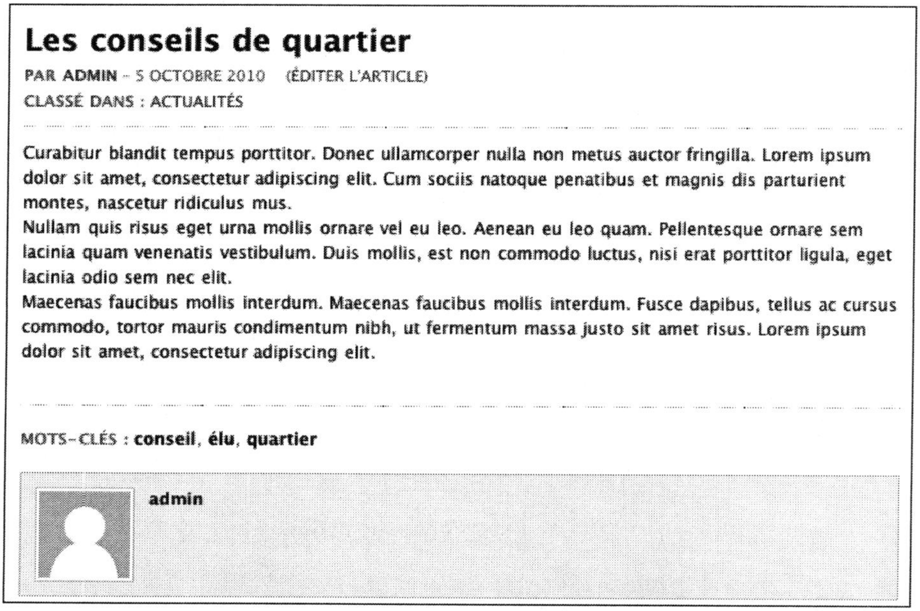

- Toujours dans le menu **Arras - Options du thème**, c'est dans la zone **Options des articles seuls** que vous pouvez choisir ce que vous voulez afficher ou non.

Utilisez les cases à cocher des différentes options de la zone **Afficher dans les articles seuls**.

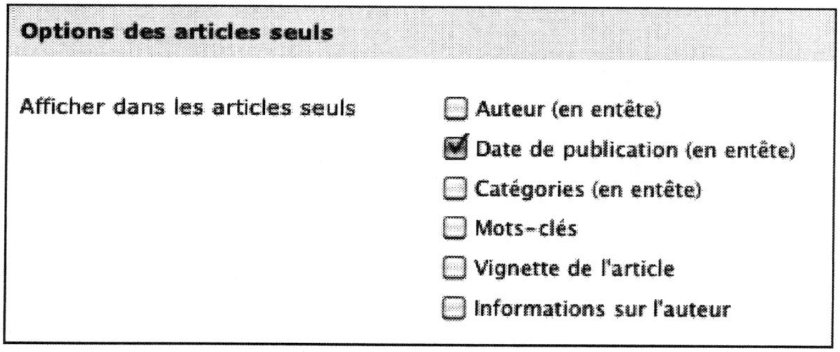

Seules les options cochées apparaissent :

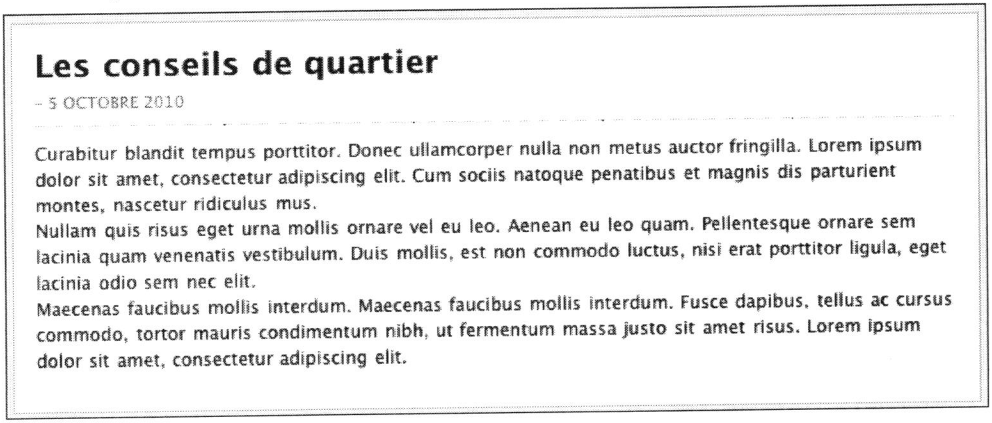
Les conseils de quartier

– 5 OCTOBRE 2010

Curabitur blandit tempus porttitor. Donec ullamcorper nulla non metus auctor fringilla. Lorem ipsum dolor sit amet, consectetur adipiscing elit. Cum sociis natoque penatibus et magnis dis parturient montes, nascetur ridiculus mus.
Nullam quis risus eget urna mollis ornare vel eu leo. Aenean eu leo quam. Pellentesque ornare sem lacinia quam venenatis vestibulum. Duis mollis, est non commodo luctus, nisi erat porttitor ligula, eget lacinia odio sem nec elit.
Maecenas faucibus mollis interdum. Maecenas faucibus mollis interdum. Fusce dapibus, tellus ac cursus commodo, tortor mauris condimentum nibh, ut fermentum massa justo sit amet risus. Lorem ipsum dolor sit amet, consectetur adipiscing elit.

H. Les articles anciens

1. Le bouton Articles plus anciens

Le site de Maville va évoluer et les articles concernant l'actualité et les événements vont augmenter en nombre. Par défaut le thème Arras propose sur la page d'accueil un bouton **Articles plus anciens** qui liste les anciens articles.

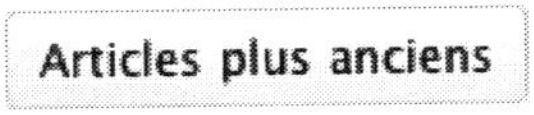

En cliquant dessus, le site affiche la liste des articles par ordre chronologique, les plus récents en premier. Vous avez l'image à la une, le titre et l'extrait des articles ; c'est un affichage de type **Aperçu rapide**.

L'internaute peut alors cliquer sur le titre d'un des articles pour le lire.

- Toujours dans le menu **Arras - Options du thème**, vous pouvez modifier cet affichage dans la zone **Options des archives / résultats de recherche** :

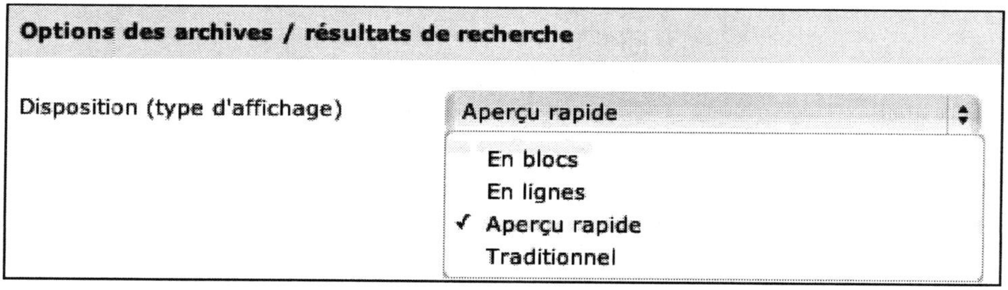

- **En blocs** : les articles sont affichés les uns à côté des autres et les uns sous les autres, avec l'image à la une, le titre et l'extrait.
- **En lignes** : les articles sont affichés les uns sous les autres avec seulement le titre.
- **En aperçu rapide** : voir la copie d'écran ci-dessus. C'est l'affichage par défaut.
- **Traditionnel** : les articles sont affichés les uns sous les autres, avec leur titre, les informations selon le choix effectué dans les **Options des articles seuls**.

2. Le widget Archives

Une deuxième solution pour afficher les articles plus anciens consiste à utiliser le widget **Archives**. Ce widget va afficher année par année, mois par mois, la liste des articles parus.

- Dans le menu **Apparence**, choisissez **Widget**.
- Faites glisser le widget **Archives** dans l'emplacement **Secondary Sidebar #1** par exemple.
- Dans le champ de saisie **Titre** saisissez le titre qui sera vu par les visiteurs.
- Cochez l'option **Afficher le nombre d'articles** pour afficher à droite des mois le nombre d'articles parus.
- Cochez l'option **Afficher en tant que menu descendant** si vous souhaitez avoir une liste déroulante pour choisir le mois de publication.

- Cliquez sur le bouton **Enregistrer**, puis sur le lien **Fermer**.

- Affichez le site.

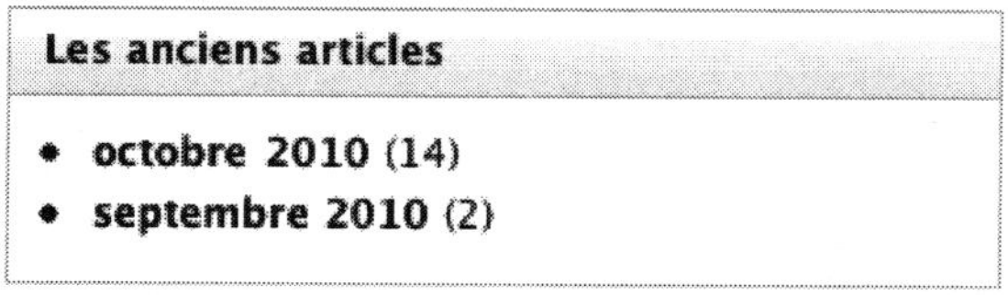

3. L'extension WP-PageNavi

Une troisième solution vous est proposée par le plugin **WP-PageNavi** qui va mettre en place une numérotation automatique des pages. Cette solution est très intéressante, car elle est indépendante du thème choisi.

- Allez à cette URL : http://wordpress.org/extend/plugins/wp-pagenavi/
- Téléchargez le fichier **wp-pagenavi.zip**, installez et activez l'extension.
- Dans le menu **Réglages**, choisissez **WP-PageNavi**.

Les paramètres sont très simples.

Dans la zone **Textes pour les liens de navigation**, indiquez les textes qui doivent apparaître pour la navigation dans les pages.

- Dans le champ de saisie **Texte pour le nombre de pages** indiquez le texte qui doit apparaître pour la navigation. Vous avez l'indication des marqueurs utilisables sous le champ de saisie.
- Ensuite dans les champs de saisie suivants, indiquez les textes pour tous les types de pages : **Texte pour la page affichée**, **Texte pour les pages**, **Texte pour la première page...**
- Ensuite indiquez les symboles que vous souhaitez utiliser pour la pagination : **Texte pour la page précédente**,**Texte pour la page suivante...**

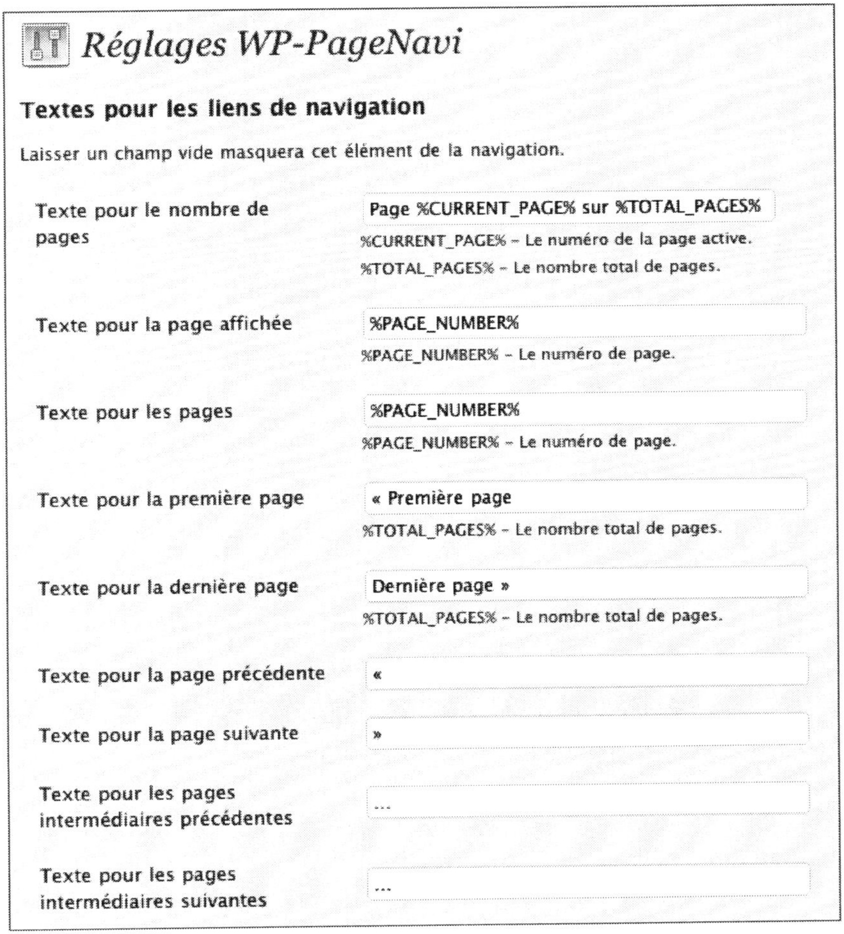

Dans la zone **Options WP-PageNavi**, indiquez les options de navigation souhaitées.

- L'option **Use pagenavi-css.css** permet d'utiliser les styles CSS de l'extension.
- **Style de présentation de la navigation** permet de choisir le style d'affichage : **Normal** (en ligne) ou **Drop-down List** (menu déroulant).
- Ensuite ce sont des options pour savoir s'il faut **Toujours afficher la navigation WP-PageNavi**, même s'il n'y a qu'une seule page, le **Nombre de pages à afficher...**

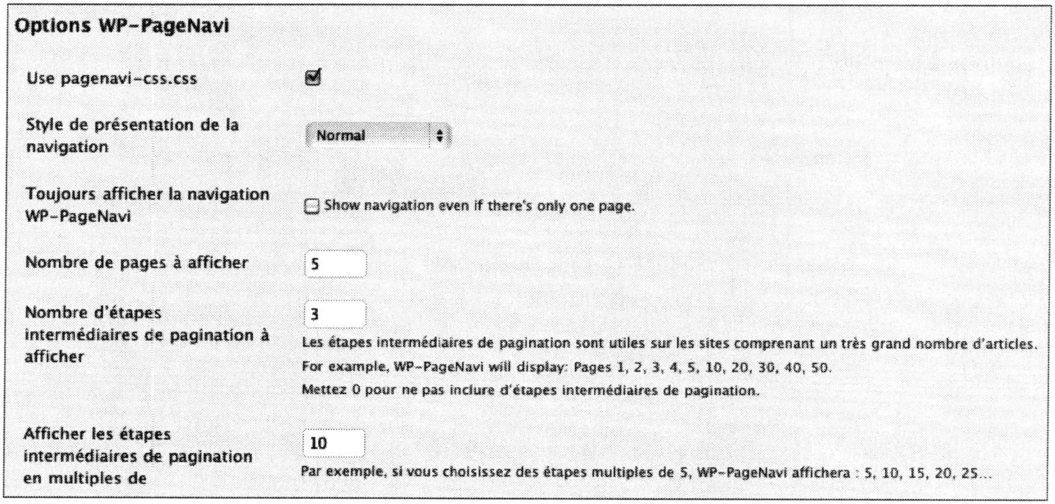

- Cliquez sur le bouton **Enregistrer les réglages**.

Voilà l'affichage dans la page :

I. Le fil d'Ariane

Dans les sites Web bien structurés, comportant une arborescence conséquente, il est très pratique pour l'internaute de savoir où il se trouve dans le site, quel a été son parcours pour afficher la page qu'il a à l'écran. Nous pouvons l'aider en affichant le chemin parcouru dans le site avec le « fil d'Ariane » (qui aida Thésée à sortir du labyrinthe) ou le « breadcrumb » (les miettes de pain de Hansel et Gretel) en anglais.

1. Utiliser un plugin

Nous allons pouvoir utiliser le plugin **Yoast Breadcrumbs**.

- Allez à cette URL : http://wordpress.org/extend/plugins/breadcrumbs/
- Téléchargez le fichier **breadcrumbs.0.8.5.zip**, installez et activez le plugin.
- Dans le menu **Extension**, choisissez **Breadcrumbs** pour paramétrer l'extension.

Les premiers paramètres concernent les textes à afficher dans le fil d'Ariane :

- Dans le champ de saisie **Separator between breadcrumbs** indiquez quel caractère doit séparer les pages dans le fil d'Ariane. L'entité de caractère HTML **»** correspond au chevron fermant : ».
- Dans le champ de saisie **Anchor text for the Homepage** saisissez le texte indiquant la page d'accueil.
- Dans le champ de saisie **Anchor text for the Blog** saisissez le texte indiquant la racine du site web.
- Dans le champ de saisie **Prefix for the breadcrumb path** indiquez le texte qui doit apparaître devant le fil d'Ariane.
- Dans le champ de saisie **Prefix for Archive breadcrumbs** indiquez le texte pour l'affichage des pages d'archive.
- Dans le champ de saisie **Prefix for Search Page breadcrumbs** indiquez le texte pour l'affichage des pages du résultat des recherches.

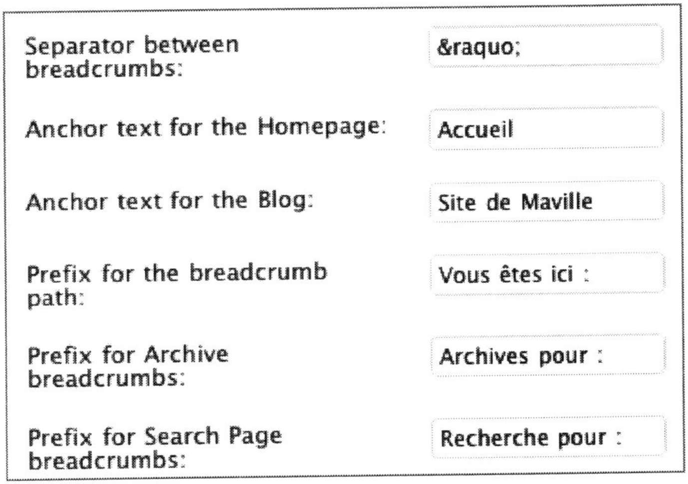

Les paramètres suivants concernent l'utilisation du fil d'Ariane dans les contenus :

- L'option **Show category in post breadcrumbs ?** permet d'afficher les catégories dans le fil d'Ariane.
- L'option **Show Parent Page for Blog posts** permet d'afficher une page parent pour les pages.
- L'option **Bold the last page in the breadcrumb** permet de mettre en gras la dernière page dans le fil d'Ariane.

- L'option **Nofollow the link to the home page** permet de ne pas avoir de lien sur la page d'accueil.
- La dernière option, **Try to add automatically**, ne concerne que l'utilisation de ce plugin pour des thèmes bien précis.

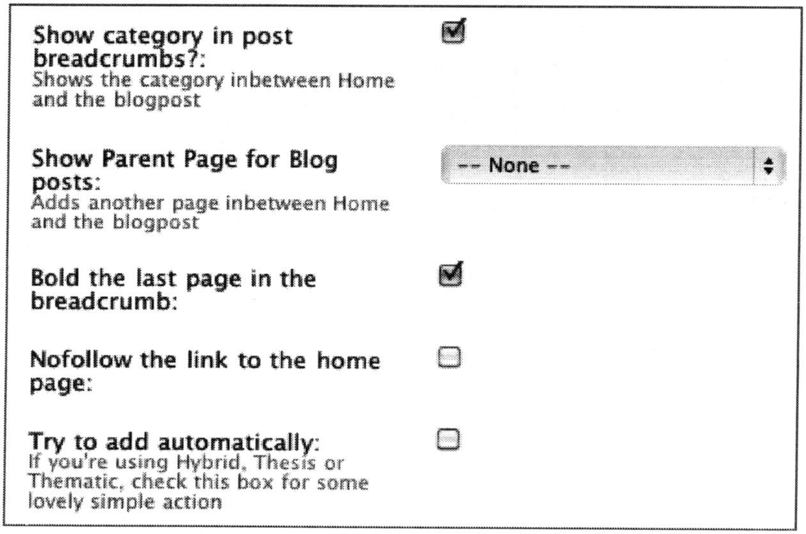

➧ Cliquez sur le bouton **Save Breadcrumbs Settings**.

La dernière étape consiste maintenant à ajouter une instruction PHP dans le code de WordPress.

➧ Dans le menu **Apparence**, choisissez **Éditeur**.

➧ Dans la liste des fichiers, sélectionnez **En-tête (header.php)**.

*Vous pouvez parfaitement ouvrir le fichier wp-content/themes/arras/**header.php** dans un éditeur spécialisé.*

➧ Dans ce fichier, la boîte `<div>` qui affiche le contenu des pages est `<div id="main" class="clearfix">`. Elle se trouve en bas du fichier.

➧ Juste sous cette ligne, ajoutez ce code :

```
<!-- Ajout d'un fil d'Ariane -->
<?php if ( function_exists('yoast_breadcrumb') ) {
 yoast_breadcrumb('<p id="breadcrumbs">','</p>');
} ?>
```

- Vous obtenez alors :

```
<div id="main" class="clearfix">
<!-- Ajout d'un fil d'Ariane -->
 <?php if ( function_exists('yoast_breadcrumb') ) {
 yoast_breadcrumb('<p id="breadcrumbs">','</p>');
 } ?>
<div id="container" class="clearfix">
```

- Cliquez sur le bouton **Mettre à jour le fichier**.
- Affichez le site.

Voilà le fil d'Ariane pour la page d'accueil :

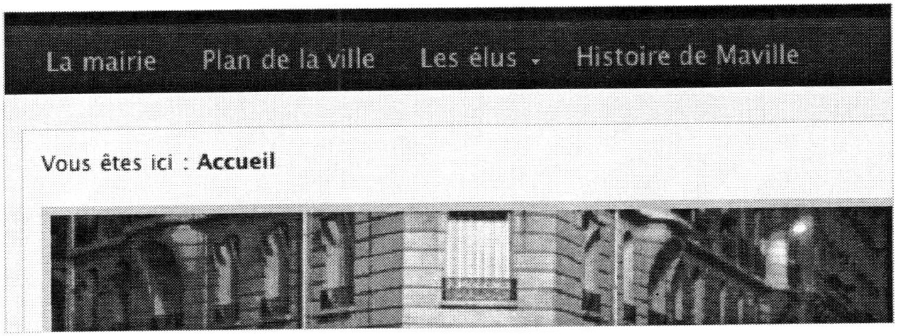

Voilà le fil d'Ariane affiché quand le visiteur a cliqué sur un article :

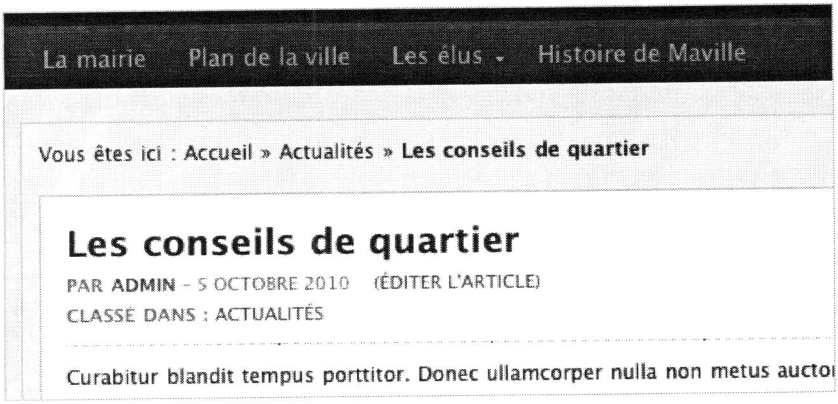

Voilà le fil d'Ariane pour une page :

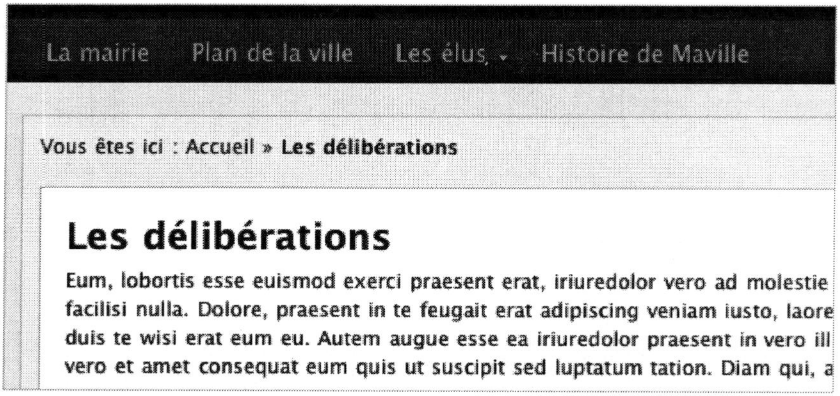

Voilà le fil d'Ariane pour une recherche :

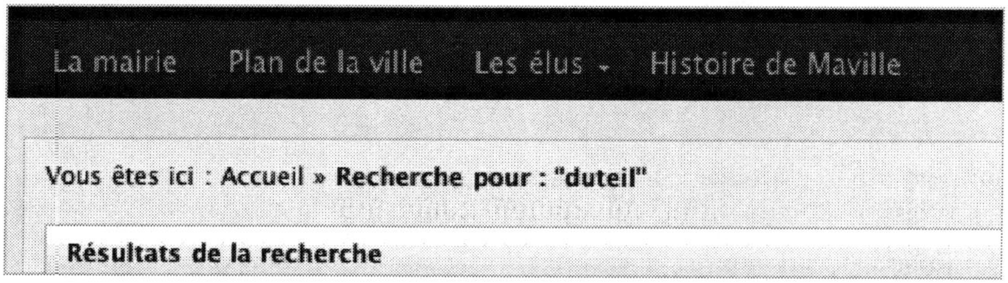

2. Modifier le code de WordPress

Vous pouvez parfaitement ne pas vouloir utiliser un plugin. Dans ce cas vous pouvez modifier vous-même le code de WordPress.

Voici la solution proposée par le toujours excellent site **Geekeries** :

- Allez à cette URL : http://www.geekeries.fr/snippet/integrer-fil-ariane-blog-wordpress
- Copiez le code indiqué :

```
function GkAriane() {
     if (!is_home()) {
          echo '<a href="';
          echo get_option('home');
          echo '">';
          bloginfo('name');
          echo "</a> » ";
          if (is_category() || is_single()) {
```

```
                the_category('title_li=');
                if (is_single()) {
                    echo " » ";
                    the_title();
                }
            } elseif (is_page()) {
                echo the_title();
            }
        }
}
```

- Ouvrez la page **Fonctions du thème functions.php** à partir du menu **Apparence - Éditeur**.
- Collez le code copié où vous voulez à la fin du fichier pour éviter tout problème.
- Cliquez sur **Mettre à jour le fichier**.
- Ouvrez la page PHP où doit être affiché le fil d'Ariane, **header.php** par exemple.
- Et au même endroit que précédemment, collez l'appel à la fonction PHP : `<?php GkAriane(); ?>`, puis cliquez sur **Mettre à jour le fichier**.
- Affichez le site.

J. La gestion des articles avec les mots-clefs

1. L'utilisation des mots-clefs

Nous l'avons vu précédemment, les articles et les pages peuvent être associés à des mots-clefs (tags en anglais). Ces mots-clefs caractérisent les articles et les pages. Cela va permettre aux visiteurs en cliquant sur un mot-clef de lister tous les articles qui partagent ce mot-clef. Cela offre une navigation « globale » à vos lecteurs.

2. Le nuage de mots-clefs

Symbole du web 2.0, le nuage de mots-clefs va permettre d'afficher tous les mots utilisés dans le site. Plus la fréquence d'un mot-clef est importante, plus il s'affiche en gros.

- Pour afficher le nuage de mots-clefs, dans le menu **Apparence**, choisissez **Widgets**.
- Glissez-déposez le widget **Nuage de mots-clefs** dans l'emplacement prédéfini voulu, **Secondary Sidebar #1** dans cet exemple.
- Dans le champ de saisie **Titre** vous pouvez saisir un titre qui sera alors visible par les visiteurs du site.
- Dans la liste déroulante **Taxinomie**, choisissez **Mots-clefs**.

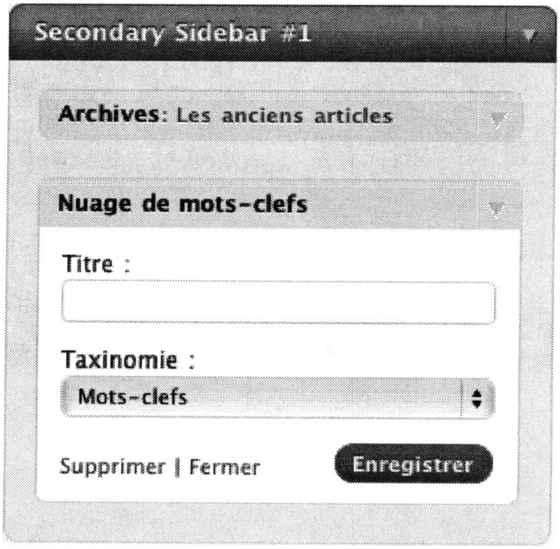

- Cliquez sur le bouton **Enregistrer**, puis sur le lien **Fermer**.

➧ Affichez le site. Dans la colonne de droite, vous visualisez le nuage de mots-clefs.

➧ Quand le visiteur clique sur un des mots-clefs, il affiche la liste des articles partageant ce mot-clef.

Voilà l'affichage obtenu en cliquant sur le mot-clef, **quartier**.

Notez la présence du fil d'Ariane précédemment inséré.

3. Utiliser une extension

L'utilisation d'un nuage de mots-clefs nécessite l'utilisation d'une « certaine » place à l'écran. Cette place sera d'autant plus importante qu'il y aura beaucoup de mots-clefs différents. Une autre solution pour exploiter les mots-clefs est la technique des « articles en rapport ». C'est à l'affichage d'un article que le lecteur verra la liste des articles partageant des mots-clefs communs. Ainsi il n'y a pas de place occupée et perdue par le nuage de mots-clefs.

Nous allons utiliser l'extension **Efficient Related Posts**.

- Allez à cette URL : http://wordpress.org/extend/plugins/efficient-related-posts/
- Téléchargez le fichier **efficient-related-posts.0.3.6.zip**, installez et activez l'extension.
- Dans le menu **Réglages**, choisissez **Related Posts**.
- Dans le champ de saisie **Title**, saisissez le texte qui apparaîtra avant la liste des articles en relation.
- Dans le champ de saisie **Display Text When No Related Posts Found**, saisissez le texte qui apparaîtra quand il n'y aura pas d'article en relation.

- Dans la zone **Ignore Categories**, vous pouvez cocher les catégories qui ne doivent pas prendre en compte la fonctionnalité des articles en relation.
- Dans le champ de saisie **Max Related Posts to Store** indiquez le nombre maximum d'article à mettre en relation.
- Dans le champ de saisie **Number of Related Posts to Display** indiquez le nombre maximum d'articles en relation à afficher.
- Les options de la zone **Other Setting** permettent d'indiquer où peuvent être insérés les articles en relation.
  - **Do Not Auto Insert Into Posts** n'insère pas les articles en relation.
  - **Auto Insert Everywhere (Posts and Pages)** insère les articles en relation dans tous les articles et dans toutes les pages.
  - **Auto Insert Into Only Single Posts and Pages** insère les articles en relation dans les articles seuls et dans les pages.
  - **Auto Insert Into Posts** insère les articles en relation dans tous les articles.
  - **Auto Insert Into Only Single Posts** insère les articles en relation dans les articles seuls.

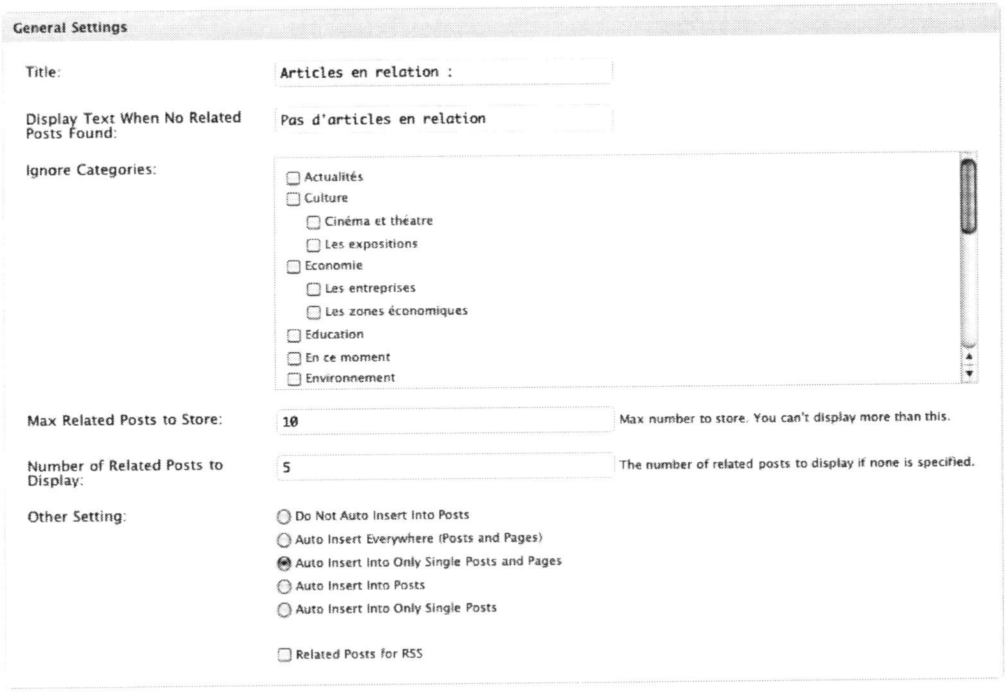

- Cliquez sur le bouton **Update Options**.
- Dans module **Build Relations**, vous pouvez choisir ou pas de mettre en relation les articles en brouillon **(Process drafts)**, les articles en attente **(Process pending posts)** et les articles programmés **(Process scheduled posts)**.

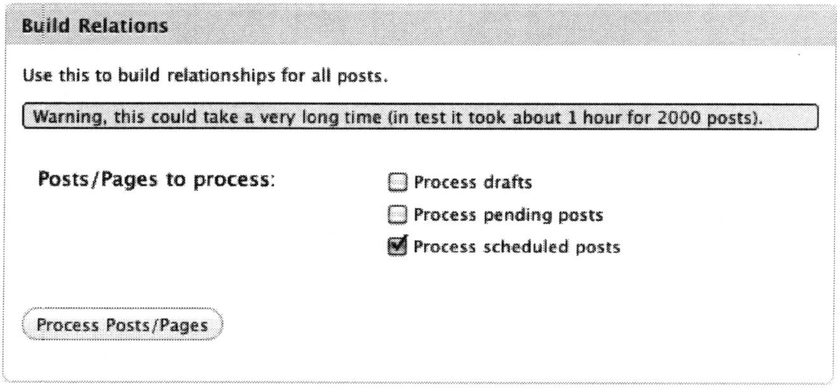

- Cliquez sur le bouton **Process Posts/Pages** pour appliquer la mise en relation des contenus.
- Affichez le site, cliquez sur un article, sous le contenu apparaît alors les articles en relation.

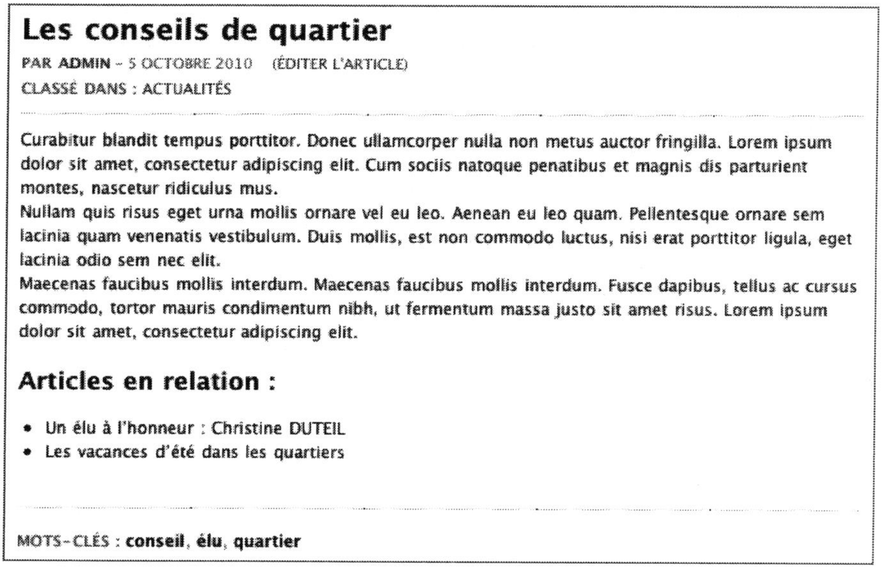

K. La recherche

1. La recherche standard

Par défaut, WordPress propose un champ de recherche, pour que le visiteur puisse trouver une information dans le site. Cette recherche se fait sur l'ensemble du contenu du site. Elle est simple et efficace. Mais nous allons l'améliorer.

2. La recherche contextuelle

Nous allons mettre en place une fonctionnalité très pratique pour l'utilisateur de notre site : mettre en évidence les mots recherchés dans un article suite à une recherche. Nous allons utiliser l'extension **Search Everything**.

- Allez à l'URL : http://wordpress.org/extend/plugins/search-everything/
- Téléchargez le fichier **search-everything.6.6.zip**, installez et activez l'extension.
- Dans le menu **Réglages**, choisissez **Search Everything**.
- Dans le module **Configuration de base**, choisissez où doit s'effectuer la recherche (mots-clefs, catégories, auteurs...) grâce aux listes déroulantes proposées.
- Dans liste déroulante **Mettre en évidence les termes recherchés**, sélectionnez **Oui**.
- Dans le champ de saisie **Couleur de fond de la mise en évidence**, choisissez la couleur en hexadécimale pour mettre en évidence les mots trouvés.

Configuration de base	
Rechercher dans tous les mots clés:	Oui
Rechercher dans les taxonomies personnalisées:	Oui
Rechercher dans tous les noms de catégories et description:	Oui
Rechercher dans tous les commentaires:	
Rechercher dans les commentaires des auteurs:	
Rechercher dans les commentaires validés seulement:	
Rechercher dans tous les extraits:	Oui
Rechercher dans tous les brouillons:	
Rechercher dans tous les documents joints: (type d'article = lien)	
Rechercher dans tous les champs personnalisés: (métadonnées)	Oui
Rechercher dans tous les auteurs:	Désactivé depuis WP 2.8 et plus. J'apprécierais de l'aide si vous avez une solution.
Mettre en évidence les termes recherchés:	Oui
Couleur de fond de la mise en évidence:	#FF00CC Exemples : '#FFF984' or 'red'

- Dans le module **Configuration avancée - Exclusion**, vous pouvez exclure certains articles, certaines pages et certaines catégories de la recherche.
- Dans le champ de saisie **Style complet de la mise en évidence**, vous pouvez mettre en évidence les mots recherchés avec une mise en forme CSS plus avancée.

Configuration avancée - Exclusion	
Exclure des ID d'articles ou de pages:	Liste d'IDs d'articles séparées par des virgules (ex : 1,5,9)
Exclure des ID de catégories:	Liste d'IDs de catégories séparées par des virgules (ex : 1,4)
Style complet de la mise en évidence:	Important : "Couleur de fond de la mise en évidence" doit être vide pour utiliser ce stylisme avancé. Exemple : background-color: #FFF984; font-weight: bold; color: #000; padding: 0 1px;

- Cliquez sur le bouton **Mise à jour**.
- Affichez le site et faites une recherche.

Voici un exemple avec le mot **école**. Le résultat de la recherche affiche les articles contenant le mot-clef, avec la mise en évidence contextuelle.

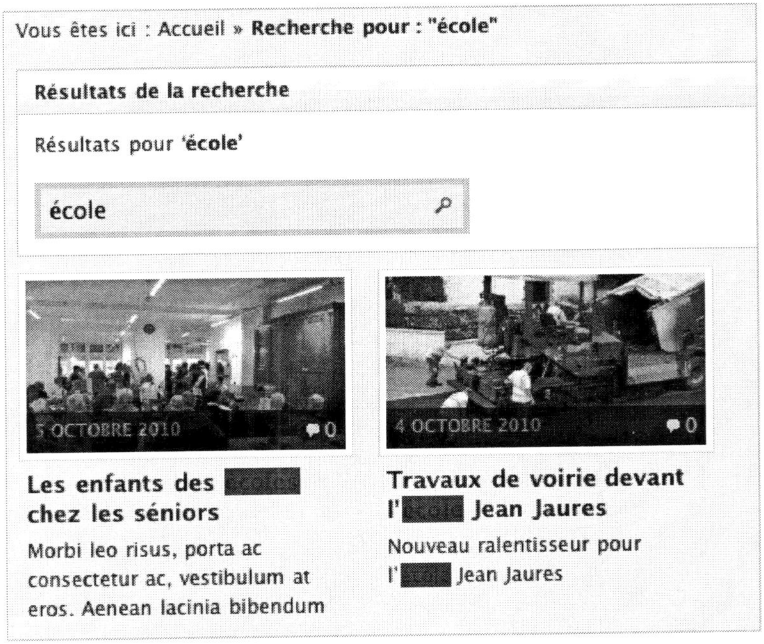

L. Les articles les plus lus

Autre fonctionnalité « classique » des sites web produisant beaucoup de contenus : la liste des articles les plus lus, les plus populaires. Nous allons utiliser l'extension **WordPress Popular Posts**.

- Allez à cette URL : http://wordpress.org/extend/plugins/wordpress-popular-posts/
- Téléchargez le fichier **wordpress-popular-posts.2.1.4.zip**, installez et activez l'extension.
- Dans le menu **Réglages**, choisissez **WordPress Popular Posts** pour afficher l'aide liée à l'utilisation du widget qui permet l'affichage.
- Dans le menu **Apparence**, choisissez **Widgets**.

- Glissez-déposez le widget **WordPress Popular Post** dans un emplacement prédéfini, **Secondary Sidebar #1** dans cet exemple.

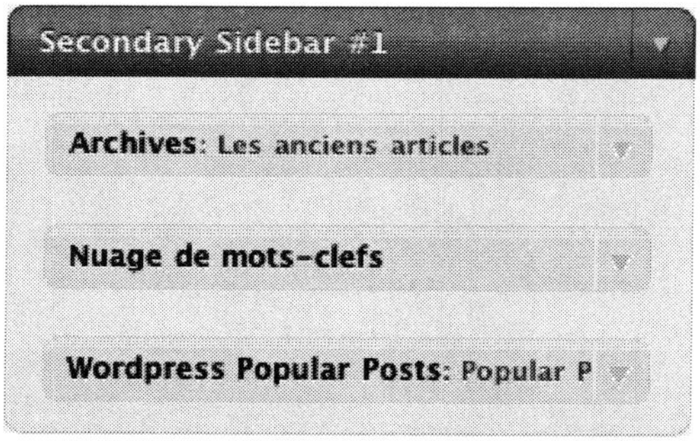

- Dans le champ de saisie **Title**, saisissez le titre vu par les visiteurs du site.
- Dans le champ de saisie **Show up to**, indiquez combien d'articles les plus lus doivent être affichés.
- Dans liste déroulante **Time Range**, choisissez la durée d'évaluation : au jour le jour (**Today**), pendant une semaine (**Last 7 days**), durant un mois (**Last 30 days**) ou tout le temps (**All the time**).
- Dans la liste déroulante **Sort posts by**, choisissez l'ordre de tri pour l'affichage des articles : par le nombre de commentaires (**Comments**), par le nombre total de visites (**Total views**) ou par la moyenne des visites par jour (**Avg. Daily views**).
- L'option **Include pages** permet d'inclure les pages dans le classement.
- L'option **Shorten title output** permet de réduire à n caractères le titre des articles affichés.
- L'option **Display post excerpt** permet d'afficher le résumé des articles.
- L'option **Keep text format and links** permet de conserver la mise en forme dans les résumés.
- L'option **Exclude categories** permet d'exclure certaines catégories d'articles par leur identifiant.
- L'option **Display post thumbnail** permet d'afficher la vignette des articles les plus lus.
- L'option **Display comment count** permet d'afficher le nombre de commentaires associés aux articles listés.
- L'option **Display view** permet d'afficher le nombre de visites des articles.
- L'option **Display author** permet d'afficher le nom des auteurs des articles.
- L'option **Display date** permet d'afficher la date de publication de chaque article.

- L'option **Use custom HTML Markup** permet de mettre en forme la liste des articles les plus lus avec du code HTML/CSS.
- L'option **Use content formatting tags** permet de modifier l'ordre d'affichage des articles : la vignette, le titre, le résumé et les statistiques.

Pour avoir accès à toutes les options de paramétrage d'une catégorie, cliquez sur le bouton **Enregistrer**.

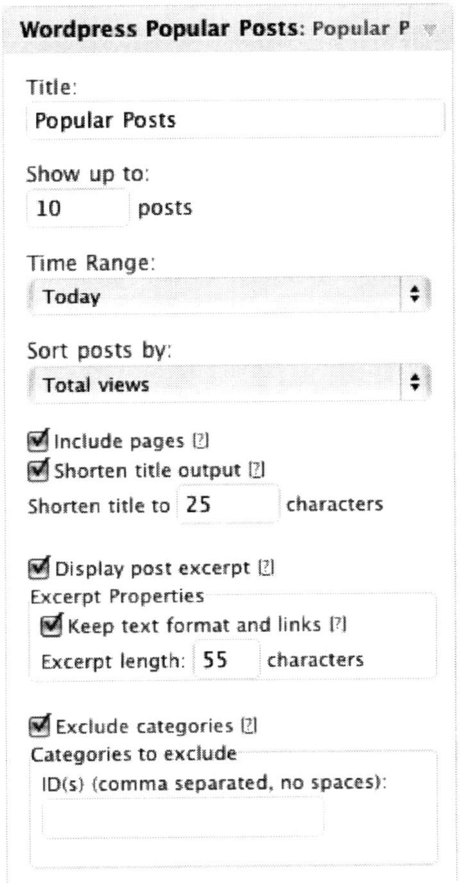

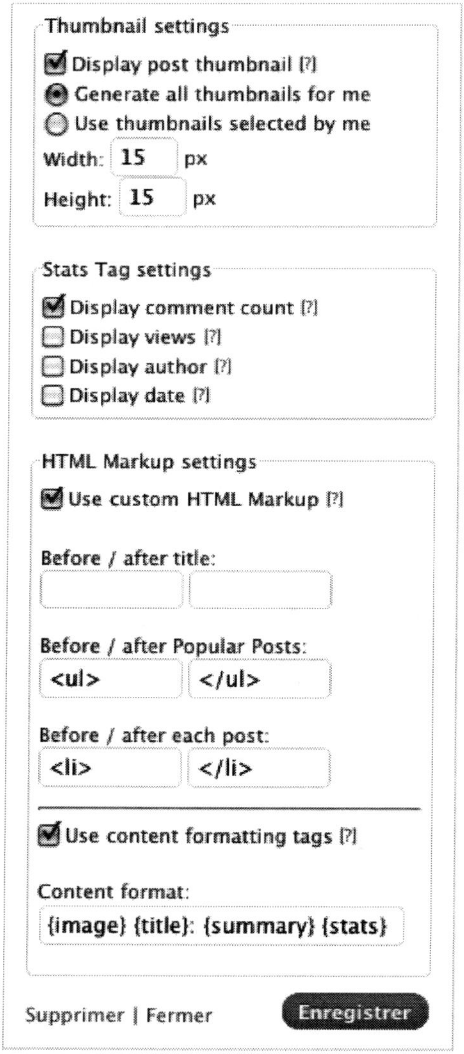

- Cliquez sur le bouton **Enregistrer**, puis sur le lien **Fermer**.
- Laissez passer un peu de temps avant de voir s'afficher les articles les plus lus !

Vous avez accès aux articles les plus lus dans l'administration, dans le menu **Tableau de bord**, avec l'item **Wordpress Popular Posts Stats**.

- Pour actualiser les statistiques, cliquez sur un des boutons proposés.

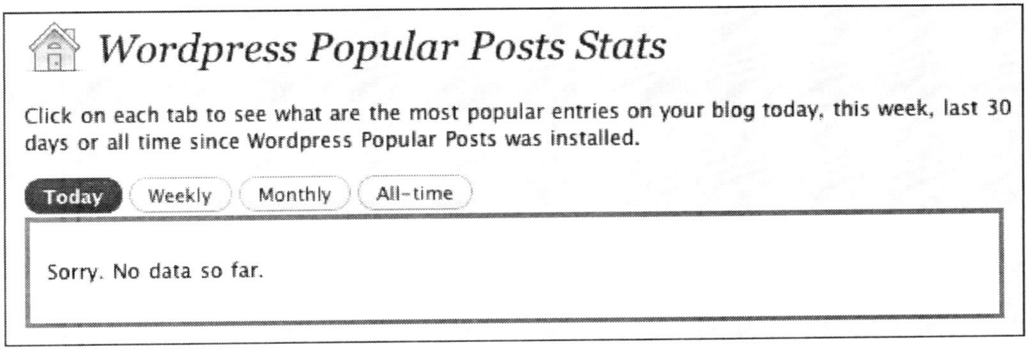

La maintenance du site

Votre site va vivre, va évoluer. Dans certains cas, les modifications pourront être importantes et nécessiter un « arrêt » temporaire du site. Le site sera alors inaccessible pendant quelque temps aux internautes. Pour prévenir vos visiteurs, vous pouvez afficher une page de maintenance, annonçant aux internautes l'état du site.

Pour gérer cela, nous allons utiliser une extension nommée **Maintenance mode**.

- Allez à l'URL : http://wordpress.org/extend/plugins/maintenance-mode/
- Téléchargez le fichier **maintenance-mode.5.2.zip**, installez et activez l'extension.
- Dans le menu **Réglages**, choisissez **Maintenance Mode**.
- Dans le module **Activer/Désactiver le mode Maintenance**, cochez l'option **Activé** pour activer le mode maintenance.
- Dans les champs de **Fin de l'opération**, indiquez dans combien de **jour(s)**, d'**heure(s)** et de **minute(s)** doit s'arrêter la maintenance.
- Cliquez sur le bouton **Sauvegarder**.

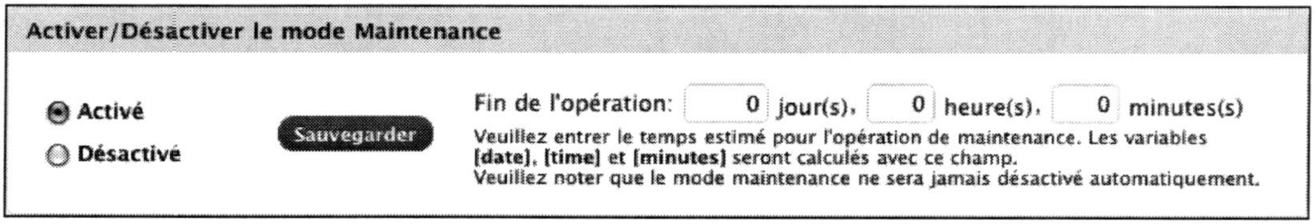

- Dans le module **Message**, vous allez saisir le texte d'explication et d'information sur la maintenance du site. Utilisez les champs **Titre** et **Message**. Utilisez les explications sur les marqueurs placées dans le module. Vous pouvez aussi utiliser des éléments HTML pour la mise en forme du texte.
- Le champ **Variable [until]** permet de personnaliser le compteur de temps jusqu'à la fin de la maintenance.

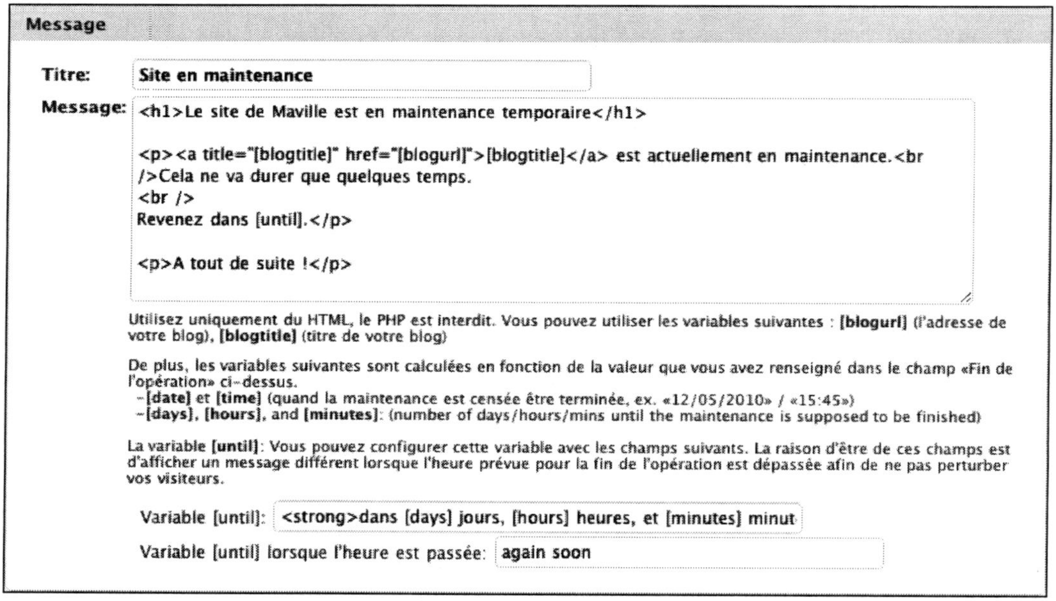

- Dans le module **Thème de la page de garde** choisissez le type de page qui doit être utilisé pour l'affichage de la maintenance. Vous pouvez parfaitement créer vous-même une « belle page » pour la maintenance et la nommer **503.php** à la racine du dossier de publication du site. Ensuite, dans la liste déroulante choisissez alors **Utilisez le fichier 503.php du thème**.
- Dans le module **Accès au blog et à l'administration** vous pouvez gérer l'accès à l'interface d'administration pendant la maintenance pour les personnes référencées.

- Dans le module **Chemins devant rester accessibles** vous pouvez indiquer quels sont les contenus qui doivent malgré tout rester accessibles aux internautes.
- Cliquez sur le bouton **Sauvegarder les changements**.
- Affichez le site, mais pas en tant qu'administrateur. Pour ce faire, vous devez vous déconnecter en cliquant sur le lien **Se déconnecter**, dans l'interface d'administration.

- Quand la maintenance est terminée, dans le module **Activer/Désactiver le mode Maintenance**, cochez l'option **Désactivé** et cliquez sur le bouton **Sauvegarder**.

Chapitre 10

Les thèmes de WordPress

A. L'objectif

Nous allons découvrir comment concevoir un thème WordPress. Ceci afin de bien comprendre ce que nous allons faire dans le chapitre suivant : la personnalisation du thème Arras utilisé pour la réalisation de ce site.

B. La construction d'un thème

1. Les fichiers d'un thème

Les thèmes de WordPress, sont constitués de plusieurs types de fichiers :

- Les fichiers permettant l'affichage des différentes parties du site : les **fichiers de modèle**, les **template files** en anglais.
- Le ou les fichiers CSS qui contiennent toute la mise en page et la mise en forme du site.
- Un fichier PHP, **function.php**, qui permet entre autre de présenter à l'utilisateur du thème, différentes options dans l'interface d'administration. C'est dans ce fichier que nous plaçons du code PHP pour ajouter des fonctionnalités supplémentaires (souvent nommées snippet, shortcode...).

*Une fois installés, les thèmes et leurs fichiers sont stockés dans des dossiers nominatifs du type : **wp-content/themes/nom-du-theme**.*

2. Les fichiers de modèle de base

Les thèmes sont usuellement constitués de quatre parties distinctes : l'**en-tête**, le **contenu**, la **colonne latérale** et le **pied de page**. Le contenu à afficher dans ces quatre parties est décrit dans quatre fichiers PHP :

- **header.php**, pour afficher l'en-tête.
- **sidebar.php**, pour afficher la colonne latérale.
- **footer.php**, pour afficher le pied de page.
- **index.php**, pour afficher le contenu rédactionnel et assembler les pages.

*Notez que ceci constitue les fichiers de base d'un thème, sachant que le seul fichier **index.php** est obligatoire. Certains thèmes peuvent utiliser beaucoup d'autres fichiers de modèle.*

Voilà un exemple des quatre parties de base du thème **Twenty Ten**, thème par défaut à l'installation de WordPress :

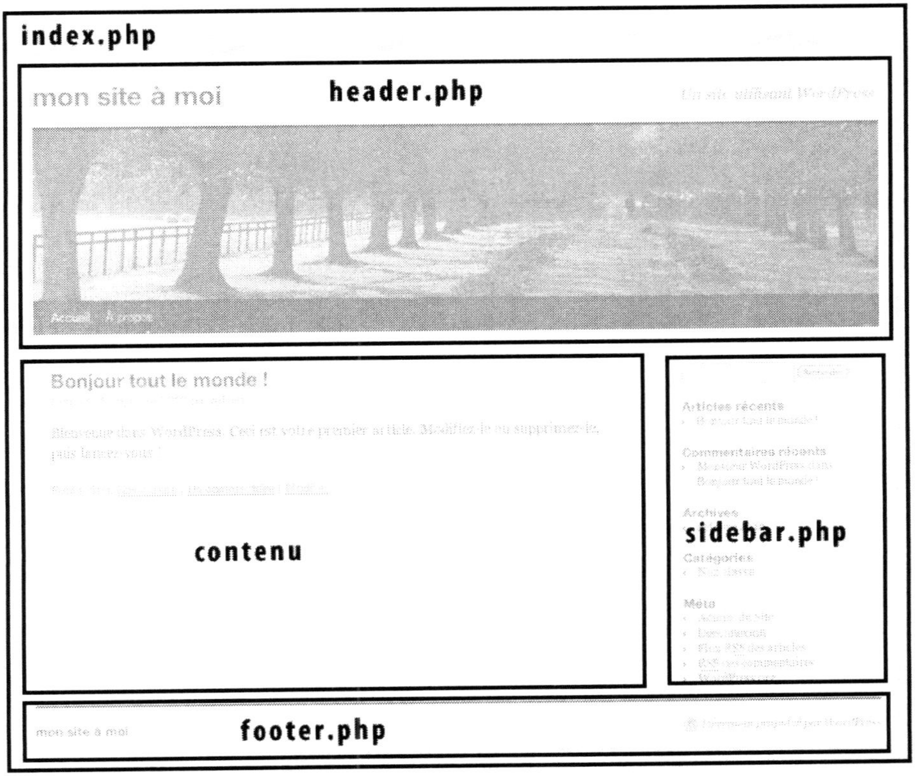

Le contenu du site à afficher par le fichier **index.php** est déterminé par une « boucle » de programmation PHP : le loop de WordPress. C'est cette boucle qui détermine ce qui doit être affiché, car le contenu peut être très varié. Nous pouvons afficher un article, une page, le résultat d'une recherche, la liste des articles d'un mois donné, les articles correspondant à un mot-clef...

*Dans l'absolu, seuls les deux fichiers **styles.css** et **index.php** sont indispensables pour qu'un thème soit qualifié de valide par WordPress.*

3. Les autres fichiers de modèle

Comme nous venons de l'évoquer, un thème peut être constitué de nombreux fichiers de modèle. Le fichier **index.php** fait appel à de nombreux autres fichiers de modèle pour se créer et s'afficher correctement. Voici une liste non exhaustive des fichiers que vous serez susceptible de rencontrer et auxquels le fichier **index.php** peut faire appel selon le choix de l'utilisateur :

- **single.php** : affiche le contenu d'un seul article.
- **page.php** : affiche le contenu d'une seule page.
- **[nom-de-page].php** : affiche une page donnée. Par exemple la page de présentation du site ou de l'auteur.
- **home.php** : affiche une page d'accueil personnalisée.
- **archive.php** : affiche la liste des articles selon un critère (date, auteur, mot-clef...).
- **search.php** : affiche le résultat d'une recherche.
- **category.php** : affiche les articles d'une catégorie donnée.
- **tag.php** : affiche les articles correspondant à un mot-clef donné.
- **author.php** : affiche la liste des articles, des pages, des liens... d'un rédacteur donné.
- **date.php** : affiche les articles pour une date donnée.
- les fichiers **image.php**, **video.php**, **audio.php** et **application.php** affichent le contenu de ces différents types de fichier dans une page « isolée » avec sa propre URL.
- **404.php**: affiche le contenu qui indique que la page cherchée n'existe pas.

4. La hiérarchie des modèles

Tous ces fichiers de modèle s'organisent de manière structurée, hiérarchique. Quand l'internaute arrive sur la page d'accueil du site, c'est le fichier **index.php** qui est utilisé. Puis, en fonction de ce que demande l'internaute, c'est tel ou tel fichier de modèle qui est utilisé : le modèle d'article seul (**single.php**) quand il clique sur le titre d'un article, le modèle de page (**page.php**) quand il demande la page **A propos**, le modèle des catégories (**category.php**) quand il clique sur une catégorie donnée...

Si l'internaute demande une page utilisant un fichier de modèle qui n'existe pas, c'est toujours en final le fichier index.php qui est utilisé. Le schéma structurel, ci-dessous, présente la hiérarchie des modèles.

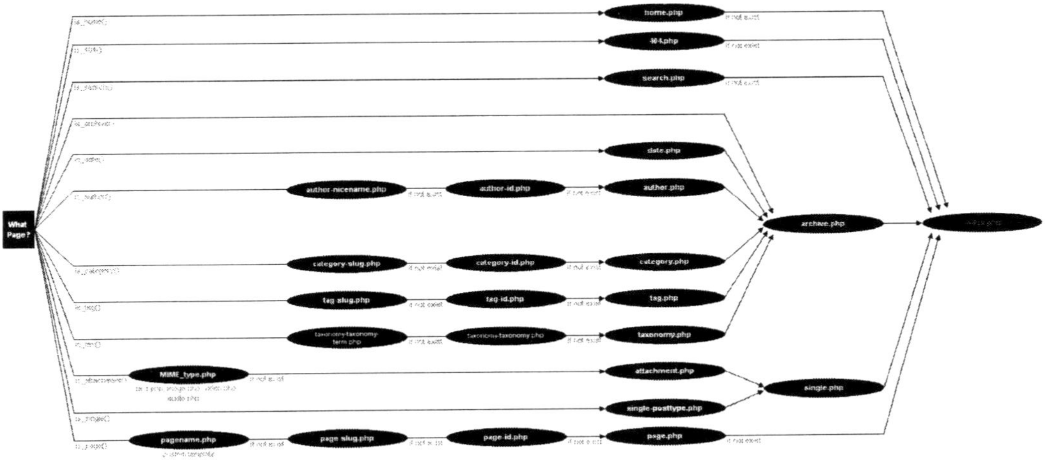

5. Les fichiers de modèle spécifiques

En plus de ces fichiers de modèle usuels, chaque thème peut utiliser comme bon lui semble d'autres fichiers de modèle. Il est très courant que les thèmes proposent leurs propres modèles de page : chaque modèle correspond alors à un fichier de modèle.

Le thème **Arras** que nous utilisons pour cet exemple de site, propose plusieurs modèles de page :

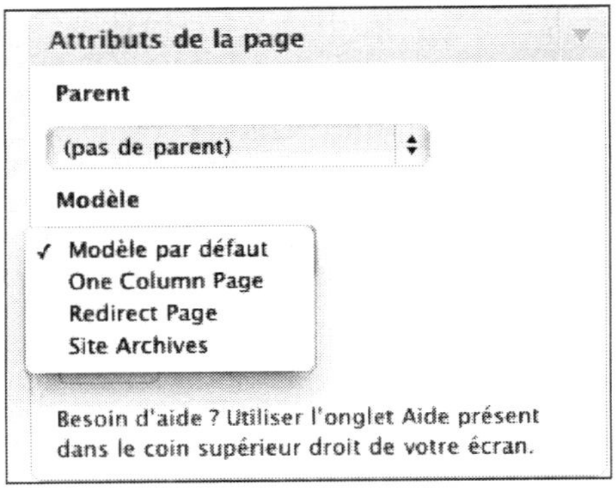

Ces trois modèles correspondent à trois fichiers de modèle : **pagetpl-onecolumn.php**, **pagetpl-redirect.php** et **pagetpl-archives.php**.

C. La construction du modèle Twenty Ten

1. Les marqueurs de modèle

Comment se construisent les fichiers de modèle de page ? Avec les **marqueurs de modèle**, les **template tags** en anglais, placés dans des éléments HTML formatés avec des styles CSS (des boîtes `<div>`).

Un marqueur de modèle est une instruction PHP qui va appeler un fichier PHP et l'insérer là où se fait l'appel.

2. Le fichier de modèle de l'index

Prenons l'exemple de la structure du fichier **index.php** du thème **Twenty Ten** installé par défaut dans WordPress.

```
<?php get_header(); ?>
    <div id="container">
         <div id="content" role="main">
             <?php get_template_part( 'loop', 'index' ); ?>
         </div>
    </div>
<?php get_sidebar(); ?>
<?php get_footer(); ?>
```

Le marqueur `<?php get_header(); ?>` appelle le fichier **header.php** et affiche tout son contenu en début de fichier, en début d'affichage dans la fenêtre du navigateur.

Ensuite deux boîtes `<div>` imbriquées (**#container** et **#content**) affichent le contenu rédactionnel du site. C'est dans la boîte **#content** que vous trouvez l'appel à la boucle WordPress : `<?php get_template_part( 'loop', 'index' ); ?>`. Ce marqueur charge le fichier **loop.php** qui détermine ce qui doit être affiché dans la partie centrale de la fenêtre du navigateur.

Le fichier se termine par deux marqueurs :

- `<?php get_sidebar(); ?>` pour afficher la colonne latérale droite en chargeant le fichier **sidebar.php**.
- `<?php get_footer(); ?>`) pour afficher le pied de page en chargeant le fichier **footer.php**.

3. Le fichier de modèle de l'en-tête

Voyons les marqueurs de modèle dans le fichier **header.php** qui gère l'affichage de l'en-tête.

Attention, c'est une présentation simplifiée mais fonctionnelle, chaque designer peut y placer tous les marqueurs qu'il souhaite.

Tour d'abord le fichier d'en-tête contient le début de la structure d'un fichier HTML valide avec la déclaration du doctype, les balises d'ouverture des éléments <html>, <head> et <body>.

Dans l'élément <head>, l'élément <title> permet d'afficher le titre de la page dans la barre de titre du navigateur web. Le contenu est souvent le marqueur <?php bloginfo('name') ?> qui va chercher le nom (name) du site dans les paramètres de configuration dans l'administration du site (bloginfo). Cet élément <title> peut aussi contenir la description du site avec le marqueur <?php bloginfo('description') ?>.

Vous trouvez ces données dans le menu **Réglages - Général**, dans les champs **Titre du site** et **Slogan**.

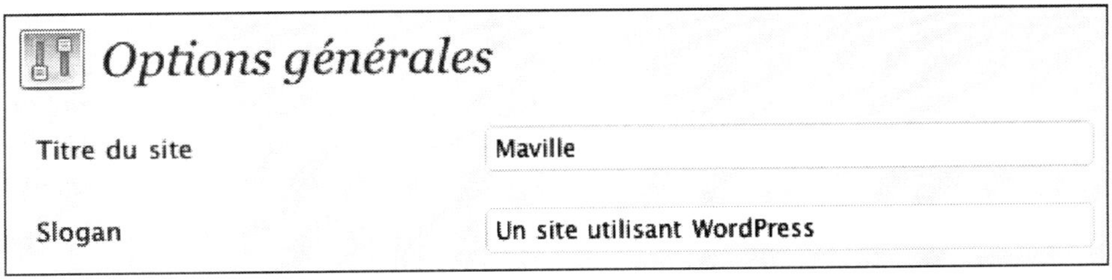

Dans l'élément <head>, nous trouvons aussi le chemin d'accès au fichier CSS qui gère la mise en page et la mise en forme de la page. Si le thème propose plusieurs choix de feuilles de style, nous allons trouver le marqueur de modèle <?php bloginfo('stylesheet_url') ?>. Ce dernier va chercher la feuille de style choisie par l'administrateur du site. Nous aurons donc : <link rel="stylesheet" href="**<?php bloginfo('stylesheet_url') ?>**" type="text/css" media="screen">.

Dans l'élément <body>, nous trouvons plusieurs boîtes <div> imbriquées qui affichent les différents éléments (**#warpper**, **#masthaed**, **#branding**, **#access** et **#main**). C'est dans la boîte <div>**#access** que nous trouvons le marqueur de la barre de navigation `<?php wp_nav_menu() ?>`. Notez que certains thèmes peuvent vous proposer plusieurs barres de navigation. Ces barres de navigation seront insérées dans des boîtes <div> qui dépendent du thème utilisé et du design créé. C'est aussi dans une boîte du <body> que nous trouvons l'affichage de l'image du bandeau du haut. Cette image est choisie dans l'administration du site, dans les paramètres de réglage du thème Twenty Ten.

4. Le fichier de modèle de la barre latérale

La colonne latérale, la « sidebar », est souvent placée sur la droite de la fenêtre du navigateur. Le nombre et la position des sidebars dépendent là encore du thème choisi et des options utilisables dans l'interface d'administration du thème. C'est le fichier **sidebar.php** qui gère l'affichage de la colonne latérale.

Attention, dès que vous utilisez des widgets, le contenu par défaut de la sidebar change. Nous allons présenter les marqueurs par défaut du thème Twenty Ten. Notez que ce thème permet d'utiliser deux emplacements prédéfinis pour les widgets (Zone principale de widgets et Zone secondaire de widgets).

Les widgets placés dans l'emplacement prédéfini **Zone principale de widgets** se placent dans une boîte <div id="primary">, les widgets placés dans l'emplacement prédéfini **Zone secondaire de widgets** se placent dans une boîte <div id="secondary">.

Voilà la sidebar par défaut, dans la boîte `<div id="primary">` :

Nous avons de haut en bas :

- la zone de recherche : `<php? get_search_form(); ?>`
- la zone des archives mensuelles : `<php? wp_get_archives('type=monthly'); ?>`
- le lien de connexion à l'administration : `<php? wp_register(); ?>`
- le lien de déconnexion de l'administration : `<php? wp_loginout(); ?>`

5. Le fichier de modèle du pied de page

Le fichier de modèle du pied de page, **footer.php**, dans le thème Twenty Ten, ne contient qu'un seul marqueur : `<?php bloginfo('name') ?>`. Ce marqueur va chercher le nom du site et l'insère dans un lien `<a>` qui pointe vers la page d'accueil du site.

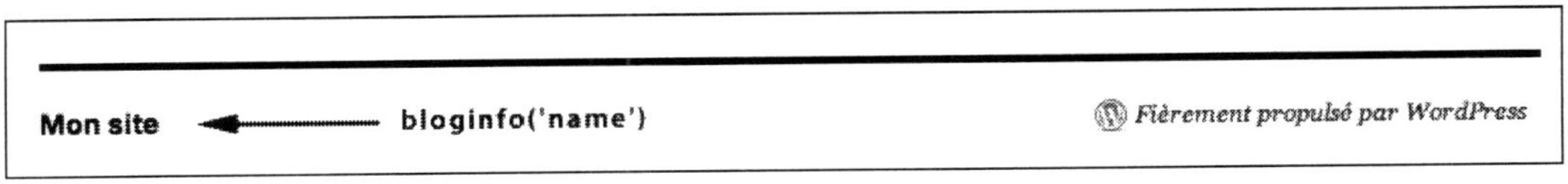

Le slogan WordPress sur la droite est inséré dans une boîte `<div>` dans un lien `<a>`.

Notez que c'est le fichier **footer.php** qui contient les balises de fermeture `</body>` et `</html>`.

6. La boucle WordPress

C'est la boucle WordPress (the loop en anglais) qui détermine ce qui va être affiché dans la partie centrale du site. Cette boucle est usuellement placée dans le fichier **index.php**, mais dans le thème Twenty Ten, cette boucle est externalisée dans le fichier **loop.php**. C'est dans le fichier **index.php** que se fait l'appel à la boucle avec ce marqueur : `<?php get_template_part( 'loop', 'index' ); ?>`.

Le fichier PHP **loop.php** commence par tester s'il faut afficher les liens des pages précédente et suivante, au-dessus de l'article.

```
<?php if ( $wp_query->max_num_pages > 1 ) : ?>
    ...
<?php endif; ?>
```

Puis il teste s'il n'y a rien à afficher et redirige alors l'utilisateur vers la page **404.php**.

```
<?php if ( ! have_posts() ) : ?>
    ...
<?php endif; ?>
```

Ensuite commence la boucle vérifiant s'il y a des articles à afficher :

```
<?php while ( have_posts() ) : the_post(); ?>
    ...
<?php endwhile; ?>
```

C'est dans cette boucle que WordPress « analyse » ce que l'utilisateur a demandé à afficher (la page d'accueil, un article seul, les articles d'une catégorie, d'un auteur ou d'un mot-clef, le résultat d'une recherche...) et il affiche le résultat de cette requête selon l'affichage choisi par le designer.

Enfin, le fichier PHP **loop.php**, termine par tester s'il faut afficher les liens des pages précédente et suivante, sous l'article.

```
<?php if (  $wp_query->max_num_pages > 1 ) : ?>
    ...
<?php endif; ?>
```

7. La structure des fichiers de modèle

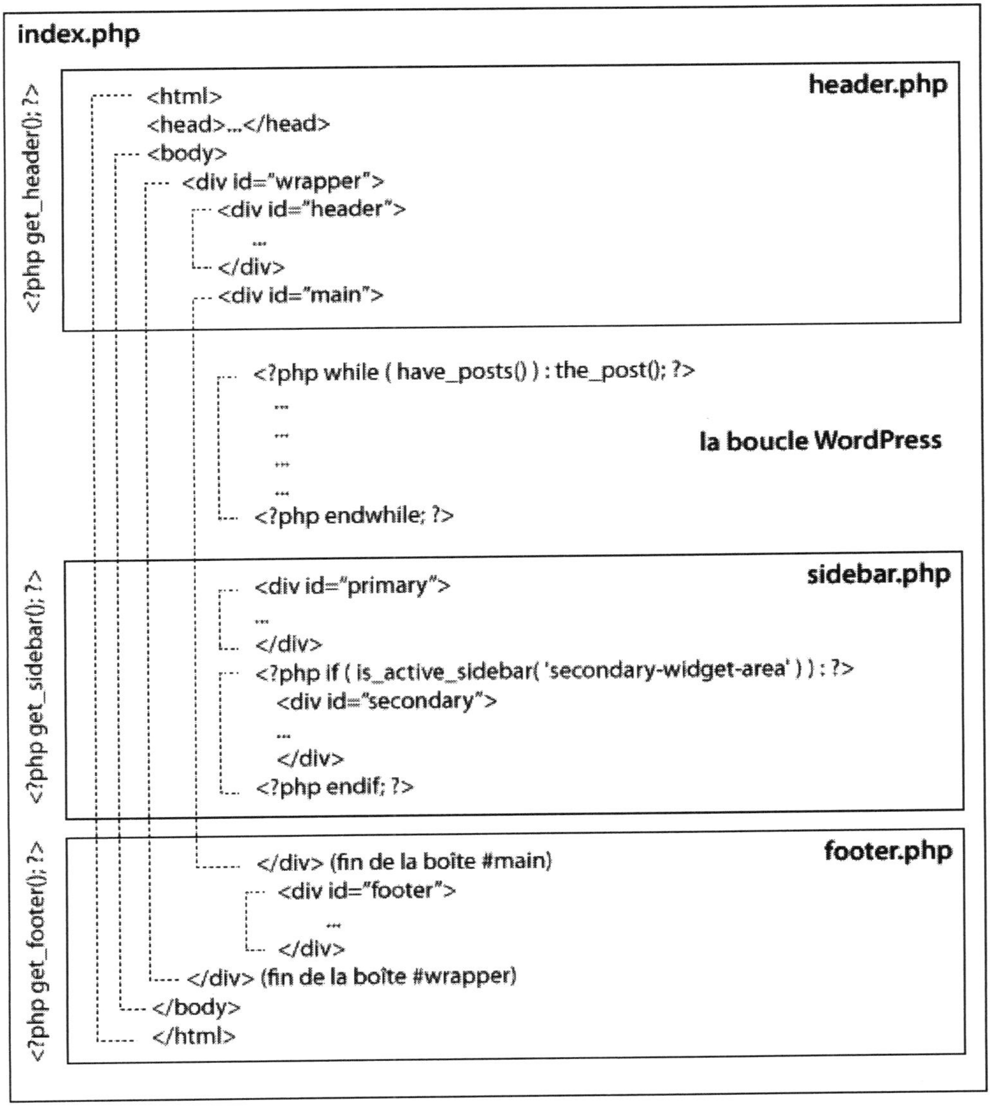

8. L'affichage d'un article

Voyons maintenant les principaux marqueurs qui sont utilisés pour afficher un article seul, toujours dans le thème Twenty Ten. C'est le modèle de fichier **single.php** qui gère l'affichage des articles seuls, c'est-à-dire quand le visiteur a cliqué sur le titre d'un article pour l'afficher seul.

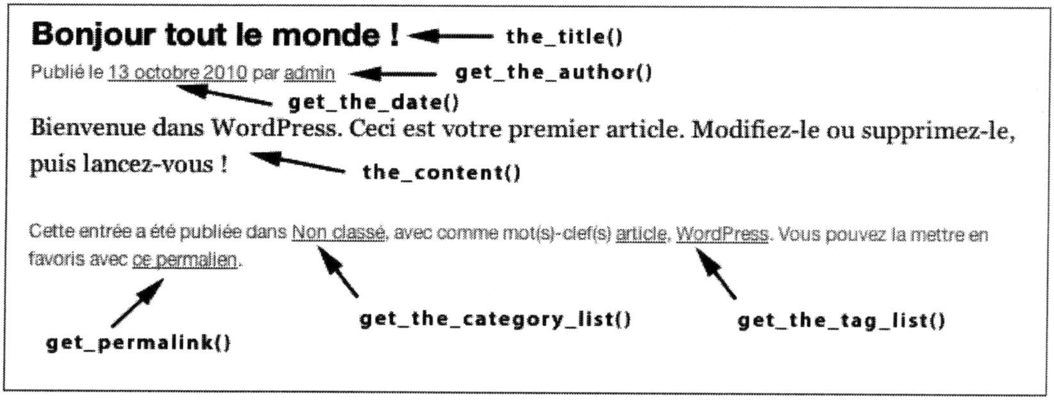

Nous avons d'abord le titre de l'article : c'est le marqueur `<?php the_title(); ?>`.

Ensuite viennent les informations de publication : la date et l'auteur. C'est le marqueur `<?php twentyten_posted_on(); ?>` qui les affiche. La fonction `twentyten_posted_on()` est définie dans le fichier **function.php**. C'est là que cette fonction détermine comment afficher les informations de publication : la date (`get_the_date()`) et l'auteur (`get_the_author()`).

Le contenu de l'article est affiché par le marqueur `<?php the_content(); ?>`.

La taxinomie avec la catégorie où est rangé l'article, les mots-clefs et le lien pour le mettre dans les favoris, sont affichés avec le marqueur `<?php twentyten_posted_in(); ?>`. Cette fonction est définie dans le fichier **function.php**. Cette fonction détermine comment afficher la catégorie (`get_the_category_list()`), les mots-clefs (`get_the_tag_list()`) et le lien pour le favori (`get_permalink()`).

D. Les marqueurs de modèle de WordPress

1. Le codex de WordPress

Le codex de WordPress est le site de référence pour connaître et apprendre tous les marqueurs utilisables dans la construction des fichiers de modèle.

Voici l'URL du codex de WordPress avec la liste de tous les marqueurs de modèle disponibles : http://codex.wordpress.org/Template_tags.

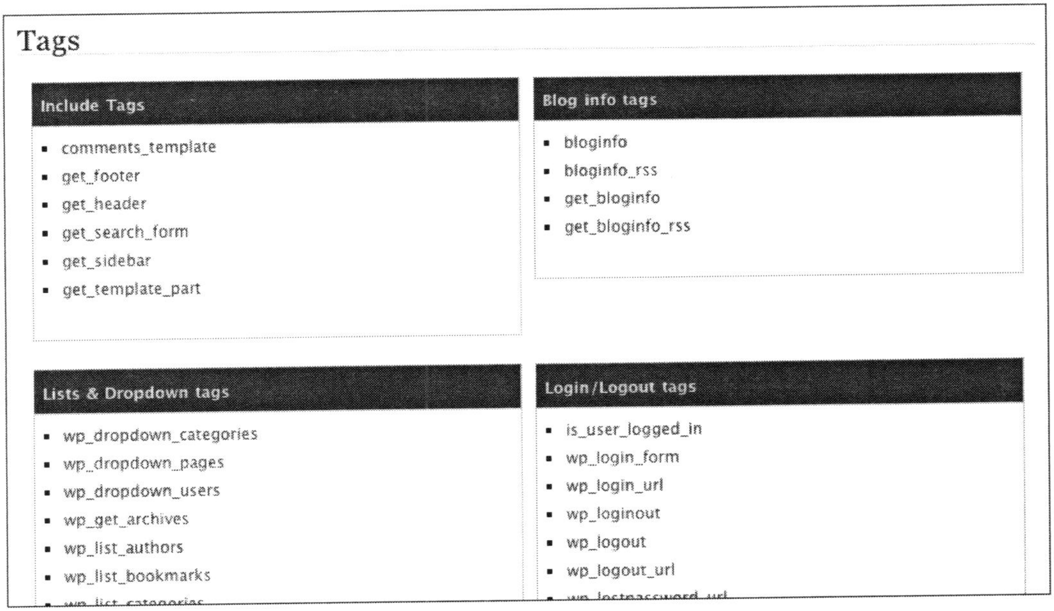

Il vous suffit de cliquer sur un marqueur pour avoir toutes les indications sur son utilisation.

2. Autres ressources sur Internet

Internet regorge littéralement de ressources sur la construction des thèmes WordPress. Dans un moteur de recherche, il vous suffit de saisir « wordpress create theme » et « wordpress template tags » pour trouver des centaines de sites.

Voilà quatre liens qui vous proposent des posters synthétiques sur les principaux marqueurs utilisés dans WordPress.

http://www.hpvorlagen24.de/2010/06/25/freebie-hpv24-wordpress-30-cheat-sheet—teil-1-templates-tags/

http://ranjith.zfs.in/wordpress-3-0-cheat-sheet-essential-functions/

http://academiaphp.com/2010/wordpress3-cheat-sheet/

http://www.quicklycode.com/wallpapers/wordpress-help-sheet-wallpaper

E. Créer un thème de base

1. Concevoir la structure

Nous allons voir comment se conçoit un thème basique pour bien comprendre l'architecture des sites WordPress. Nous n'allons absolument pas créer un thème de A à Z, mais uniquement la page d'accueil, avec un design basique et des fonctionnalités réduites.

Tout commence toujours par un schéma papier : où veut-on qu'apparaissent les différentes zones de notre site ?

Une fois ceci fait, nous connaissons les différents modèles de fichier indispensables : **header.php**, **index.php**, **sidebar.php**, **footer.php** et le fichier de feuille de style **style.css**.

2. Le dossier du thème

Il faut rassembler tous les fichiers dans un dossier reprenant le nom du thème (sans espace, sans caractères accentués, sans caractères spéciaux et usuellement sans majuscule). Dans cet exemple le dossier est nommé **mon-theme**. Le dossier **mon-theme** du thème est alors placé dans **/wp-content/themes/mon-theme**.

Pour avoir un aperçu du thème dans l'administration du site (menu **Apparence - Thèmes**), créez une vignette de la page d'accueil du thème aux dimensions imposées de 300 x 240 pixels. Cette vignette au format PNG doit s'appeler **screenshot.png** et est placée à la racine du dossier de votre thème.

3. Le header.php

Le fichier **header.php** contient l'en-tête HTML du site et l'en-tête `<head>` :

```
<!DOCTYPE html PUBLIC "-//W3C//DTD XHTML 1.0 Strict//EN"
"http://www.w3.org/TR/xhtml1/DTD/xhtml1-strict.dtd">
<html xmlns="http://www.w3.org/1999/xhtml">
<head>
<meta http-equiv="Content-Type" content="text/html; charset=UTF-8" />
```

Nous utilisons un contexte XHTML strict et un encodage des caractères en unicode.

Ensuite vient le titre du site avec l'élément `<title>`. Nous allons y placer le titre (marqueur `bloginfo('name')`) et le slogan du blog (marqueur `bloginfo('description')`) :

```
<title><?php bloginfo('name') ?> - <?php bloginfo('description') ?></title>
```

Nous lions notre page d'accueil à la feuille de style CSS indispensable (marqueur `bloginfo('stylesheet_url')`) et fermons l'en-tête :

```
<link rel="stylesheet" type="text/css" media="screen" href="<?php
bloginfo('stylesheet_url') ?>" />
</head>
```

Maintenant nous allons créer le corps de la page, le `<body>`. Le `<body>` contiendra deux boîtes `<div>`, une pour l'en-tête (**#header**) et une deuxième pour la barre de navigation des pages statiques (**#navBar**). L'en-tête contiendra à nouveau le titre et le slogan du site dans des éléments `<h1>` et `<h3>` :

```
<div id="header">
    <h1><?php bloginfo('name') ?></h1>
    <h3><?php bloginfo('description') ?></h3>
</div>
```

Ensuite nous insérons la barre de navigation pour les pages statiques avec le marqueur `wp_nav_menu()` :

```
<div id="navBar">
    <?php wp_nav_menu(); ?>
</div>
```

Au final, voilà le code du fichier **header.php** :

```
<!DOCTYPE html PUBLIC "-//W3C//DTD XHTML 1.0 Strict//EN"
"http://www.w3.org/TR/xhtml1/DTD/xhtml1-strict.dtd">
<html xmlns="http://www.w3.org/1999/xhtml">
<head>
<meta http-equiv="Content-Type" content="text/html; charset=UTF-8" />
<title><?php bloginfo('name') ?> - <?php bloginfo('description') ?></title>
<link rel="stylesheet" type="text/css" media="screen" href="<?php
bloginfo('stylesheet_url') ?>" />
</head>
<body>
<div id="header">
    <h1><?php bloginfo('name') ?></h1>
    <h3><?php bloginfo('description') ?></h3>
</div>
<div id="navBar">
    <?php wp_nav_menu(); ?>
</div>
```

4. Le fichier index.php

La première étape du fichier index.php consiste à appeler le fichier **header.php** :

```
<?php get_header(); ?>
```

La zone centrale et principale du site est contenue dans une boîte `<div>` (**#main**) qui contiendra la boîte **#content** pour afficher les articles et la boîte **#sidebar** pour afficher la colonne latérale droite.

```
<div id="main">
    <div id="content">
```

Dans la boîte **#content** nous allons placer la boucle WordPress dans une version ici très allégée et simplifiée !

```
<?php if (have_posts()) : ?>
    <?php while (have_posts()) : the_post(); ?>
    <?php endwhile; ?>
<?php endif; ?>
```

La première ligne teste s'il y a des articles dans le site (`if (have_posts())`). Si c'est le cas, la deuxième ligne (`while()`) parcourt l'ensemble des articles.

Si des articles existent, nous allons afficher leur titre (`the_title()`), leur date de publication (`the_date()`), leur auteur (`the_author()`). Puis nous affichons le contenu rédactionnel de l'article (`the_content()`). Sous le texte des articles nous affichons la catégorie (`the_category()`) et les mots-clefs de l'article (`the_tags()`).

```
<h3><?php the_title(); ?></h3>
<p>Publié le <?php the_date(); ?> et rédigé par <?php the_author(); ?></p>
<p><?php the_content(); ?></p>
<p><?php the_category(); ?><?php the_tags(); ?></p>
```

La page index.php se termine par les appels aux fichiers **sidebar.php** et **footer.php** :

```
<?php get_sidebar(); ?>
<?php get_footer(); ?>
```

Voilà le code du fichier **index.php** :

```
<?php get_header(); ?>
<div id="main">
    <div id="content">
        <?php if (have_posts()) : ?>
            <?php while (have_posts()) : the_post(); ?>
                <h3><?php the_title(); ?></h3>
                <p>Publié le <?php the_date(); ?> et rédigé par
```

```
                <?php the_author(); ?></p>
                <p><?php the_content(); ?></p>
                <p><?php the_category(); ?><?php the_tags(); ?></p>
            <?php endwhile; ?>
        <?php endif; ?>
    </div>
<?php get_sidebar(); ?>
<?php get_footer(); ?>
```

5. Le fichier sidebar.php

Nous venons de l'aborder ; c'est le fichier **index.php** qui appelle le fichier **sidebar.php**. Ce fichier définit la colonne latérale droite. Il contient une boîte **#primary** correspondant à l'emplacement prédéfini pour les widgets (**Zone principale de widgets**). Dans cette boîte nous insérons les marqueurs pour afficher le formulaire de recherche (`get_search_form()`), les archives des articles triées par mois (`wp_get_archives('type=monthly')`), le lien pour se connecter à l'interface d'administration (`wp_register()`) et le lien pour se déconnecter (`wp_loginout()`).

Voilà le code du fichier **sidebar.php** :

```
<div id="primary">
    <?php get_search_form(); ?>
    <?php wp_get_archives('type=monthly'); ?>
    <?php wp_register(); ?>
    <?php wp_loginout(); ?>
</div>
```

6. Le fichier footer.php

Le fichier **footer.php** clôt la structure du site. Ce fichier est appelé par le fichier **index.php**.

Ce dernier commence par la fermeture de la boîte `<div>` **#main**, ouverte dans le fichier **index.php**.

```
</div>
```

Nous avons ensuite la boîte `<div>` **#footer** qui contient le pied de page du site. Dans un paragraphe `<p>`, nous affichons l'année en cours (`print(date(Y))`), le symbole du copyright avec le nom du blog (`bloginfo('name')`) et un texte sur le concepteur.

```
<div id="footer">
    <p><?php print(date(Y)); ?> - &copy; <?php bloginfo('name') ?>
- Conception et réalisation : Christophe AUBRY</p>
</div>
```

Le fichier se termine par la balise de fermeture des éléments <body> et <html> :

```
</body>
</html>
```

Voilà le code complet de **footer.php** :

```
    </div> <!-- Fin de la boîte #main -->
    <div id="footer">
        <p><?php print(date(Y)); ?> - &copy; <?php bloginfo('name')
?> - Conception et réalisation : Christophe AUBRY</p>
    </div>
</body>
</html>
```

7. Le fichier style.css

Le fichier contenant les styles CSS est indispensable pour que le thème soit valide pour WordPress. Il doit se nommer **style.css**.

Le première partie comporte des informations sur le thème. Ces informations sont en commentaire. Il doit y avoir obligatoirement : le nom du thème, l'URL où trouver la présentation du thème, une description du thème, sa version, son auteur et l'URL du site de l'auteur.

```
/*
Theme Name: Mon thème
Theme URI: http://www.monsite.net
Description: Thème simpliste pour WordPress
Version: 1.0
Author: Christophe AUBRY
Author URI: http://www.monsite.net
*/
```

Ensuite, dans ce fichier **style.css**, à vous de créer les styles pour la mise page et la mise en forme de votre site. Dans cet exemple, nous avons fait très simple, avec juste la mise en page des boîtes utilisées, mais pas de mise en forme.

```
body {
    margin:0;
    padding:0;
}
#header {
    width: 790px;
    margin: 0 auto;
    padding: 5px;
```

```
    border-bottom: solid 1px #000;
}
#navBar {
    width: 790px;
    margin: 0 auto;
    padding: 5px;
    border-bottom: solid 1px #000;
}
#main {
    width: 800px;
    margin: 0 auto;
    background-image :url(fond-2-colonnes.png);
    overflow:auto;
}
#content {
    width:590px;
    padding: 5px;
    float:left;
}
#primary {
    width:190px;
    padding: 5px;
    float:left;
}
#footer {
    width: 790px;
    margin: 0 auto;
    clear:both;
    padding: 5px;
    border-top: solid 1px #000;
}
```

8. Utiliser le thème créé

➧ Dans l'administration, dans le menu **Apparence**, choisissez **Thèmes**.

Notre thème est accessible et utilisable.

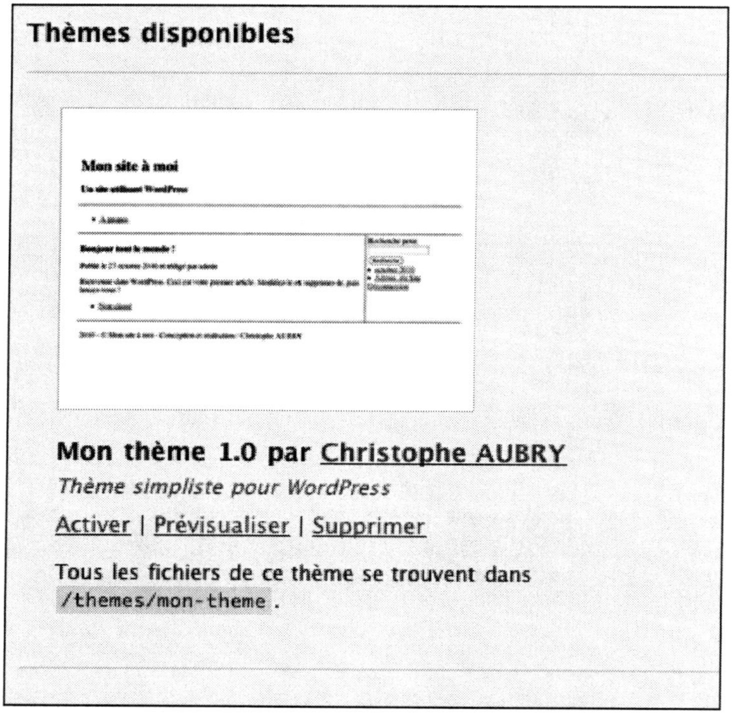

Chapitre 11

La personnalisation du thème Arras

A. L'objectif

Un thème peut rarement satisfaire entièrement le concepteur du site. Il y aura « toujours » des modifications à apporter pour satisfaire au mieux les souhaits du client. Certains thèmes permettent une part de personnalisation dans l'administration du thème, mais pas tous. Certains sont livrés sans aucune possibilité de modifier quoi que ce soit dans l'interface d'administration du thème. Il faudra donc modifier le thème directement dans le code XHTML, PHP et CSS.

Avec ce que nous avons vu dans le chapitre précédent sur la construction des thèmes, nous allons modifier le thème Arras au niveau affichage et au niveau design.

B. La favicon

La favicon est la toute petite image qui apparaît en premier dans la barre d'adresse du navigateur, juste avant l'URL.

Le thème Arras impose sa favicon.

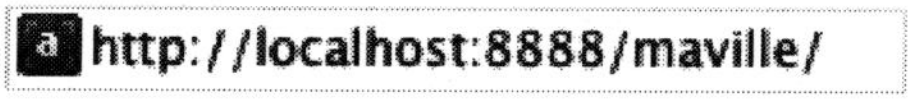

C'est dans le fichier **header.php** dans l'élément `<head>` qu'est inséré le code pour afficher la favicon.

```
<?php if ( !file_exists(ABSPATH . 'favicon.ico') ) : ?>
<link rel="shortcut icon" href="<?php echo
get_template_directory_uri() ?>/images/favicon.ico" />
<?php else: ?>
<link rel="shortcut icon" href="<?php echo get_bloginfo('url') ?
>/favicon.ico" />
<?php endif; ?>
```

La fonction teste s'il existe un fichier nommé **favicon.ico**, si c'est le cas elle va le chercher dans le dossier **images** du thème.

Si vous ne souhaitez pas avoir de favicon, plutôt que de supprimer cette portion de code, il faut la mettre en « commentaire ». Ainsi les commentaires sont ignorés par les navigateurs. Encadrez cette portion de code par <!-- et -->. Vous aurez alors :

```
<!--
<?php if ( !file_exists(ABSPATH . 'favicon.ico') ) : ?>
...
<?php endif; ?>
-->
```

Affichez le site, le navigateur utilise alors la favicon par défaut.

Si vous voulez avoir votre propre favicon, créez-la avec un logiciel graphique (16 x 16 pixels) ou allez sur un site spécialisé. Dans votre moteur de recherche préféré, saisissez par exemple « création favicon », vous trouverez de nombreux sites permettant de créer votre favicon. Téléchargez le fichier ICO, nommez le **favicon.ico** et placez-le dans le dossier **wp-content/themes/arras/images**.

C. Les feuilles de style dans le thème Arras

1. Utiliser les feuilles de style du thème

Les différentes modifications de mise en forme que nous allons apporter vont principalement s'effectuer dans les feuilles de style CSS du thème Arras. À ce niveau, ce thème dispose de nombreuses feuilles de style, voyons comment elles s'organisent et quelles sont leurs utilités.

2. La mise en page

Le thème Arras propose plusieurs options de mise en page qui déterminent la feuille de style à utiliser. Ces feuilles de style sont stockées dans :
/wp-content/themes/arras/css/layouts/

- Dans le menu **Arras**, choisissez **Options du thème**.
- Cliquez sur l'onglet **Mise en page**.
- Dans la liste déroulante **Mise en page générale**, vous pouvez choisir le nombre de colonnes et leur position.

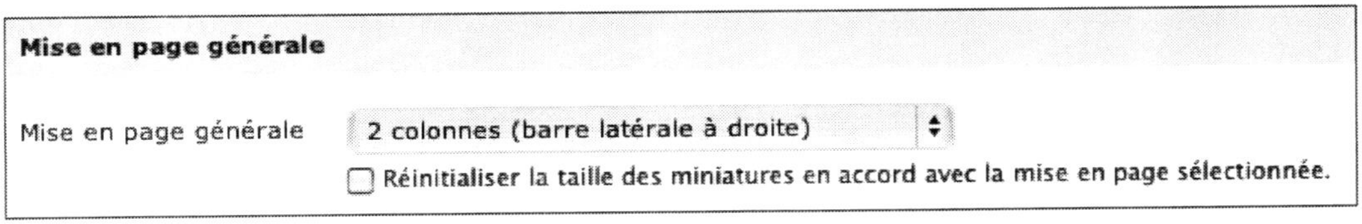

Chaque option correspond à l'utilisation d'une feuille de style :

- **1 colonne (pas de barre latérale)** utilise le fichier **1c-fixed.css**.
- **2 colonnes (barre latérale à droite)** utilise le fichier **2c-r-fixed.css**.
- **2 colonnes (barre latérale à gauche)** utilise le fichier **2c-l-fixed.css**.
- **3 colonnes (barres latérales à gauche et à droite)** utilise le fichier **3-fixed.css**.
- **3 colonnes (barres latérales à droite)** utilise le fichier **3c-fixed.css**.

3. Le design du site

Le thème Arras propose plusieurs designs colorés pour le site. Là encore, chaque design coloré utilise un fichier CSS donné. Ces fichiers sont stockés dans **/wp-content/themes/arras/css/styles/**.

➧ Toujours dans la même zone se trouve la liste déroulante **Style par défaut**.

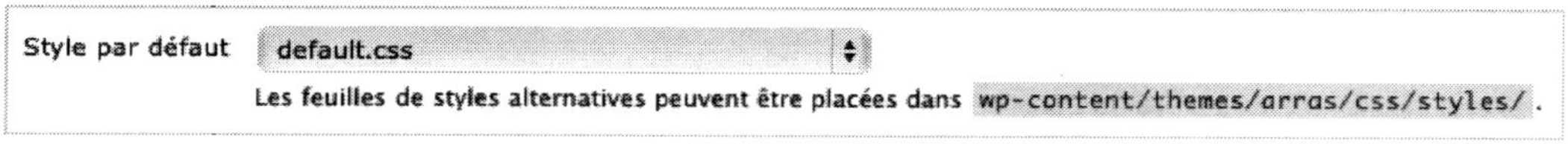

Le libellé de chaque option correspond au nom du fichier CSS. L'option nommée **blue.css** utilise le fichier **blue.css**.

4. Le chargement des fichiers CSS

Au chargement du site, le fichier **styles.css** est chargé comme le veut la norme avec les sites WordPress. Cette feuille de style charge immédiatement deux autres fichiers CSS : **default.css** (dans le dossier **styles**) et **user.css** (à la racine du dossier **arras**). Le fichier **default.css** charge lui aussi immédiatement un autre fichier CSS : **base.css** (dans le dossier **css**). Chaque choix de design charge le fichier CSS correspondant.

- **styles.css** permet juste de charger **default.css** et **user.css**.
- **default.css** contient des styles communs aux différents designs et charge **base.css**. Les propriétés des styles de **default.css** sont prédominantes sur celles de **base.css**.
- **base.css** contient les styles de base communs aux différents designs.
- **user.css** est initialement vide. Il est fait pour nous, concepteurs, pour ajouter de nouveaux styles ou pour modifier des styles existants. Les propriétés de styles de ce fichier supplanteront celles des autres fichiers, selon les règles de cascades des styles.
- **couleur-du-design.css** (**blue.css**, **red.css**...) contient les styles propres à la mise en forme d'une couleur de design choisie.

5. Créer votre feuille de style

Vous pouvez créer votre propre feuille de style en partant d'une feuille vide ou en dupliquant un fichier existant.

Placez ce fichier CSS dans **/wp-content/themes/arras/css/styles/**. Le fichier sera alors automatiquement reconnu dans l'administration du thème. Dans notre exemple, nommons notre fichier **maville.css**.

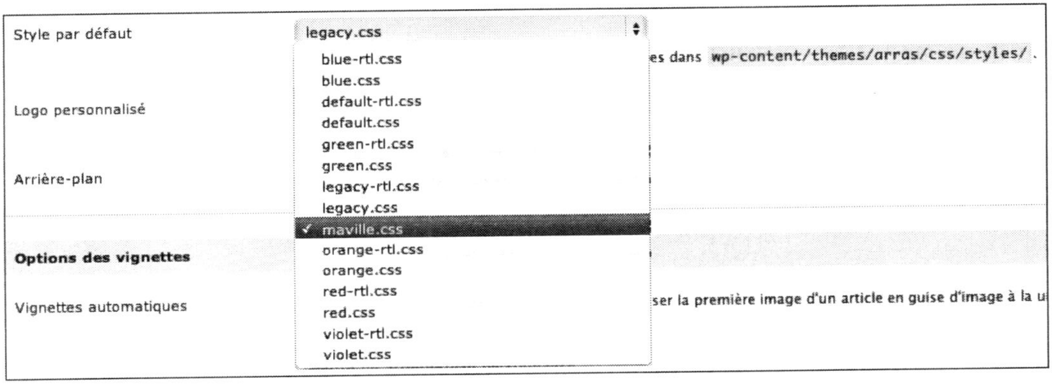

6. Des outils de développement dans les navigateurs

Pour bien comprendre comment est structurée et mise en forme une page web, vous pouvez utiliser **Firefox** avec les extensions **Firebug** (https://addons.mozilla.org/fr/firefox/addon/1843/) et **Web Developer** (https://addons.mozilla.org/en-US/firefox/addon/60/).

Voici une copie d'écran d'analyse du site avec Firebug :

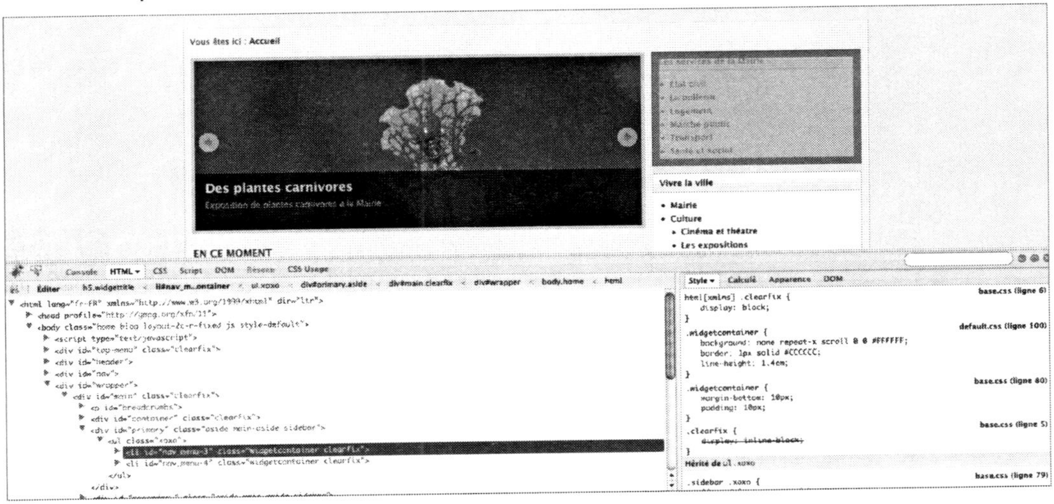

Vous pouvez aussi utiliser **Safari** en activant le menu **Développement** et utiliser l'**Inspecteur web**.

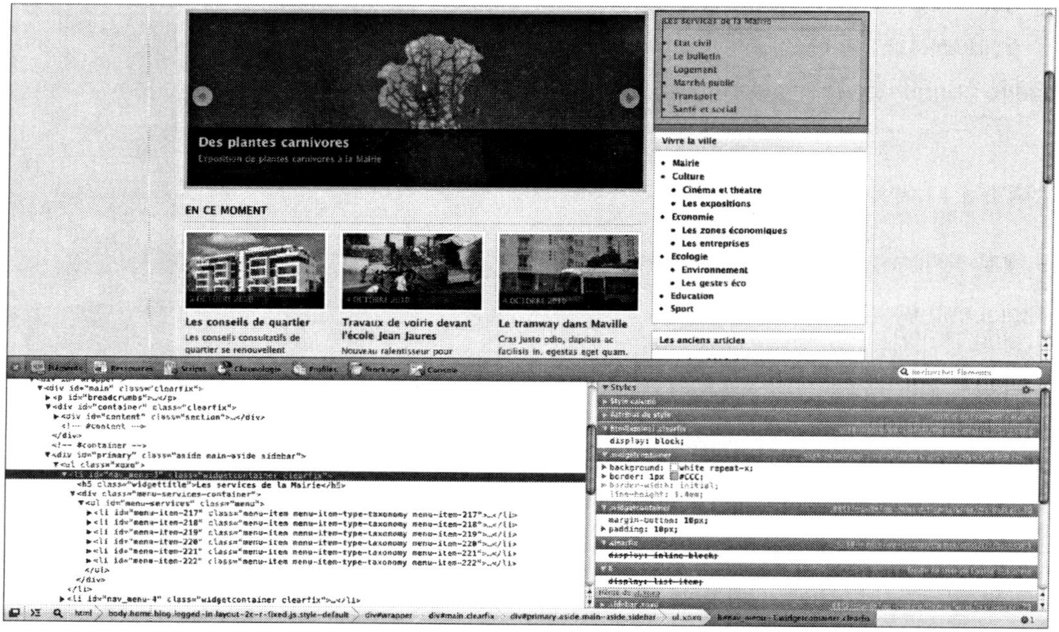

En utilisant ces deux outils, vous allez pouvoir afficher tous les éléments HTML constituant la page web étudiée (`<head>`, `<div>`, `<h1>`, `<p>`, `<img>`, `<span>`...) ainsi que leurs styles CSS associés. Ainsi vous pourrez parfaitement comprendre comment est « fabriquée » une page web.

7. Le fichier user.css

Toutes les modifications que nous allons apporter peuvent être réalisées dans les fichiers CSS sources. Mais utilisez plutôt le fichier **user.css** qui est justement fait pour les modifications utilisateurs. Cela permet de conserver intacts les fichiers CSS sources.

D. Personnalisation du bandeau supérieur

1. La structure des boîtes

La conception d'une mise en page CSS se fait avec des boîtes `<div>` (pour apprendre les techniques de mise en page, consultez l'ouvrage : CSS Réussir la mise en page de vos sites Web, du même auteur, chez le même éditeur).

C'est dans le fichier **header.php** qu'est inséré le bandeau supérieur. Le bandeau supérieur est structuré en trois boîtes `<div>` : **#top-menu**, **#header** et **#nav**. Ces deux dernières contenant elles-mêmes d'autres boîtes `<div>`.

Voilà la structure :

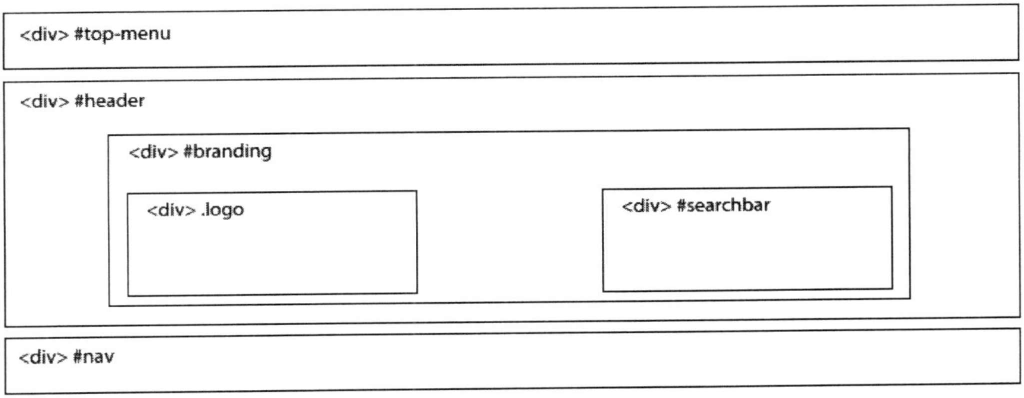

2. L'image de l'en-tête

Le thème Arras nous propose d'ajouter une image dans l'en-tête (boîte `<div>` **#header**), là où se trouve par défaut le nom du site.

- Dans l'administration du site, accédez à l'onglet **Arras - Options du thème - Mise en page**.
- Dans la zone **Logo personnalisé**, sélectionnez l'image du logo qui va apparaître dans le bandeau supérieur.

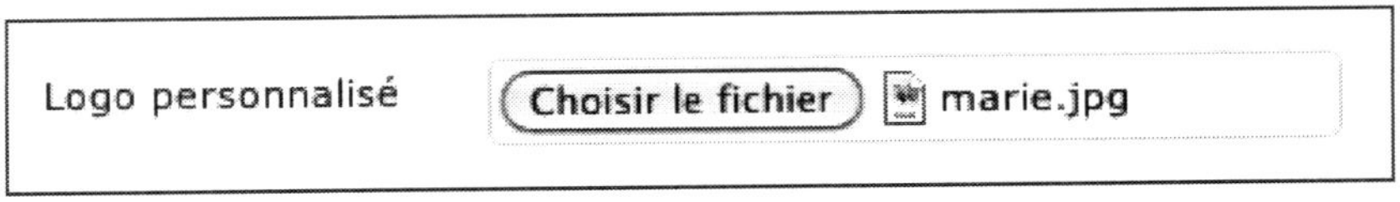

- En bas de l'écran, cliquez sur le bouton **Enregistrer les changements**.
- Affichez le site.

L'image est insérée à la place du nom du site. Elle est insérée dans un élément <a> et utilise le sélecteur **.blog-name a** du fichier **default.css** pour sa mise en forme. L'image est la valeur de la propriété **background** du style. Donc le lien vers la page d'accueil est toujours conservé. Le lien <a> est inséré dans un élément <h1> utilisant la classe **.blog-name** du fichier **default.css**.

Voilà la structure :

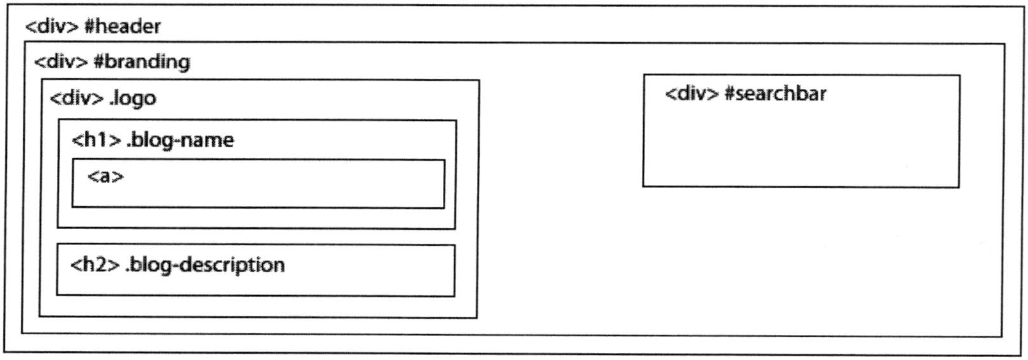

3. Le slogan de l'en-tête

Le texte qui apparaît sous l'image est le texte saisi dans le champ **Slogan**, dans le menu **Réglages - Général**.

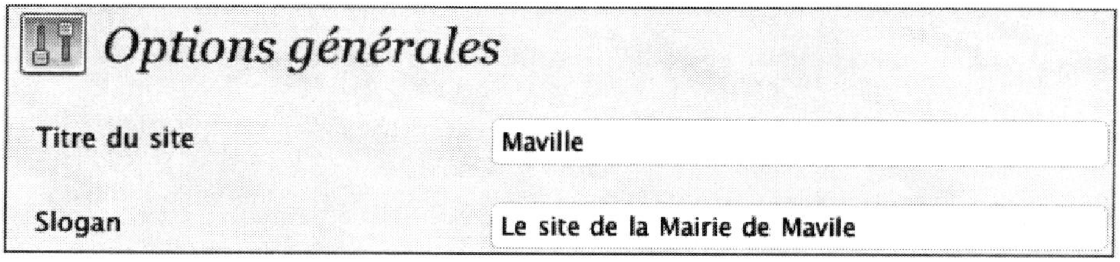

➧ Changez-le et cliquez sur **Enregistrer les modifications**.

Le texte est inséré dans un élément `<h2>` et la mise en forme de ce texte est entre autres effectuée par la classe **.blog-description** dans les fichiers **base.css** et **default.css**.

Si vous souhaitez personnaliser ce texte, utilisez le sélecteur contextuel **#header .blog-description** (car la classe **.blog-description** est utilisée dans d'autres boîtes) dans le fichier **user.css**. Exemple :

```
#header .blog-description {
    color: #ffffff;
}
```

4. L'affichage de l'en-tête

C'est la boîte `<div class="logo">` qui affiche l'image et le slogan. L'espace autour de l'image est créé avec la propriété **padding** définie dans la classe **.logo** du fichier **base.css** :

Pour réduire cet espace, modifiez les valeurs dans le fichier **user.css** :

```
#header .logo {
    padding: 10px 0;
}
```

5. La zone de recherche

Par défaut la zone de recherche se trouve au-dessus de l'image du bandeau. Nous allons la placer à droite du menu de navigation du haut.

➽ Ouvrez le fichier **header.php**.

- À la ligne 93, vous trouvez le marqueur pour afficher la zone de recherche : `<?php get_search_form() ?>`. Ce marqueur est inséré dans une boîte `<div id="searchbar">` pour sa mise en forme.
- Pour ne pas afficher cette zone de recherche, mettez cette ligne en commentaire : **<!--**`<div id="searchbar"><?php get_search_form() ?></div>`**-->**.

L'insertion de la barre de navigation est réalisée entre les lignes 66 et 80.

```
<div id="top-menu" class="clearfix">
<?php arras_above_top_menu() ?>
    <?php
    ...
    ?>
<?php arras_below_top_menu() ?>
</div>
```

- Insérez le marqueur avant la balise de fermeture de la boîte.

```
<div id="top-menu" class="clearfix">
<?php arras_above_top_menu() ?>
    <?php
    ...
    ?>
<?php arras_below_top_menu() ?>
<div id="searchbar"><?php get_search_form() ?></div>
</div>
```

- Enregistrez et affichez le site.

La zone de recherche n'est plus au-dessus de l'image... mais elle se situe sur la droite et sous la barre de navigation ! Nous allons la placer à droite de la barre de navigation du haut.

Toujours dans le fichier **header.php**, c'est dans la boîte `<div id="top-menu">` que se trouve le test PHP pour détecter si une barre de navigation est utilisée : `<?php arras_above_top_menu() ?>`.

Si la barre de navigation est utilisée, elle est alors insérée dans la boîte <div id="top-menu-content">, elle-même insérée dans la boîte <div id="top-menu">. Le formulaire de recherche est dans la boîte <div id="searchbar">, insérée dans **#top-menu**.

Nous allons centrer la boîte **#top-menu** dans la fenêtre du navigateur, en lui imposant une largeur fixe et en lui supprimant sa bordure inférieure qu'elle possède par défaut.

➧ Dans le fichier **user.css**, saisissez ces propriétés CSS :

```
#top-menu {
    width: 990px;
    margin: 0 auto;
    border: none;
}
```

Nous allons imposer une largeur à la boîte du menu et demander à la faire flotter sur sa gauche.

➧ Toujours dans le fichier **user.css**, saisissez ces propriétés CSS :

```
#top-menu-content {
    width: 700px;
    float:left;
}
```

Enfin nous allons modifier les marges de la boîte d'affiche du formulaire de recherche.

➧ Toujours dans le fichier **user.css**, saisissez ces propriétés CSS :

```
#searchbar {
    margin: 5px 3px 0 0;
}
```

➧ Enregistrez et affichez le site.

Le formulaire est un peu « gros », nous allons modifier cela. Le formulaire, élément HTML <form>, est mis en forme avec la classe **.searchform**. Mais cette classe est aussi utilisée dans une autre page (les résultats de la recherche), nous allons donc contextualiser la classe en utilisant le sélecteur **#searchbar**.

➧ Toujours dans le fichier **user.css**, saisissez ces propriétés CSS :

```
#searchbar .searchform {
    width: 200px;
    border-width: 1px;
    padding: 0;
}
```

Le champ de saisie (élément `<input type="text">`) doit être mis en forme avec le sélecteur contextuel **#searchbar .s** car la classe **.s** sera aussi utilisée dans une autre page.

➧ Toujours dans le fichier **user.css**, saisissez ces propriétés CSS :

```
#searchbar .s {
    width: 184px;
    font-size: 9px;
}
```

➧ Enregistrez et affichez le site.

Le bouton pour lancer la recherche est un élément `<input type="submit">` qui doit utiliser le sélecteur contextuel **#searchbar .searchsubmit** pour sa mise en forme. Car la classe **.searchsubmit** sera aussi utilisée dans une autre page. Cette classe, définie dans le fichier **default.css**, affiche l'image (`<img>`) de la petite loupe en arrière-plan.

6. Les couleurs d'arrière-plan

Les couleurs d'arrière-plan du bandeau supérieur dépendent du design choisi : **blue.css**, **red.css**... Là encore toutes les personnalisations des couleurs doivent être enregistrées dans le fichier **user.css**.

➧ Pour cet exemple, la boîte du menu de navigation du haut, **#top-menu**, prendra la même couleur que le **body** :

```
#top-menu {
    width: 990px;
    margin: 0 auto;
    border: none;
    background-color: #F0F0F0;
}
```

- Dans ce cas, le libellé des liens est trop clair, créez un sélecteur contextuel : **#top-menu-content .sf-menu li a**. Nous avons dans l'ordre : la boîte `<div>` d'affichage (**#top-menu-content**), la classe de la liste des liens (**.sf-menu**), les items de la liste (`li`) et le lien (`a`).

```
#top-menu-content .sf-menu li a {
    color: #333;
}
```

- Pour changer la couleur d'arrière-plan au survol des liens et du texte des liens, utilisez le sélecteur dynamique **:hover**.

```
#top-menu-content .sf-menu li a:hover {
    background: #000060;
    color: #fff;
}
```

- Changez à présent la couleur d'arrière-plan du bandeau contenant l'image-logo. C'est la boîte **#header**. Choisissez la couleur que vous souhaitez.

```
#header {
    background-color: #000032;
}
```

- Le **#header** a par défaut une bordure pleine de 5 pixels colorée. Vous pouvez modifier cette propriété.

  La couleur du texte du slogan se gère dans ce sélecteur **h2.blog-description** :

```
h2.blog-description {
    color: #c8ffff;
}
```

E. La barre de navigation

1. Les éléments affichés

La barre de navigation est insérée dans le fichier **header.php**. C'est la boîte `<div>` **#nav** qui contient tous les éléments. La barre de navigation contient la barre des menus et l'icône du flux RSS.

Voilà la structure de la barre de navigation :

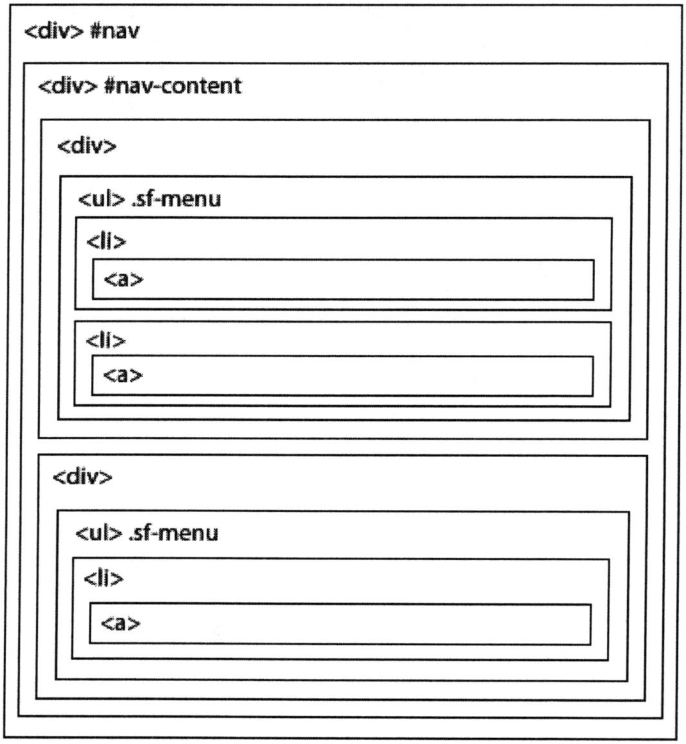

2. La barre des menus

- C'est la boîte `<div>` **#nav** qui contient la boîte de la barre de navigation, elle occupe toute la largeur de la fenêtre du navigateur. Vous pouvez par, exemple, modifier sa couleur d'arrière-plan dans le fichier **user.css**.

```
#nav {
    background: #000010;
}
```

La boîte `<div>` **#nav** contient une boîte **#nav-content** qui contient elle-même une autre boîte `<div>`.

Dans cette dernière boîte `<div>`, nous avons une liste non-ordonnée `<ul>` utilisant la classe **.sf-menu** qui contient tous les éléments du menu.

Chaque élément de la barre de navigation est un item <li> de la liste précédente. Le texte du lien est inséré dans un élément <a>, dans les <li>.

- Si vous souhaitez modifier la couleur du texte des liens, utilisez ce sélecteur contextuel :

```
#nav-content .sf-menu a {
    color: #e5e5e5;
}
```

- La couleur du texte des liens et de l'arrière-plan des liens au survol se modifie avec de nouveau le sélecteur dynamique **:hover**.

```
#nav-content .sf-menu a:hover {
    background: #666;
    color: #fff;
}
```

3. Le flux RSS

Sur la droite de la barre de navigation, nous trouvons l'icône du flux RSS pour que les visiteurs puissent être avertis lorsqu'un nouvel article est publié dans le site.

Dans la boîte <div> **#nav-content**, nous trouvons la liste non ordonnée <ul> utilisant la classe **.quick-nav** dont les propriétés CSS sont définies dans le fichier **base.css**. La liste ne contient qu'un seul item <li> (formaté dans le fichier **default.css**) qui contient l'élément <a> (formaté dans le fichier **default.css** avec comme image d'arrière-plan, l'icône classique des flux RSS).

Si vous jugez qu'il n'est pas nécessaire d'utiliser un flux RSS dans votre site, vous pouvez ne pas afficher cette zone.

- Ouvrez le fichier **/wp-content/themes/arras/library/template.php**.
- Mettez en commentaire, les lignes 297 à 301, avec <!-- devant la ligne 297 et --> après la ligne 301.

Vous pouvez aussi ne pas afficher l'élément <ul> du flux RSS dans le fichier **user.css** :

```
#nav-content ul.quick-nav {
    display:none;
}
```

F. La structure de la partie centrale du site

1. Les boîtes <div> imbriquées

Le site, hors bandeau supérieur est inséré dans une boîte `<div>` nommée **#wapper**. Elle contient deux autres boîtes : **#main** pour l'affichage de la partie principale du site et **#footer** pour le pied de page. La boîte **#main** contient un paragraphe pour le fil d'Ariane (**#breadcrumbs**), la boîte pour les articles à la une (**#container**), les deux boîtes pour les widgets de la sidebar (**#primary** et **#secondary**).

Voilà la structure des boîtes :

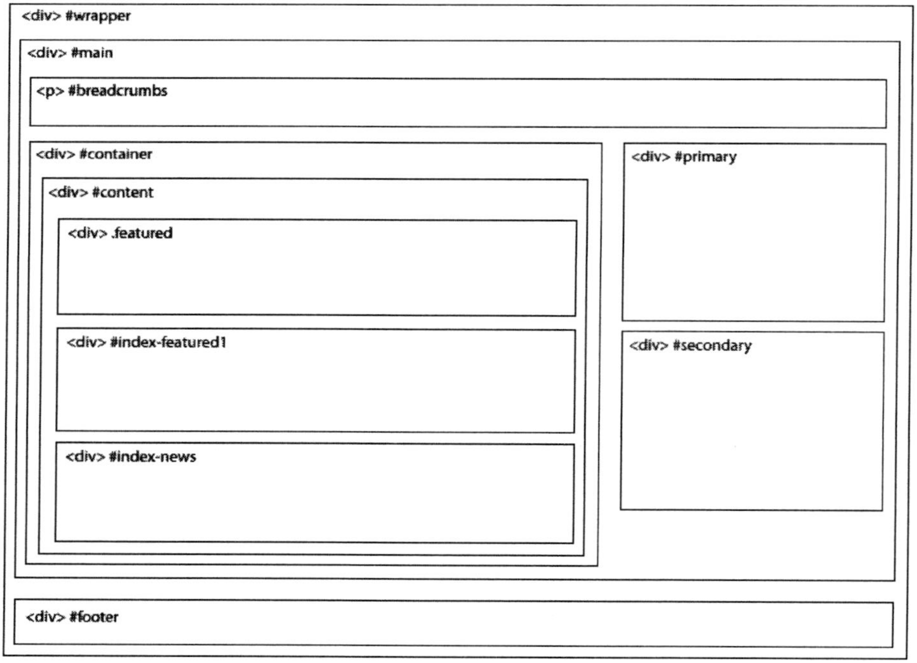

Le fichier **header.php** contient la balise d'ouverture de la boîte `<div>` **#wrapper** et celle de la boîte `<div>` **#main**. Il contient aussi le paragraphe `<p>` **#breadcrumbs** du fil d'Ariane. Pour finir, le **header.php** se termine par la balise d'ouverture de la boîte `<div>` **#container**.

Le fichier **home.php** contient la totalité de la boîte `<div>` **#content**.

Le fichier **sidebar.php** contient d'abord la balise de fermeture de la boîte `<div>` **#container**, puis les deux boîtes `<div>` **#primary** et **#secondary**.

Le fichier **footer.php** contient la balise de fermeture de la boîte `<div>` **#main**, la boîte `<div>` **#footer** complète et se termine par la balise de fermeture de la boîte `<div>` **#wrapper**.

2. L'arrière-plan de la boîte #wrapper

Le thème Arras vous propose de changer l'arrière-plan du site, de la boîte **#wrapper**, dans l'interface d'administration du thème. Cette boîte occupe toute la largeur de la fenêtre du navigateur.

- Dans le menu **Arras**, choisissez **Arrière-plan**.
- Cochez l'option **Activer l'arrière-plan personnalisé**.
- Vous pouvez appliquer une image avec plusieurs options ou changer la couleur d'arrière-plan.

➧ Cliquez sur le bouton **Enregistrer les changements**.

3. La boîte principale #main

La boîte **#main** affiche la zone principale du site, avec le fil d'Ariane, le conteneur des articles et la sidebar. Pour modifier la boîte, utilisez le fichier **user.css**.

```
#main {
    background-color: #e5e5e5;
    border: solid 1px black;
}
```

Dans cet exemple, nous définissons une couleur d'arrière-plan gris clair et une bordure pleine, de 1 pixel d'épaisseur et de couleur noire.

*La mise en forme originale (arrière-plan et bordure) est indiquée dans le fichier **default.css**.*

4. Le fil d'Ariane

Le fil d'Ariane (inséré avec l'extension YOAST Breadcrumb) est affiché dans un paragraphe <p> ayant comme identifiant **#breadcrumbs**. Toujours dans le fichier **user.css**, vous pouvez personnaliser la mise en forme de ce paragraphe, en utilisant les propriétés CSS que vous souhaitez.

Voici un exemple de personnalisation :

```
#breadcrumbs {
    padding: 3px;
    packgrcund-color: #fff;
    border: solid 1px #ccc;
    font-size: 9px;
}
```

*Pour rappel, le fil d'Ariane est inséré dans le fichier **header.php**.*

5. Les boîtes de contenu

Les deux boîtes affichant le contenu, **#container** et **#content**, peuvent elles aussi être personnalisées dans le fichier **user.css**. Ces boîtes n'ont originellement que des propriétés de structure (largeur, flottement, affichage...), pas de mise en forme visuelle à proprement parler.

G. Les articles à la une

1. Les trois types d'articles à la une

Nous avons utilisé trois types d'articles à la une, nommés respectivement dans l'administration du thème Arras :

- le **Diaporama** qui s'affiche en premier, en haut, avec des images qui défilent,
- le **Contenu à la une #1** qui affiche les articles en blocs,
- et les **Options des actualités** qui affichent les articles en ligne.

Pour rappel, ces trois zones d'affichage des articles à la une sont incluses dans la boîte `<div>` ***#content**, dans le fichier **home.php**.*

2. Le diaporama

Voici la structure des boîtes utilisées pour afficher le diaporama :

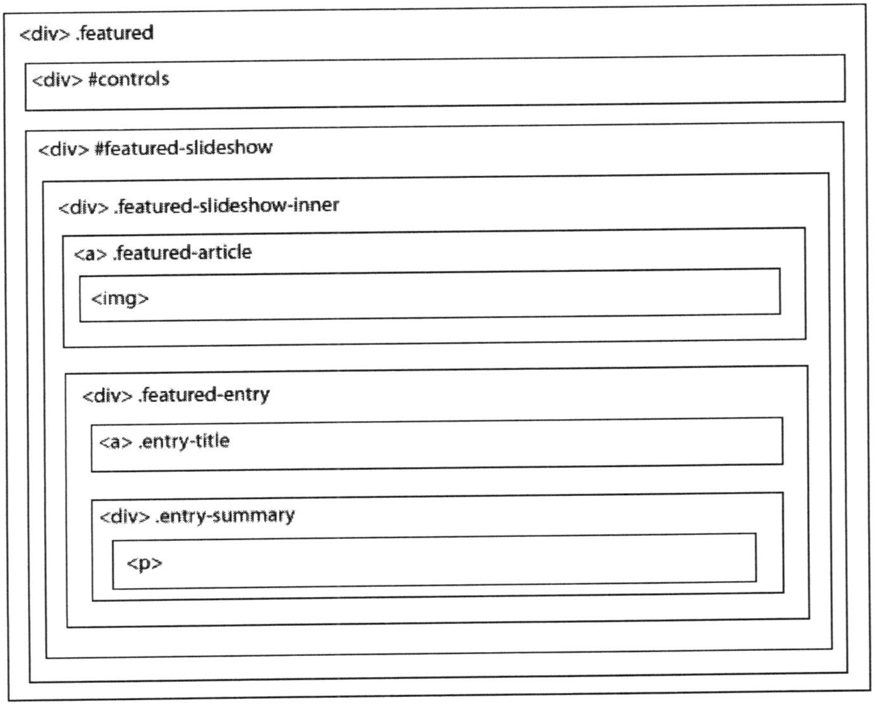

Le diaporama est inséré dans la boîte `<div>` utilisant la classe **.featured** dont la mise en page dans le fichier **base.css**, indique les marges différenciées (`margin: 0 10px 20px 0;`) et une hauteur fixée à 260 pixels.

Dans cette boîte `<div class="featured">`, nous trouvons la boîte **#controls** pour afficher les boutons de navigation dans le diaporama.

Toujours dans la boîte `<div class="featured">`, nous trouvons la boîte **#featured-slideshow** pour afficher le contenu du diaporama. La mise en forme dans le fichier **default.css** indique une bordure pleine de 5 pixels grise (`border: 5px solid #CCC;`). Libre à vous de modifier ces propriétés dans le fichier **user.css**.

Dans la boîte **#featured-slideshow** se trouvent les boîtes `<div>` utilisant la classe **.featured-slideshow-inner** qui affichent chaque diapositive. Chacune de ces boîtes contient un lien `<a>` intégrant les images `<img>` du diaporama. C'est ce lien qui dirige l'internaute vers l'image cliquée. Ces boîtes ont une hauteur fixée à 25 pixels.

C'est la boîte `<div>` utilisant la classe **.featured-entry** qui affiche le titre et le résumé de chaque article. La mise en forme est définie dans le fichier **default.css**. Si vous voulez le personnaliser, faites-le dans le fichier **user.css**.

Exemple de personnalisation, avec modification de la couleur d'arrière-plan et de la bordure :

```
.featured-entry {
    background-color: white;
    border: solid 1px #000;
}
```

Dans la boîte `<div>` précédente, le titre de l'article est affiché dans un élément `<a>` associé à la classe **.entry-title**. Sa mise en forme se trouve dans le fichier **default.css**. Pour le personnaliser, utilisez le sélecteur contextuel **.featured-entry .entry-title** dans le fichier **user.css**, car la classe **.entry-title** est utilisée dans d'autres pages que la page d'accueil.

Exemple :

```
.featured-entry .entry-title {
    color: #000;
    font-variant: small-caps;
}
```

Toujours dans la boîte <div class=".featured-entry">, nous trouvons une boîte <div> utilisant la classe **.entry-summary**, contenant un paragraphe <p> permettant d'afficher le résumé. Dans le fichier **user.css**, utilisez ce sélecteur contextuel (la classe **.entry-summary** est aussi utilisée dans d'autres pages) pour la mise en forme :

```
.featured-entry .entry-summary {
    color: #000;
}
```

3. Le contenu à la une #1

L'affichage des articles à la une en mise en page bloc, fait appel à de très nombreuses boîtes <div> et autres éléments HTML (<a>, <ul>...).

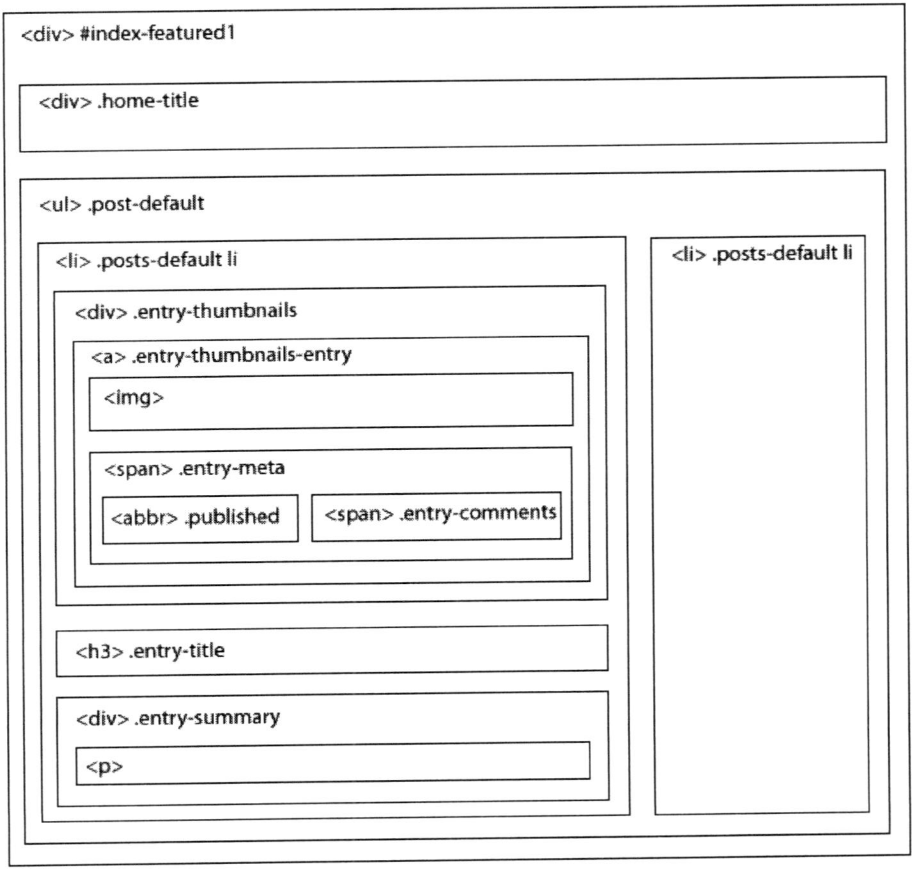

C'est la boîte <div> **#index-featured1** qui permet l'affichage des articles à la une. Vous pouvez la personnaliser en utilisant le sélecteur **#index-featured1** dans le fichier **user.css**.

*Le sélecteur **#index-featured1** va nous servir à contextualiser les mises en forme CSS de plusieurs classes qui sont utilisées dans plusieurs types de page différents.*

Le titre **En ce moment** est affiché dans une boîte <div> utilisant la classe **.home-title** dont la mise en forme est indiquée dans le fichier **default.css** (`{ text-transform: uppercase; font-weight: 700; font-size: 14px; padding: 0 3px 8px; border-bottom: 1px solid #DDD; margin: 0 15px 10px 0; color: #333; }`). Libre à vous de modifier ces propriétés dans le fichier **user.css**.

Chaque bloc est un item (<li>) d'une liste non ordonnée (<ul class="posts-default">).

La vignette et les informations de l'article sont affichées dans une boîte <div> utilisant la classe **.entry-thumbnails** qui impose une largeur de 205 pixels et une hauteur de 120 pixels. Si vous souhaitez modifier les propriétés CSS, utilisez le sélecteur contextuel **#index-featured .entry-thumbnails**, car cette classe est utilisée dans d'autres pages.

Cette boîte <div class="entry-thumbnails"> contient un lien <a> utilisant la classe **.entry-thumbnails-link**. Ce lien permet d'afficher l'article cliqué. La classe indique un arrière-plan blanc et une bordure (`{ border: 1px solid #E1E1E1; background: #FFF; }`). Libre à vous de modifier ces propriétés dans le fichier **user.css** avec le sélecteur contextuel **#index-featured1 .entry-thumbnails-link**, car cette classe sera aussi utilisée dans d'autres pages.

Le lien <a> contient l'image (<img>), la date de publication et le nombre de commentaires dans un élément <span> qui utilise la classe **.entry-meta**. La mise en forme de cette classe se fait dans le fichier **default.css**. Cette classe est aussi utilisée dans d'autres pages, il convient alors de contextualiser son utilisation avec **#index-featured1**, pour ne l'appliquer qu'à cette page.

Exemple de modification dans le fichier **user.css** :

```
#index-featured1 .entry-meta {
    background-color: #fff;
    opacity:1;
}
```

La date de publication est affichée dans un élément <abbr> utilisant la classe **.published**. La mise en forme est précisée dans le fichier **default.css**, à vous de modifier celle-ci dans le fichier **user.css** avec le sélecteur contextuel **#index-featured1 .published**.

Dans notre site, nous n'avons pas besoin des commentaires. Bien que nous ayons précisé que nous ne voulions pas de commentaires dans le site (dans l'administration, menu **Réglages - Discussion**), le thème Arras affiche le nombre de commentaires dans les articles à la une. Nous allons tout simplement demander à ce que le nombre de commentaires ne soit pas affiché. Dans le fichier **user.css**, utilisez le sélecteur contextuel qui affiche les commentaires avec la propriété **display** à **none** :

```
#index-featured1 .entry-comments {
    display: none;
}
```

Le titre de l'article est inséré dans un élément `<h3>` utilisant la classe **.entry-title**. Sa mise en forme se fait dans le fichier **default.css** et **base.css**. Comme toujours, utilisez le fichier **user.css** avec le sélecteur **#index-featured1 .entry-title** pour la personnalisation. Exemple :

```
#index-featured1 .entry-title {
    font-variant: small-caps ;
}
```

*La couleur du texte doit être modifiée dans les sélecteurs **a**, **a:link** et **a:visited**, avec toujours le contexte **#index-featured1**.*

Le résumé est inséré dans un paragraphe `<p>` placé dans la boîte `<div>` utilisant la classe **.entry-summary**. Comme toujours, utilisez le fichier **user.css** avec le sélecteur **#index-featured1 .entry-summary** pour la personnalisation.

4. La zone Options des actualités

Les articles à la une se terminent par la liste des brèves, affichée dans la zone nommée **Options des actualités** dans l'interface d'administration du thème Arras.

Voici sa structure :

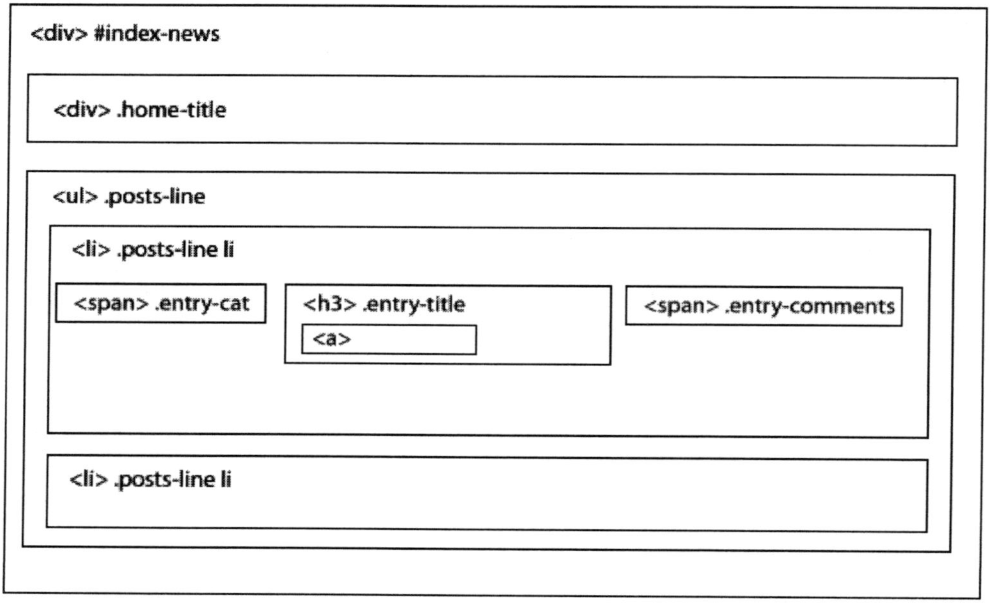

La boîte `<div>` **#index-news** affiche la liste des brèves. Vous pouvez personnaliser son affichage en utilisant le sélecteur **#index-news** dans le fichier **user.css**.

Le titre de cette zone est affiché dans la boîte `<div>` utilisant la classe **.home-title**, déjà utilisée dans l'affichage du titre des articles de la zone **En ce moment**. Donc utilisez ce sélecteur pour toute modification : **#index-news .home-title**.

Chaque brève est un item `<li>` utilisant le sélecteur **.posts-line li**, d'une liste non-ordonnée `<ul>`, utilisant la classe **.posts-line**. La classe **.posts-line** utilise des propriétés CSS dans les fichiers **default.css** et **base.css**. Les propriétés CSS de **.posts-line li** précisent une ligne grise et un remplissage haut et bas. Exemple d'une modification pour chaque ligne, dans le fichier **user.css** :

```
#index-news .posts-line li {
    border-bottom: solid 2px #000050;
}
```

Dans la liste des brèves, le nom de la catégorie est inséré dans un élément `<span>` utilisant la classe **.entry-cat**. Nous n'avons pas besoin d'afficher ces rubriques. Dans le fichier **user.css** passez la propriété **display** à **none** :

```
#index-news .entry-cat {
    display: none;
}
```

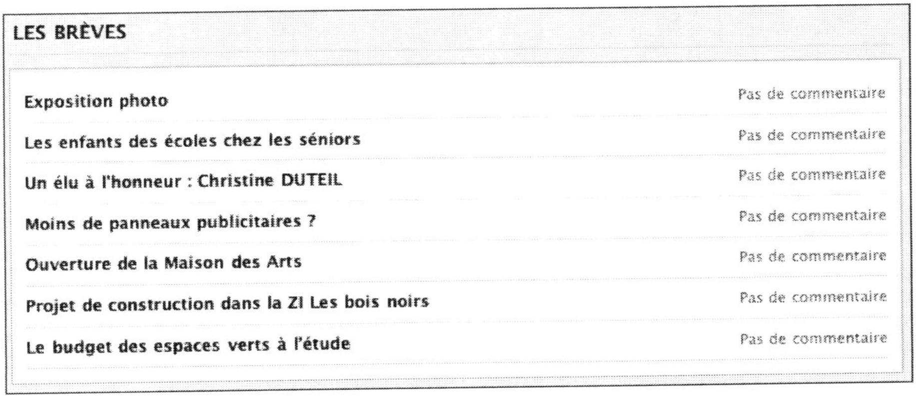

Nous pourrions utiliser le même principe pour les commentaires :

```
#index-news .entry-comments {
    display: none;
}
```

Voilà ce que nous aurions à l'affichage :

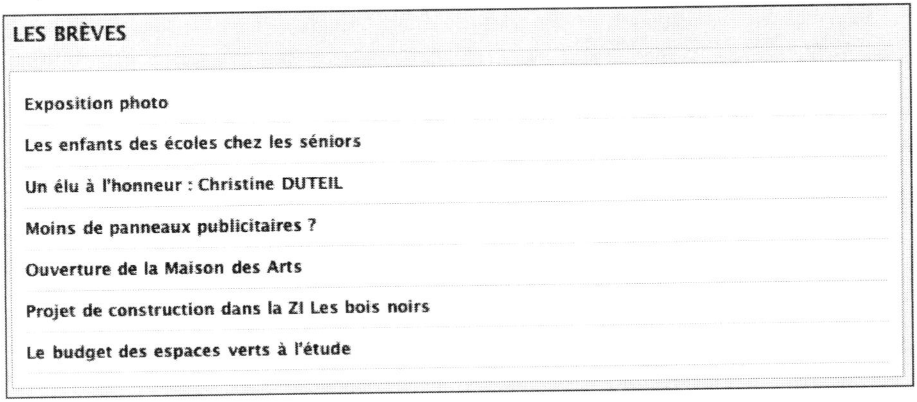

Nous allons plutôt conserver cet espace pour afficher la date de publication de l'article avec le marqueur **the-date()**.

- Ouvrez le fichier **/wp-content/themes/arras/librairy/tapestries.php**. À la ligne 118, vous avez le code qui permet l'insertion du nombre de commentaires :

```
<span class="entry-comments"><?php comments_number() ?></span>
```

- Mettez en commentaire le marqueur du nombre de commentaires, pour ne pas le supprimer définitivement :

```
<span class="entry-comments"><!--<?php comments_number() ?>--></span>
```

- Puis ajoutez le marqueur de la date avec, en argument facultatif, un texte qui apparaîtra avant la date :

```
<span class="entry-comments"><!--<?php comments_number() ?>--><?
php the_date('','Publi&eacute;-le : '); ?></span>
```

Voici le résultat à l'affichage :

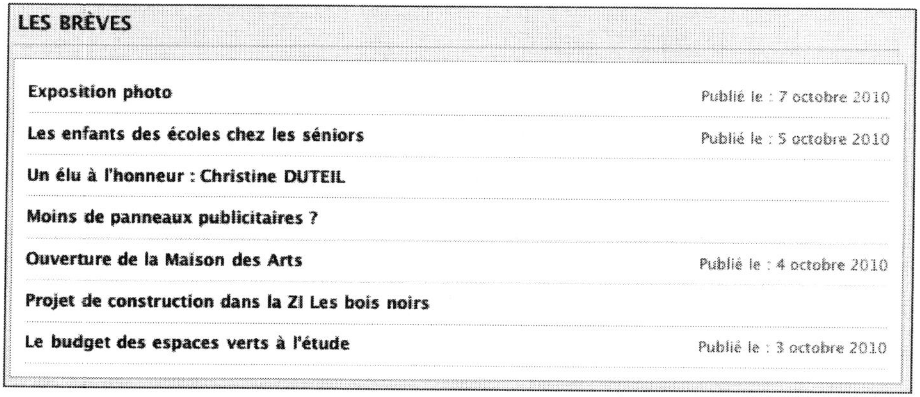

5. Lire la suite des articles à la une

S'il y a plus d'articles rédigés à la une que le nombre maximal à afficher, un bouton **Articles plus anciens** apparaîtra. Ce bouton est dans la boîte `<div>`**#index-news**. La boîte `<div>` du bouton utilise la classe **.navigation** dont les propriétés sont définies dans le fichier **base.css**. Cette boîte contient une autre boîte `<div class="float-left">` contenant un lien `<a>`, contenant lui-même le texte **Articles plus anciens**. Ce texte provient du fichier de traduction **fr_FR.mo** situé dans **/wp-content/themes/arras/fr_FR.mo**. Il faut éditer le fichier source **fr_FR.po** avec un éditeur spécialisé comme POEdit (http://www.poedit.net/) pour traduire les chaînes de caractères de l'interface.

La boîte `<div>` **#index-news** est insérée dans la boîte `<div>` **#content**, au sein du fichier **home.php**.

H. Les widgets du bas

1. Les zones Bottom Content

Nous avons utilisé deux widgets (**Texte** et **Liens**) dans les emplacements prédéfinis **Bottom Content#1** et **Bottom Content#2**.

*Ces deux widgets sont insérés dans deux boîtes `<div>`, nommées **#bottom-content1** et **#bottom-content2**. Elles sont placées dans la boîte `<div>` **#content**, dans le fichier **home.php**.*

2. Le Bottom Content#1

Le widget **Texte** est placé sur la gauche.

Voici la structure utilisée des boîtes `<div>`.

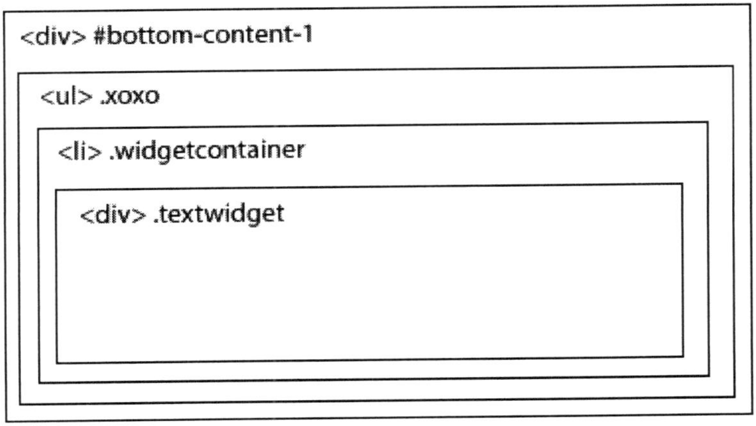

La boîte `<div>` **#bottom-content1** est une boîte flottante à gauche d'une largeur de 320 pixels. Ses propriétés complètes sont définies dans le fichier **base.css**. Elle contient l'élément `<ul>` utilisant la classe **.xoxo** définie dans **base.css**.

C'est l'item de liste `<li>` utilisant la classe **.widgetcontaineur** qui affiche la zone grisée. Les propriétés sont définies dans le fichier **default.css**. Comme toujours, utilisez le fichier **user.css** pour personnaliser la mise en forme. Utilisez un sélecteur contextuel pour ne modifier que l'emplacement **#bottom-content-1**.

Exemple de mise en forme personnalisée :

```
#bottom-content-1 .widgetcontainer {
    background-color: #bfbfbf;
    border: solid 2px #7f7f7f;
}
```

Enfin c'est la boîte `<div>` utilisant la classe **.textwidget** qui contient le texte du widget. Là encore, utilisez un sélecteur contextuel dans le fichier **user.css** pour personnaliser le texte.

```
#bottom-content-1 .textwidget {
    color: #fff;
}
```

3. Le Bottom Content#2

Le widget **Liens** est placé sur la droite.

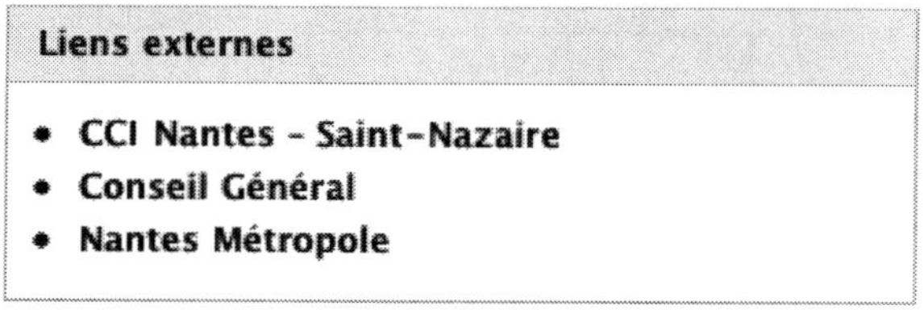

Voici la structure de l'emplacement **Bottom Content#2** avec sa liste de liens.

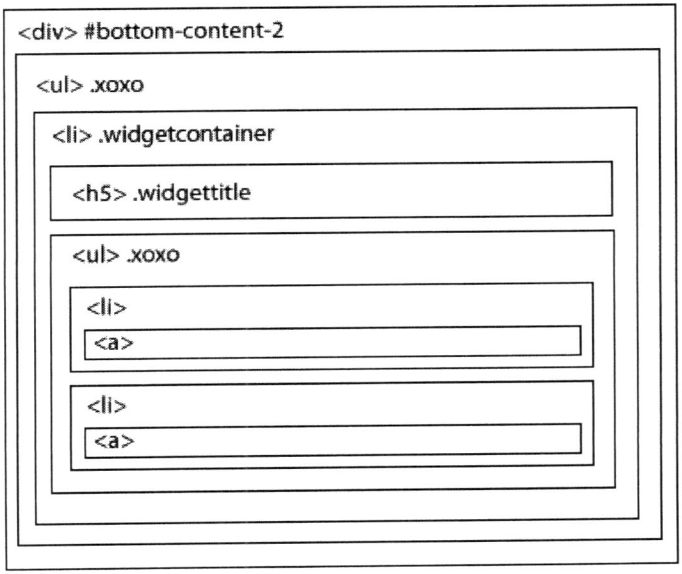

Vous retrouvez une structure assez similaire à la précédente.

Les propriétés de la boîte `<div>` **#bottom-content-2** sont définies dans le fichier **base.css**, comme celles de la classe **.xoxo** de la liste `<ul>`.

Ce sont les propriétés de la classe **.widgetcontainer** qui affichent le fond gris et la bordure extérieure. Ces propriétés sont définies dans **default.css**.

Par défaut le titre **Liens externes** du widget est affiché. Le titre `<h5>` reprend le nom de la catégorie de liens définie dans l'administration du site. Si vous ne souhaitez pas afficher ce titre, modifiez la propriété **display** dans le fichier **user.css** :

```
#bottom-content-2 h5 {
    display: none;
}
```

Les liens sont des items `<li>` d'une nouvelle liste `<ul class="xoxo">` dont les propriétés sont définies dans le fichier **base.css**.

I. La colonne latérale - la sidebar

1. Les widgets présents

Nous avons utilisé la sidebar avec ses deux emplacements prédéfinis : **Primary Sidebar** et **Secondary Sidebar #1**. Dans ces emplacements, nous avons placé plusieurs widgets : **Menu personnalisé**, **Archives**, **Nuage de mots-clefs** et **WordPress Popular Posts**. Ces widgets sont présents dans l'exemple de ce livre, mais vous en avez peut-être mis d'autres... Donc vous devez bien comprendre que les widgets vont être insérés dans des éléments HTML différents selon le type de widget utilisé. Mais la structure des boîtes est la même.

*Pour rappel, les widgets sont insérés dans des boîtes `<div>` placées dans le fichier **sidebar.php**.*

2. La Primary Sidebar

Dans cet exemple de site, nous avons placé dans ce premier emplacement prédéfini deux menus personnalisés : **Les services de la Mairie** et **Vivre la ville**.

La structure est très similaire à celle vue précédemment :

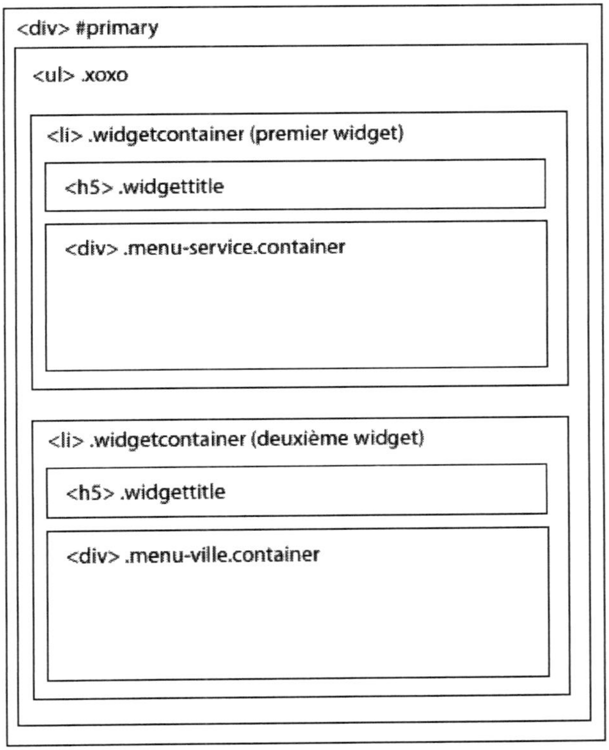

C'est la boîte `<div>` **#primary** qui affiche l'emplacement prédéfini **Primary Sidebar**. Sa mise en page est fixée dans le fichier CSS correspondant à la mise en page choisie par l'administrateur du site, dans les fichiers **1c-fixed.css**, **2c-l-fixed.css**... que nous avons évoqué en début de chapitre.

Nous retrouvons la liste `<ul>` et sa classe **.xoxo**. Chaque widget ajouté est inséré dans un élément `<li>` utilisant la classe **.widgetcontainer**. Chaque `<li>` de chaque widget est identifié avec un id généré dynamiquement. Pour modifier la mise en forme des deux éléments `<li>`, utilisez ce sélecteur contextuel dans le fichier **user.css** :

```
#primary li.widgetcontainer {
    border: solid 2px #000;
    margin-bottom: 15px;
}
```

Faites de même pour les titres <h5> de chaque widget :

```
#primary h5 {
    color:#000030;
}
```

*L'aspect original en dégradé au fond du titre <h5> est dû à l'utilisation d'une image d'arrière-plan : **/wp-content/themes/arras/images/feed-title-white.jpg***

Chaque contenu des widgets est affiché dans une boîte <div> avec sa classe qui dans cet exemple reprend le nom du menu personnalisé. Si vous souhaitez modifier la mise en forme de cette boîte <div>, utilisez ce sélecteur : **#primary .menu-services-container {}** pour le premier widget.

3. La Secondary Sidebar 1#

Nous avons le même type de structure. Dans l'exemple ci-dessous, trois widgets sont insérés : **Archives**, **Nuage de mots-clefs** et **WordPress Popular Posts**.

Voici la structure de l'emplacement **Secondary Sidebar #1**, nous retrouvons le même principe que précédemment :

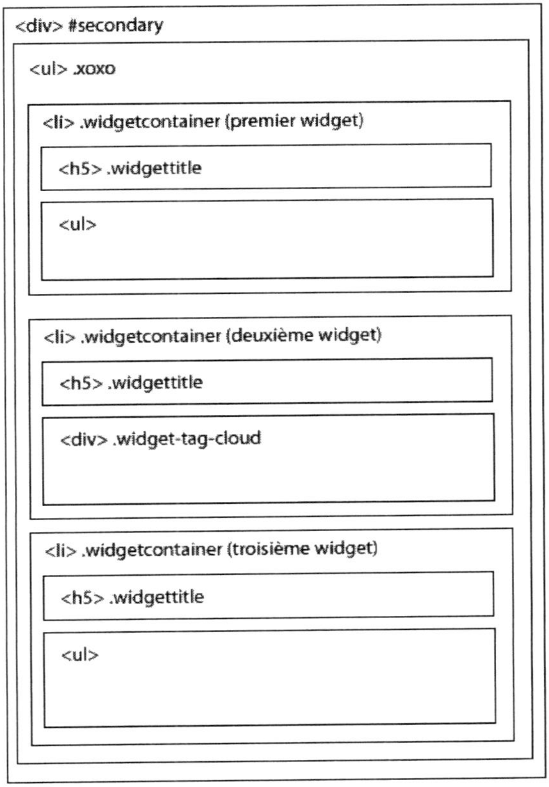

Tout ce que nous avons vu précédemment concernant les modifications de mise en forme est parfaitement applicable, de la même manière, pour ce deuxième emplacement prédéfini. Comme toujours, utilisez le fichier **user.css** avec le sélecteur **#secondary** pour contextualiser les styles CSS.

J. Le pied de page - le footer

1. Les widgets

Dans l'exemple de ce site, nous n'avons pas utilisé de widget dans l'emplacement prédéfini **Footer Sidebar #1**. Mais si vous ajoutez un widget dans cet emplacement, vous allez retrouver la même structure que celle vue pour la sidebar.

2. Le contenu du pied de page

Voilà le pied de page que nous avons :

Voilà la structure des boîtes :

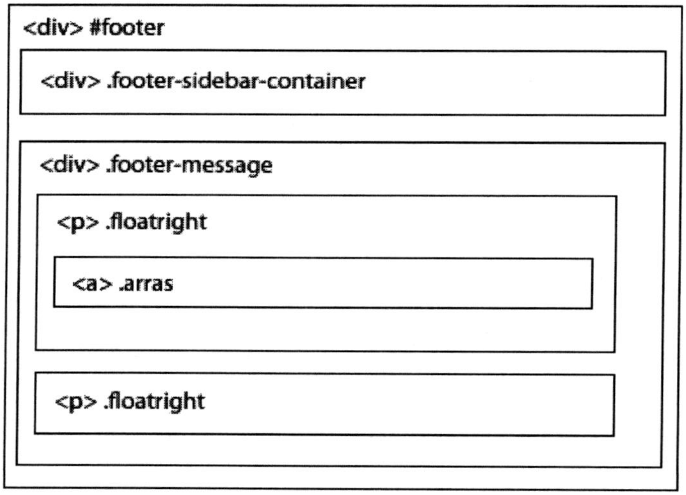

C'est la boîte `<div>` ***#footer*** *qui affiche le pied de page. Elle est insérée dans le fichier* ***footer.php****.*

Sa mise en forme et mise en page est précisée dans les fichiers **base.css** et **default.css**. Comme toujours vous pouvez modifier cela dans le fichier **user.css**. Exemple :

```
#footer {
    background-color: #fff;
    border: solid 2px #000;
}
```

Le modèle prévoit l'emplacement pour les widgets placés dans le **Footer Sidebar #1** avec la boîte <div> utilisant la classe **.footer-sidebar-container**. Même si nous n'en utilisons pas, la zone est affichée (voir la copie d'écran ci-dessus), ce qui est une perte de place. Nous allons de nouveau utiliser la propriété **display** à **none** :

```
#footer .footer-sidebar-container {
    display: none ;
}
```

Le texte **Copyright Maville. All Rights Reserved** qui apparaît à gauche du pied de page est inséré dans la boîte <div> utilisant la classe **.footer-message**, dans le paragraphe <p> utilisant la classe **.floatright**. Ce texte a été saisi dans le menu **Arras - Options du thème**, onglet **Options générales**, dans la zone **Options du pied de page**, dans le champ de saisie **Footer Message**.

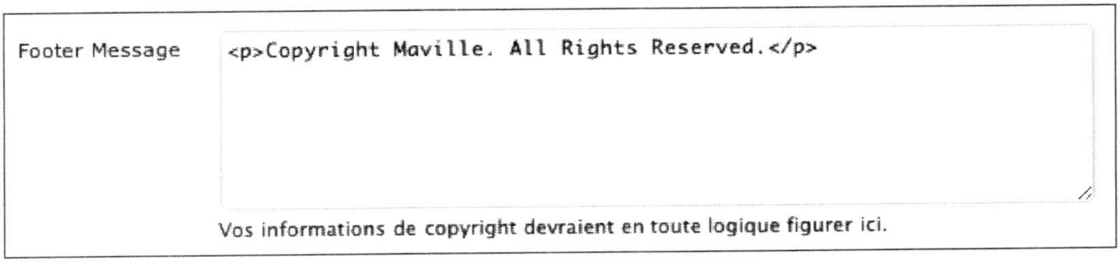

Vous pouvez effectuer une mise en forme HTML dans ce champ de saisie.

Le texte **À propos du thème Arras** qui apparaît à droite est inséré dans le code du fichier **footer.php**. Il est d'usage de laisser un lien vers le site des concepteurs du thème. Mais si, malgré tout, vous ne voulez pas le laisser apparaître, vous pouvez utiliser de nouveau la propriété **display** à **none** comme nous l'avons fait de nombreuses fois. Vous pouvez aussi profiter de cet espace pour insérer un autre lien vers votre site, si vous êtes vous-même concepteur de sites web.

- Ouvrez le fichier **/wp-content/themes/arras/footer.php**. À la ligne 22, vous avez ce code :

```
<p class="floatright"><a class="arras"
href="http://www.arrastheme.com/"><strong><?php _e('About Arras
WordPress Theme', 'arras') ?></strong></a></p>
```

- Mettez en commentaire l'insertion dynamique du texte existant :

```
<p class="floatright"><a class="arras"
href="http://www.arrastheme.com/"><strong><!--<?php _e('About
Arras WordPress Theme', 'arras') ?>--></strong></a></p>
```

- Ajoutez votre lien et votre texte :

```
<p class="floatright"><a class="arras"
href="http://www.netplume.net/"><strong>Conception et
r&eacute;alisation : Christophe AUBRY - netPlume<!--<?php
_e('About Arras WordPress Theme', 'arras') ?>--></strong></a></p>
```

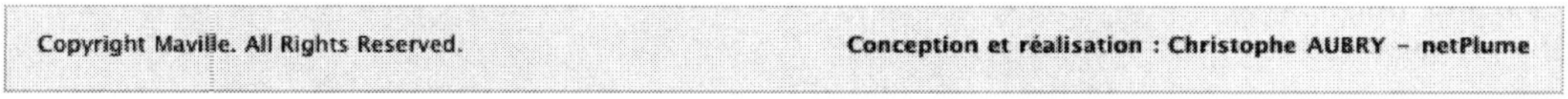

K. Les articles seuls

Rappelons qu'un article est qualifié de « **seul** » lorsqu'il est affiché tout seul à l'écran, suite à un clic de l'utilisateur sur cet article depuis la page d'accueil par exemple, ou depuis une liste d'articles ou une recherche...

*C'est le fichier **single.php** qui gère les articles seuls.*

1. Le paramétrage dans l'administration

Nous l'avons vu précédemment, nous pouvons afficher ou pas des informations concernant les articles.

- Dans le menu **Arras**, choisissez **Options du thème**, onglet **Présentation**.
- Dans la zone **Options des articles seuls**, vous pouvez choisir ce que vous voulez afficher ou pas.

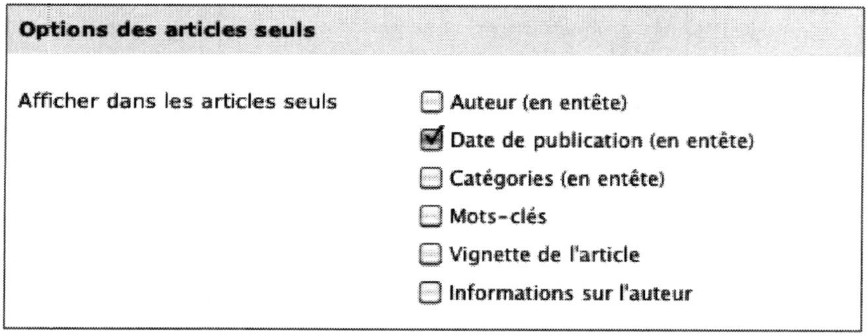

Voici un article affiché avec les options ci-dessus :

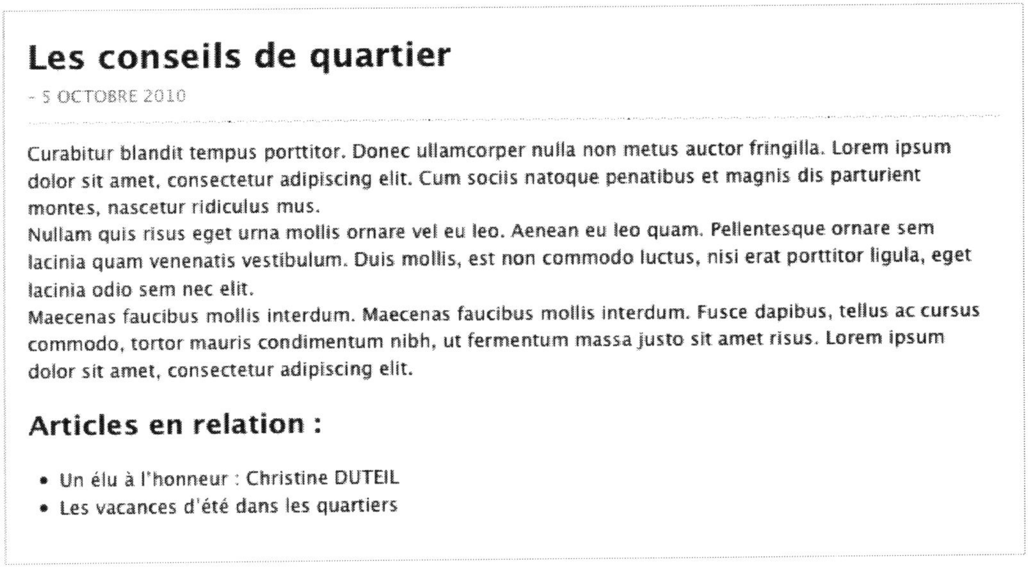

Vous remarquez la présence d'un tiret devant la date. C'est le caractère qui est utilisé pour séparer les informations sur l'article. Il nous est inutile ici. Nous allons le supprimer et ajouter un texte devant la date.

- Ouvrez le fichier **filters.php** dans **/wp-content/themes/arras/library/filters.php**.
- Allez à la ligne 42, vous avez le code :

```
$postheader .= ' &ndash; <abbr class="published" title="' .
get_the_time('c') . '">' . get_the_time(get_option('date_format'))
. '</abbr>';
```

C'est l'entité de caractères `–` qui permet l'insertion du caractère tiret.

Vous notez la présence du marqueur get_the_time().

- À la place du `–`, saisissez par exemple : `Publié le :`.
- Enregistrez et affichez un article seul.

2. La structure des boîtes

Les articles seuls sont insérés dans les boîtes `<div>` **#wrapper**, **#main**, **#container** et **#content** que nous avons déjà évoquées.

Voici la structure d'un article seul :

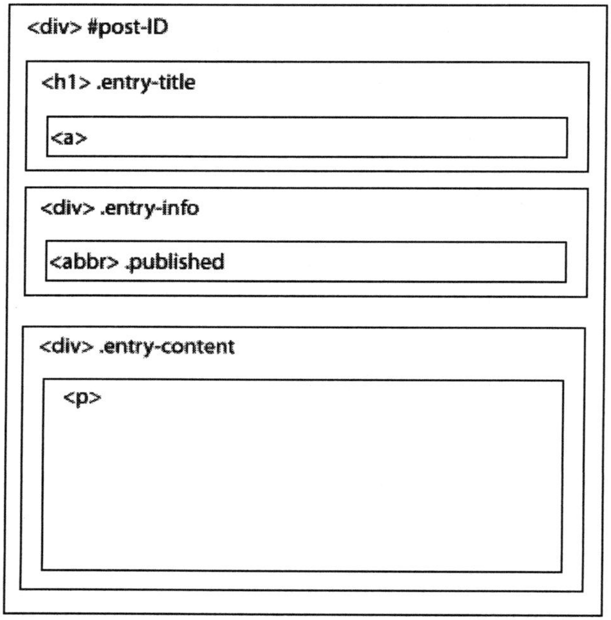

Chaque article est inséré dans une boîte `<div>` ayant un identifiant généré dynamiquement. L'identifiant est **#post-numéroDarticle**. Si l'article a l'ID **59** dans l'administration du site, son identifiant CSS est **#post-59**. Cette boîte utilise de nombreuses classes pour sa mise en forme. Citons **.single .post** et **#main .single-post** pour la bordure et l'arrière-plan dans le fichier **default.css** et **.single-post** pour les marges, les remplissages dans le fichier **base.css**.

Voici un exemple de modification de la mise en forme de la boîte `<div>` des articles, dans le fichier **user.css**, en utilisant un sélecteur **#content** en premier sélecteur, pour être prioritaire devant celui du thème.

```
#content .single-post {
    background-color: #bfbfbf;
    border: solid 2px #333;
}
```

Le titre de chaque article est inséré dans un élément <h1>, le texte étant dans un lien <a>. L'élément <h1> utilise les classes : **.single .post .entry-title** et **.single-post .entry-title**, décrites dans les fichiers **default.css** et **base.css**. Voici un exemple de modification pour le titre :

```
.single-post .entry-title {
    font-variant: small-caps;
}
```

Les informations qui apparaissent sous le titre sont insérées dans la boîte <div> utilisant la classe **.entry-info**, mise en forme dans les fichiers **default.css** et **base.css**. Voilà un exemple de personnalisation en utilisant le sélecteur **#content** en premier sélecteur, pour être prioritaire devant ceux du thème :

```
#content .single-post .entry-info {
    font-size: 9px ;
}
```

La date de publication utilise l'élément <abbr> avec la classe **.published**, que nous avons déjà vue en début de chapitre pour la mise en forme des dates dans les articles à la une. Il faut donc contextualiser le sélecteur pour n'appliquer la mise en forme qu'aux articles seuls :

```
.single-post .published {
    color:#000;
    background-color: #CCC;
}
```

Enfin, le texte de l'article est inséré dans un paragraphe <p>, dans une boîte <div> utilisant la classe **.entry-content** que vous pouvez personnaliser dans le fichier **user.css** comme toujours.

3. Les articles en relation

Nous avons utilisé l'extension **Efficient Related Posts** pour afficher les articles en rapport avec celui affiché.

Le titre **Articles** en relation est inséré dans un élément <h3> qui utilise la classe **.related_post_title**. Cette classe ne possède pas de propriétés définies, vous permettant ainsi de spécifier celles que vous voulez. Le titre utilise la mise en forme CSS de l'élément <h3> défini dans le fichier **base.css**. Le texte est modifiable dans le réglage de l'extension, dans l'administration du site.

La liste des articles en relation est insérée dans un élément <ul> qui utilise la classe **.related_post**. Cette classe ne possède pas de propriétés définies, vous permettant ainsi de spécifier celles que vous voulez. La liste utilise la mise en forme CSS de l'élément <ul> défini dans le fichier **base.css**.

4. La date de modification

Les articles publiés sont susceptibles d'être modifiés. Il est toujours important pour le visiteur de savoir quand a été rédigé un article, mais aussi de savoir quand il a été modifié. Pour cela nous allons ajouter une petite ligne de code pour afficher la date de modification des articles.

- Ouvrez le fichier **filters.php** dans **/wp-content/themes/arras/single.php**.
- Allez à la ligne 13, vous avez le marqueur d'insertion du contenu des articles, **the_content** :

```
<?php the_content( __('<p>Read the rest of this entry
&raquo;</p>', 'arras') ); ?>
```

- Ajoutez une nouvelle ligne juste en dessous et saisissez ce code :

```
<p class="dateModif">Article modifi&eacute; le : <?php
the_modified_time('d F Y'); ?></p>
```

  - <p class="dateModif">...</p> pour ajouter un paragraphe utilisant la classe **.dateModif**.
  - Article modifié le : pour avoir un texte fixe devant la date de modification.
  - <?php the_modified_time('d F Y'); ?> insertion du marqueur affichant la date de modification.
  - Pour le format de la date, d donne le numéro du jour sur deux chiffres, F donne le nom du mois complet et Y donne l'année sur quatre chiffres (allez à l'URL http://php.net/manual/fr/function.date.php pour avoir tous les formats des dates et des heures).

- Dans le fichier **user.css**, indiquez les propriétés voulues pour l'affichage de la classe **.dateModif**. Par exemple :

```
.dateModif {
    font-size: 9px;
    font-style: italic;
}
```

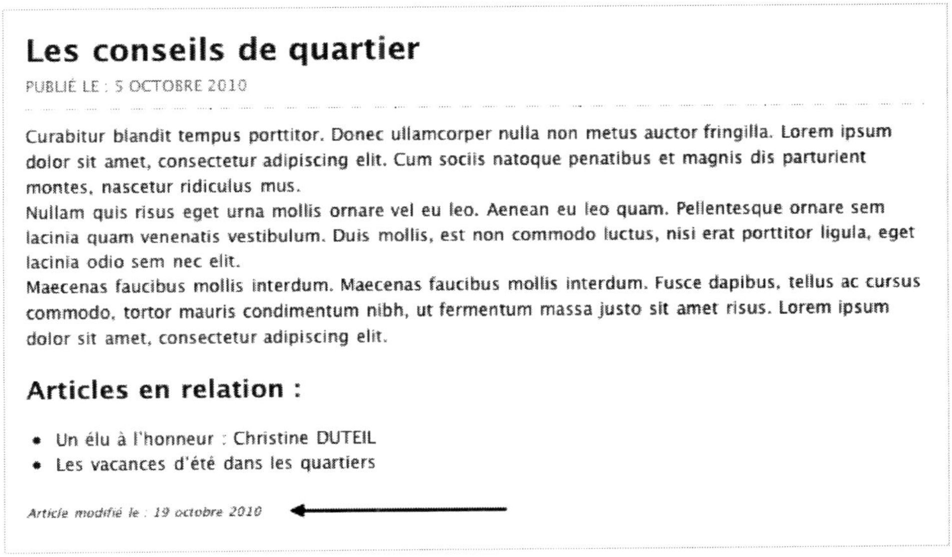

5. Les commentaires

Nous avons indiqué dans les réglages du site que nous ne voulions pas utiliser les commentaires. Mais le thème affiche malgré tout le bloc l'indiquant :

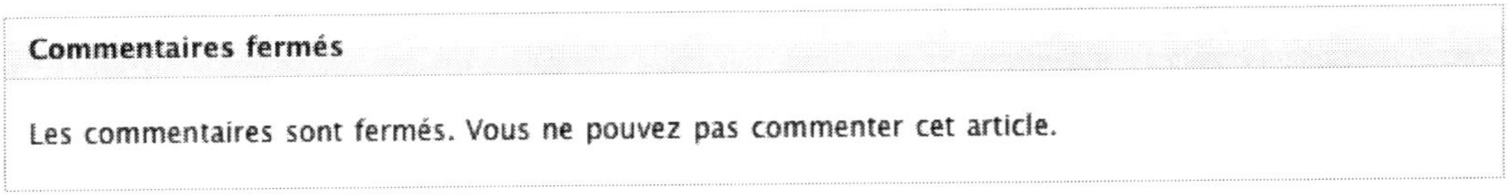

- Ouvrez le fichier **single.php** dans **/wp-content/themes/arras/single.php**.
- Allez aux lignes 29 et 30, vous avez le code :

```
<a name="comments"></a>
<?php comments_template('', true); ?>
```

- Mettez ces deux lignes en commentaire :

```
<!-- <a name="comments"></a>
<?php comments_template('', true); ?> -->
```

Le bloc ne sera plus affiché.

L. Les archives

1. Le widget utilisé

Dans cet exemple de site, nous avions placé le widget **Archives** dans l'emplacement prédéfini **Secondary Sidebar #1**. Ce widget était nommé **les anciens articles**.

Ce widget apparaît à sa place dans la colonne latérale :

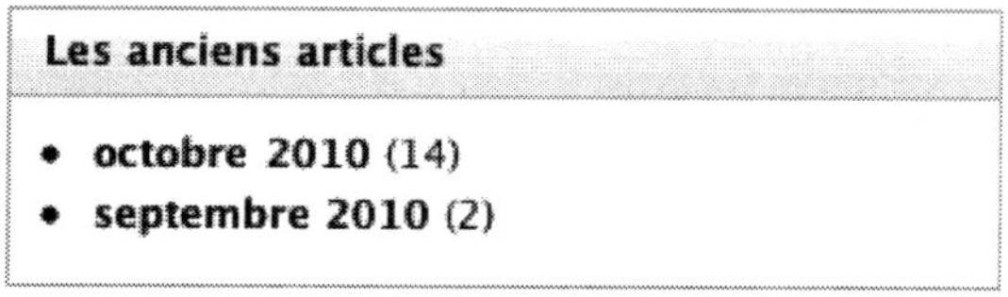

Quand l'utilisateur clique sur un des mois, la liste des articles publiés dans ce mois apparaît avec une mise en page en bloc dans cet exemple.

La mise en page des articles en archive est choisie dans les paramètres du thème, dans la zone **Options des archives / résultats de recherche**.

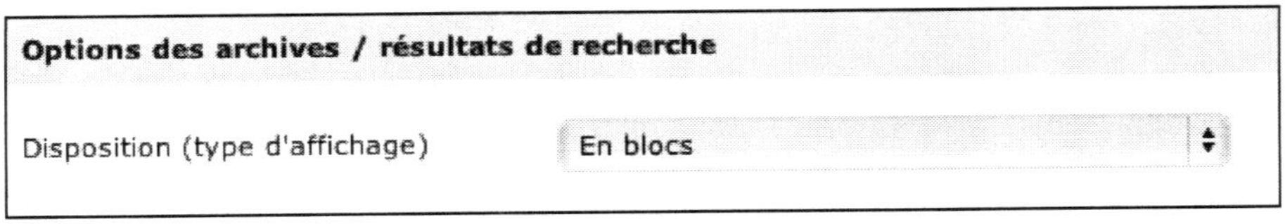

L'affichage de l'extrait et la hauteur des blocs se paramètrent dans la zone **Options de la disposition en blocs**.

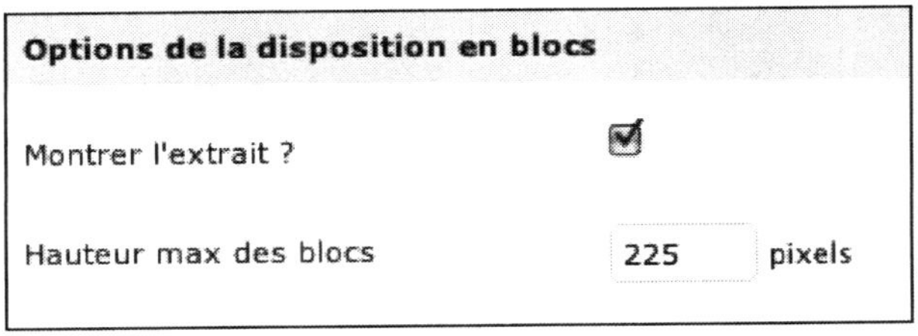

2. La structure de la page

Les archives sont insérées dans la boîte `<div>` ***#content****, dans le fichier* ***archive.php****.*

Voilà la structure des archives :

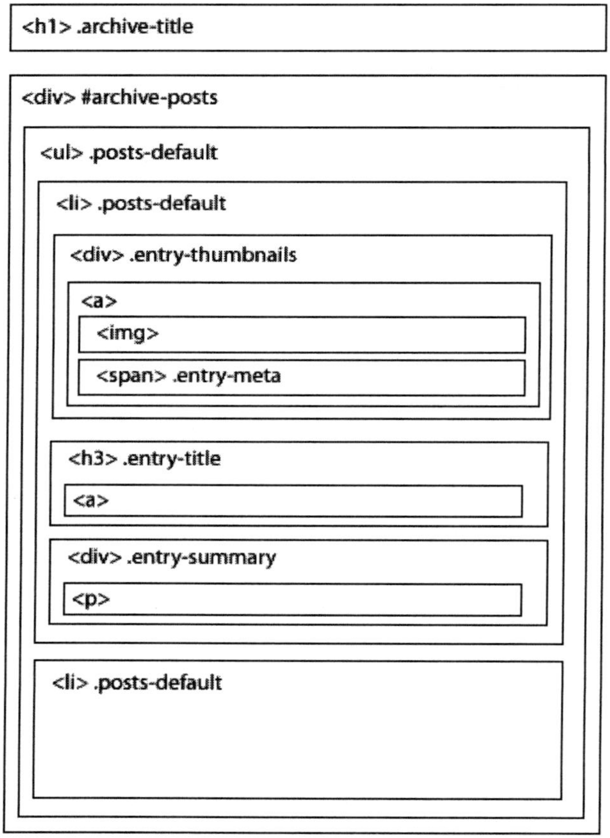

Le titre ARTICLES AU SUJET DE « SEPTEMBRE 2010 » est inséré dans un élément `<h1>` utilisant la classe **.archive-title** définie dans le fichier **default.css**. Comme toujours les modifications sont à faire dans le fichier **user.css**.

Le texte **Articles au sujet de « date »** provient du fichier de traduction du thème Arras, **fr_FR.mo**, situé dans le dossier **/wp-content/themes/arras/language/**. Éditez le fichier **fr_FR.po** avec POEdit pour toute modification.

Le bloc des articles est inséré dans une boîte <div> utilisant le sélecteur d'identification **#archive-posts**. Ce sélecteur n'est pas défini dans les fichiers CSS du thème, libre à vous de le modifier dans le fichier **user.css**.

*Le sélecteur **#archive-posts** va surtout nous servir à contextualiser la mise en forme CSS de certaines classes qui sont communes à plusieurs pages du site.*

Les articles sont insérés dans une liste non ordonnée <ul> utilisant la classe **.posts-default** (déjà utilisée dans la page d'accueil) définie dans **base.css**. Libre à vous de modifier cette classe dans le fichier **user.css** en le contextualisant avec **#archive-posts**.

Chaque article est inséré dans un item <li> de la liste <ul>. La mise en forme CSS est définie par le sélecteur contextuel **.posts-default li** dans les fichiers **base.css** et **default.css**. Libre à vous de modifier ce sélecteur dans le fichier **user.css** en le contextualisant avec **#archive-posts**.

La vignette et la date de publication des articles sont affichées dans une boîte <div> utilisant la classe **.entry-thumbnails** définie dans **base.css**. Le lien sur l'article est créé avec un élément <a> contenant la vignette dans l'élément <img> et la date de publication est dans un élément <span> utilisant la classe **.entry-meta**. Cette dernière classe a été déjà utilisée dans la page d'accueil, il convient donc de contextualiser son utilisation avec le sélecteur **#archive-posts**.

Exemple de modification dans le fichier **user.css** :

```
#archive-posts .entry-meta {
    background-color: #fff;
    opacity:1;
}
```

Le texte du titre de l'article est inséré dans un élément <a>, dans un élément <h3> utilisant la classe **.entry-title** définie dans les fichiers **base.css** et **default.css**. Libre à vous de modifier cette classe dans le fichier **user.css** en le contextualisant avec **#archive-posts**. Exemple :

```
#archive-posts .entry-title {
    font-size: 12px;
}
```

*La couleur du texte doit être modifiée dans les sélecteurs **a**, **a:link** et **a:visited**, avec toujours le contexte **#archive**.*

Le résumé est inséré dans un paragraphe <p> dans une boîte <div> utilisant la classe **.entry-summary**. Comme précédemment, cette classe est déjà utilisée, il convient donc de la contextualiser pour appliquer une mise en forme spécifique aux archives. Exemple :

```
#archive-posts .entry-summary {
    color: #000078;
}
```

Les pages

Les pages s'occupent des informations « statiques », permanentes.

*C'est le fichier **page.php** qui gère l'affichage des pages.*

La structure est proche de celle des articles seuls, en plus simple. Les pages sont affichées dans la boîte <div> **#content**. Chaque page est affichée dans une boîte <div> ayant comme identifiant son numéro d'identification unique : **#post-132** par exemple. Cet identifiant est généré automatiquement.

Le titre de chaque page est inséré dans un élément <h1> utilisant la classe **.entry-title** déjà vue. Le libellé du titre est inséré dans un lien <a>.

Le contenu de la page est inséré dans une boîte <div> utilisant la classe **.entry-content** déjà vue. Chaque paragraphe du texte est inséré dans un élément <p>.

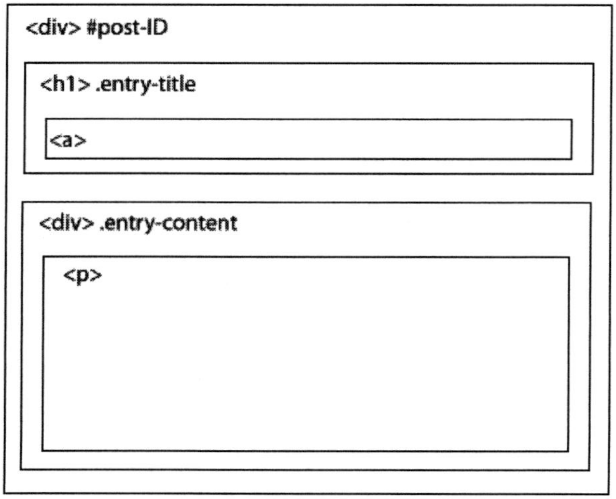

Comme toujours, effectuez les personnalisations de mise en forme dans le fichier **user.css**.

N.Les autres contenus

1. Le nuage de mots-clefs

L'emplacement prédéfini **Secondary Sidebar #1** contient aussi le widget **Nuage de mots-clefs**. Quand un utilisateur clique sur un de ces mots-clefs, il affiche la liste des articles ayant ce mot-clef en commun. L'affichage est aussi en bloc, il utilise le même paramétrage que les archives.

Ce qui fait que la structure des boîtes `<div>` est strictement la même que pour les archives, avec l'utilisation de la disposition en bloc.

*C'est le fichier **archive.php** qui gère l'affichage des articles sélectionnés selon un mot-clef.*

2. La recherche

*Le formulaire de recherche est géré par le fichier **searchform.php** et il est affiché dans la barre de navigation supérieure.*

Quand l'utilisateur fait une recherche, les articles répondant à sa requête sont affichés dans une page dont l'affichage et la structure sont en tout point similaires à celle des archives et des mots-clefs.

*C'est le fichier **search.php** qui gère l'affichage du résultat de la recherche.*

Le seul élément visuel supplémentaire est l'affichage d'un bloc **Résultats de la recherche**.

Voici sa structure :

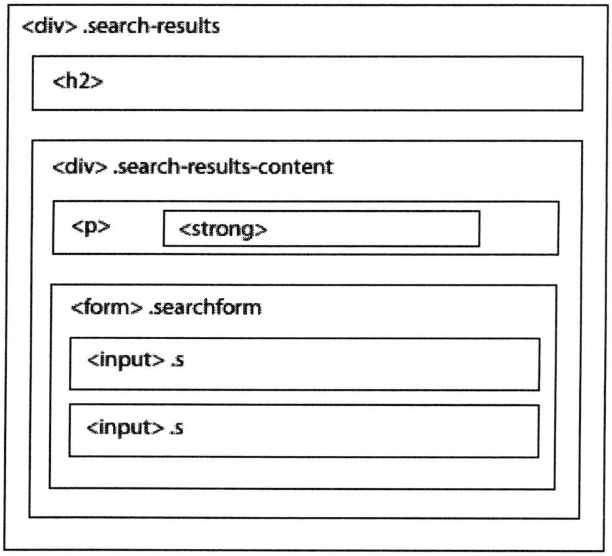

Le page **Résultats de la recherche** est insérée dans les boîtes `<div>` **#wrapper**, **#main**, **#container** et **#content**.

C'est la boîte `<div>` utilisant la classe **.search-results** qui affiche le bloc. Cette classe n'a pas de propriétés définies par défaut. Libre à vous d'en créer dans le fichier **user.css**.

Le texte **Résultats de la recherche** est inséré dans un élément `<h2>`. Toute la mise en forme du texte est effectuée dans le sélecteur **.search-results h2** dans le fichier **default.css**. Le texte **Résultats de la recherche** est, comme pour les autres textes de l'interface utilisateur, saisi dans le fichier de traduction **fr_FR.mo**.

Le bloc du résultat de la recherche est affiché dans une boîte `<div>` utilisant la classe **.search-results-content** dont la mise en forme est précisée dans le fichier **default.css**. Libre à vous d'en créer dans le fichier **user.css**.

Le mot recherché est affiché dans un élément `<strong>` (en gras), dans un paragraphe `<p>`. Exemple de mise en forme :

```
.search-results-content strong {
    background-color: #dfdfdf;
}
```

Le formulaire est un élément <form> utilisant la classe **.searchform**. Cette classe est aussi utilisée dans l'en-tête. Utilisez ce sélecteur contextuel pour les modifications : **.search-results-content .searchform**.

Le champ de saisi est un élément <input type="text"> utilisant la classe **.s** qui est déjà utilisée dans l'en-tête du site. Il faut donc contextualiser le sélecteur, même si l'utilisation dans l'en-tête est aussi contextualisée.

```
.search-results-content .s {
    background-color: #fff;
    font-size: 10px;
}
```

Le bouton en forme de loupe pour lancer la recherche, est un élément <input type="submit"> utilisant la classe **.searchsubmit** qui est déjà utilisée dans l'en-tête du site. Il faut donc là aussi contextualiser le sélecteur (même si l'utilisation dans l'en-tête est aussi contextualisée) : **.search-results-content .searchsubmit**.

3. D'autres pages

Le fichier **404.php** gère les erreurs d'URL. C'est la page qui est affichée lorsque vous avez saisi une URL qui n'existe pas. Par exemple, si vous saisissez cette URL :

http://localhost:8888/maville/actualites/les-conseils-de-ville.

C'est une page qui n'existe pas. Le site affiche alors la page d'erreur 404.

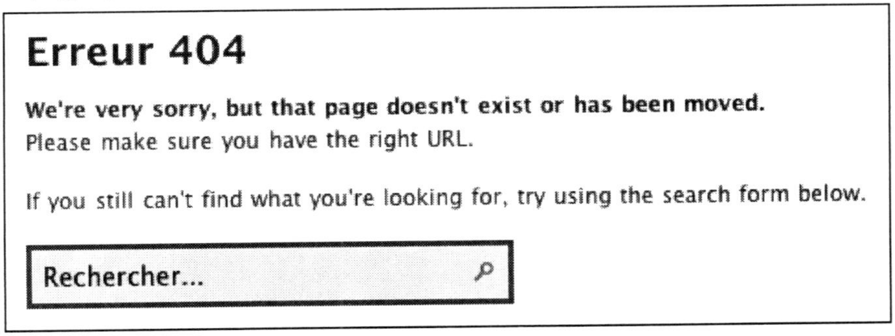

Le fichier **author.php** affiche les informations concernant un auteur donné (nous n'allons pas afficher ces informations dans l'exemple de ce site, voir le chapitre Rédiger le contenu, section Les réglages liés à la rédaction). Ces informations sont saisies dans le « profil » de l'utilisateur (reportez-vous au chapitre Les utilisateurs) et peuvent être ou non affichées. Dans le cas où ces informations sont affichées, elles apparaissent sous les articles rédigés par cet auteur, dans un cadre gris avec le thème Arras.

Le visiteur du site peut cliquer sur le nom du rédacteur d'un article pour avoir la liste de tous les articles rédigés par cet auteur. Là aussi les informations concernant l'auteur sont affichées.

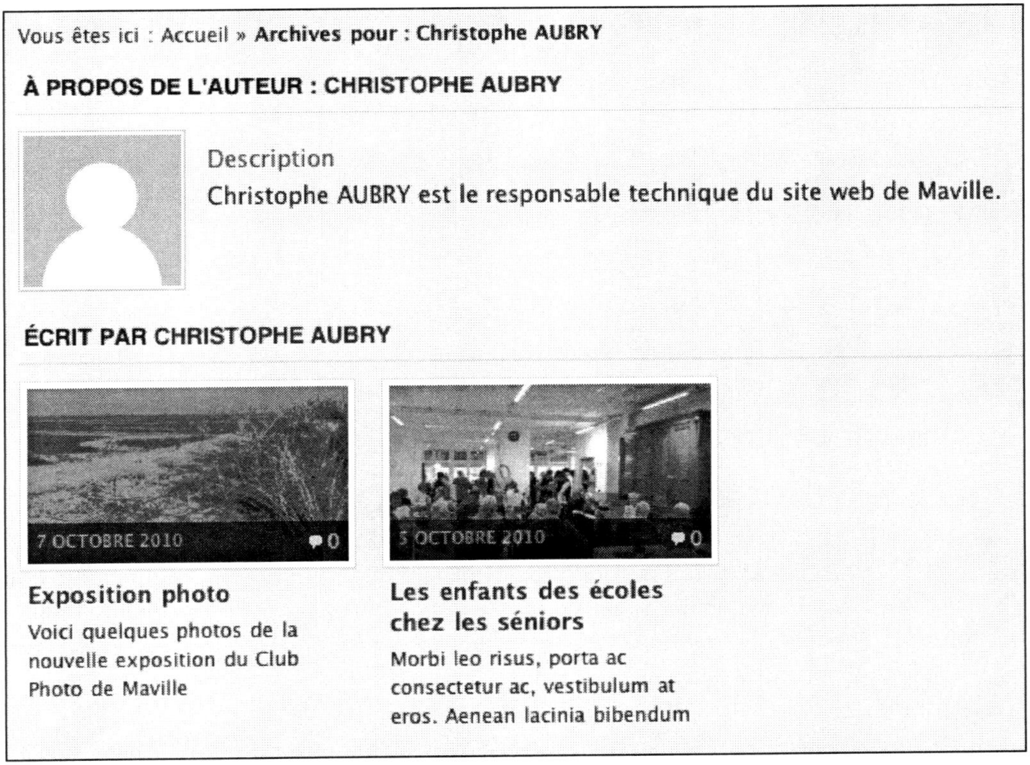

C'est cette page qui est basée sur le fichier **author.php**.

Chapitre 12

Les utilisateurs

A. L'objectif

Dans un site conséquent, il n'y a rarement qu'une seule personne à faire vivre le site. Plusieurs personnes vont intervenir pour rédiger des articles ou administrer le site. Chaque **utilisateur** (c'est le terme utilisé dans WordPress), chaque **contributeur** (vous trouverez souvent ce mot qui désigne les personnes qui contribuent au site), est associé à un **rôle** qui détermine un « **profil utilisateur** » en lui donnant des « **droits** ». Ces droits déterminent ce que l'utilisateur a le droit de faire dans le site.

Le créateur du site, la personne qui a installé WordPress, bénéficie automatiquement du profil d'**administrateur**. L'administrateur possède les droits les plus élevés : il peut tout faire !

Cette gestion des droits des contributeurs est une étape très importante dans la gestion d'un site, il convient d'y apporter toute votre attention.

B. Gérer les utilisateurs

1. L'utilisateur initial

Comme nous l'avons évoqué précédemment, à l'installation de WordPress, il n'y a qu'un seul utilisateur : vous qui avez installé WordPress. Vous avez alors le rôle d'administrateur.

- Connectez-vous à l'administration du site.
- Dans le menu **Utilisateurs**, choisissez **Utilisateurs**.

Identifiant	Nom	E-mail	Rôle	Articles
admin ID:1 | Modifier		admin@maville.fr	Administrateur	16

Pour le moment il n'y a que vous, **admin** (c'était le nom que nous avions défini à l'installation de WordPress) avec le **Rôle : Administrateur**.

2. Ajouter un utilisateur

- Dans le menu **Utilisateurs**, choisissez **Ajouter**.
- Dans le champ de saisie **Identifiant (obligatoire)**, saisissez l'identifiant qui servira à la connexion de l'utilisateur dans l'administration du site.
- Dans le champ de saisie **E-mail (obligatoire)**, saisissez l'adresse qui servira à contacter l'utilisateur par mail.

- Dans les champs de saisie **Prénom** et **Nom**, saisissez les prénom et nom de l'utilisateur.
- Dans le champ de saisie **Site web**, vous pouvez indiquer l'adresse du site web personnel de l'utilisateur.

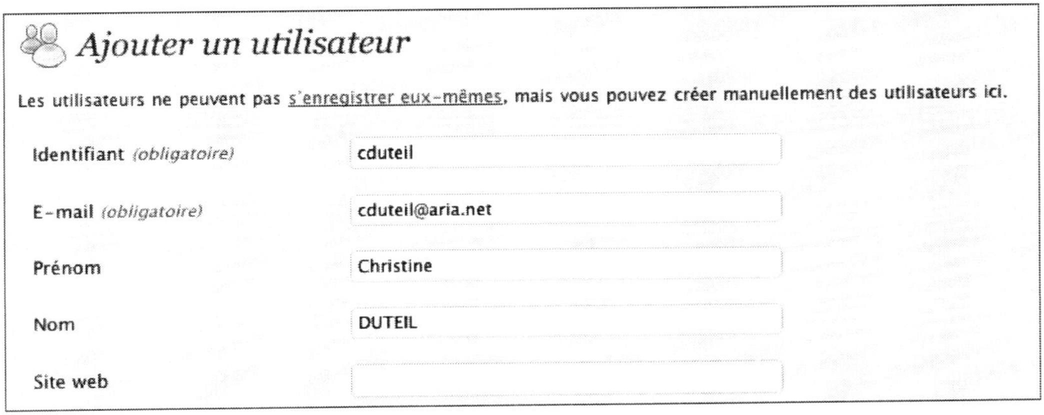

- Dans le champ de saisie **Mot de passe (deux fois, obligatoire)**, saisissez le mot de passe de cet utilisateur. Sous ces champs vous avez un indicateur de fiabilité du mot de passe et des conseils.
- Vous pouvez ou non cocher l'option **Envoyer le mot de passe ?** pour envoyer le mot de passe à l'utilisateur sur son adresse mail.

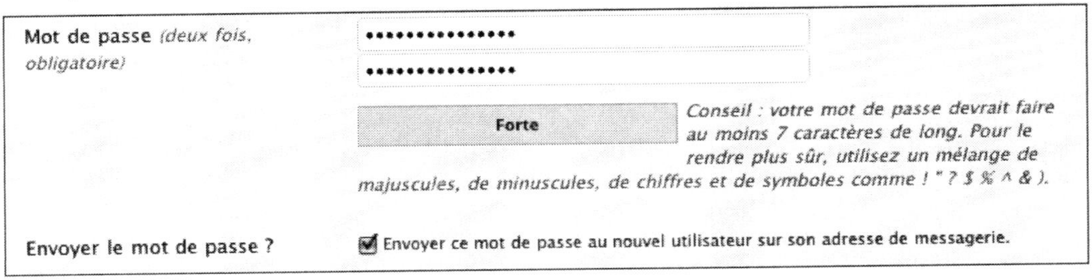

- Dans la liste déroulante **Rôle**, choisissez le rôle pour cet utilisateur.

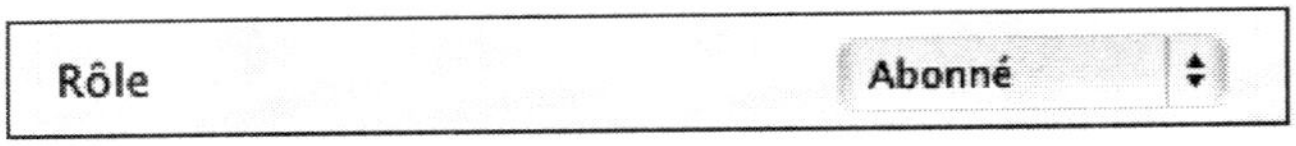

- Cliquez sur le bouton **Ajouter un utilisateur**.

3. Lister les utilisateurs

- Dans le menu **Utilisateurs**, choisissez **Utilisateurs**.

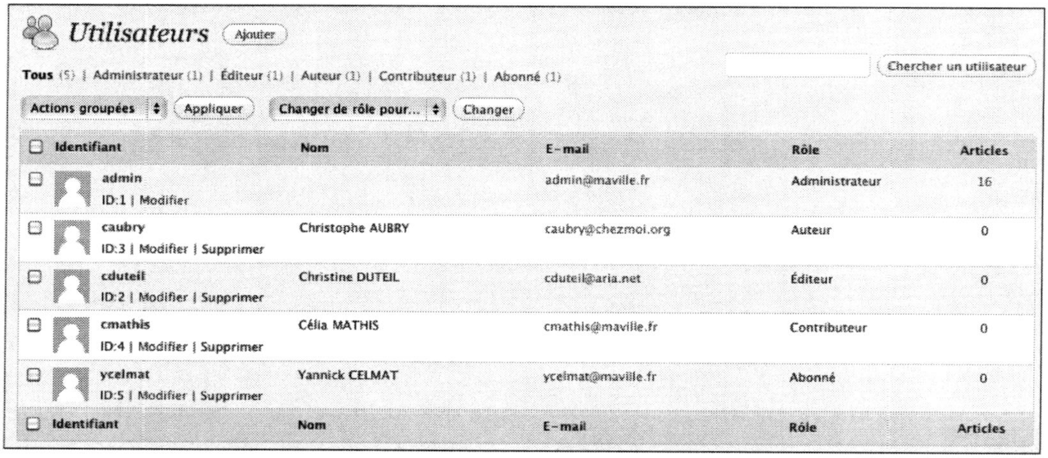

Vous pouvez afficher les utilisateurs ayant un rôle précis avec les liens au-dessus du tableau.

4. Modifier les paramètres des utilisateurs

En tant qu'administrateur du site, vous avez tous les droits. Vous pouvez donc modifier les paramètres des autres utilisateurs et le vôtre.

- Dans la liste des utilisateurs, cliquez sur le nom de l'utilisateur à modifier ou sur le lien **Modifier**.
- Dans la zone **Options personnelles**, vous pouvez cocher l'option **Éditeur visuel**. Dans ce cas l'utilisateur n'aura pas la barre d'outils pour la mise en forme des articles.

- Vous pouvez changer les **Couleurs de l'interface d'administration**.

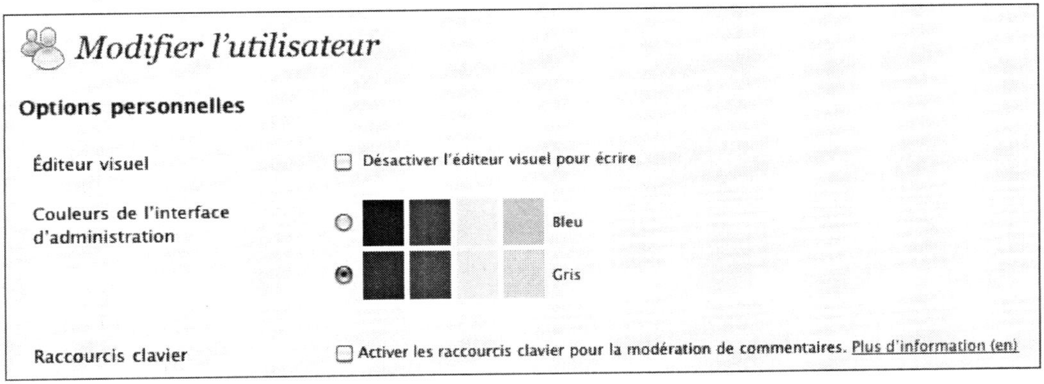

- Dans la zone **Nom**, vous retrouvez les paramètres d'identité de l'utilisateur.
- Vous notez que l'**Identifiant** ne peut pas être modifié.
- Dans la liste déroulante **Nom à afficher publiquement**, choisissez le nom d'auteur, qui apparaîtra sous le titre des articles rédigés par cet utilisateur.

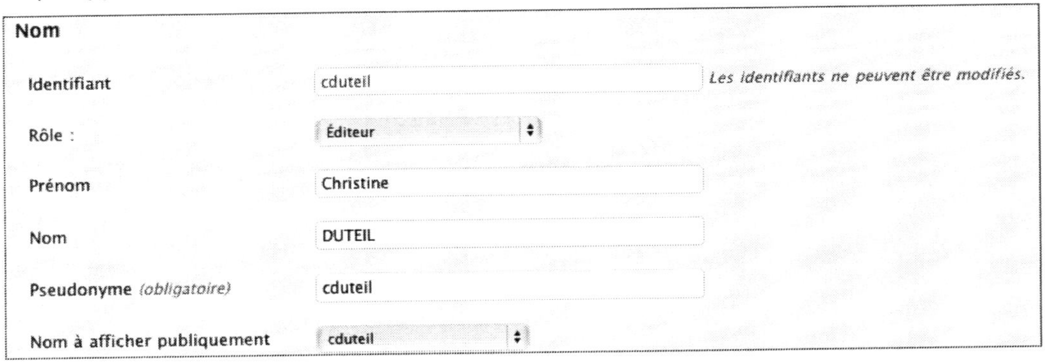

- Dans la zone **Informations de contact**, vous retrouvez les paramètres de contact de l'utilisateur : e-mail, site web et messagerie instantanée.

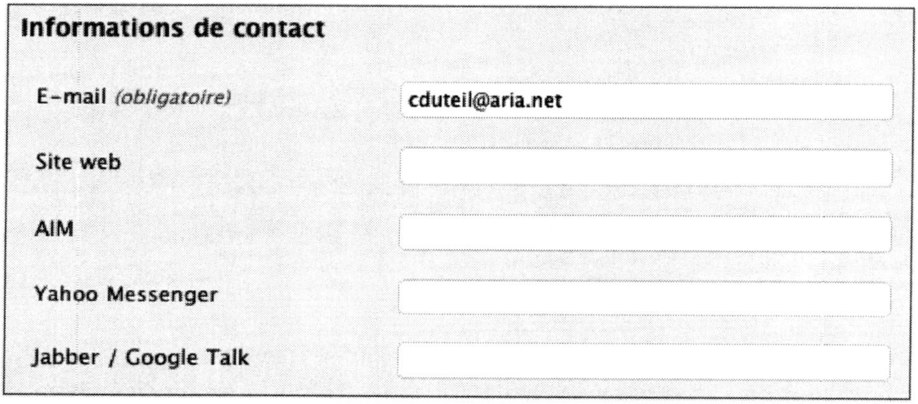

- Dans la zone **À propos de l'utilisateur**, vous pouvez saisir un texte « biographique » sur l'utilisateur. Ce texte apparaîtra quand les visiteurs cliqueront sur le nom d'un rédacteur, pour afficher tous les articles de cet auteur.

Notez que vous pouvez saisir du code HTML. De plus, si l'adresse E-mail est associée à un Gravatar (http://en.gravatar.com/), il sera aussi affiché.

- Vous pouvez aussi changer le mot de passe.

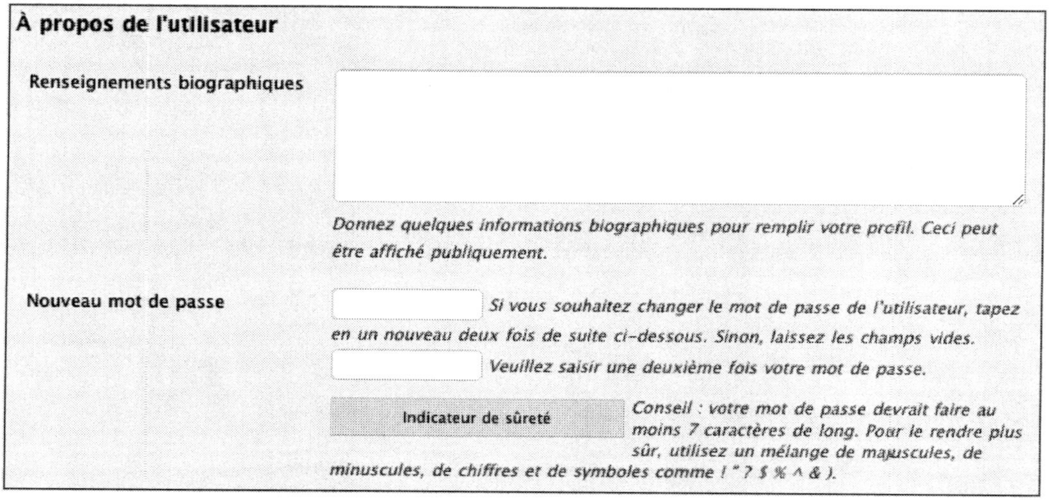

- Cliquez sur le bouton **Mettre à jour l'utilisateur**.

5. Modifier son profil

Quand un utilisateur se connecte à l'administration, il peut modifier des paramètres de son profil.

- Une fois connecté, l'utilisateur va dans le menu **Profil - Votre profil**.
- Il retrouve les zones **Options personnelles**, **Nom**, **Informations de contact** et **A propos de vous**.

6. Supprimer un utilisateur

Il faut se connecter en tant qu'**administrateur** pour pouvoir supprimer un utilisateur.

- Dans la liste des utilisateurs, cliquez sur le lien **Supprimer**.

- Si l'utilisateur a créé des contenus, il faut alors les affecter à un autre contributeur.

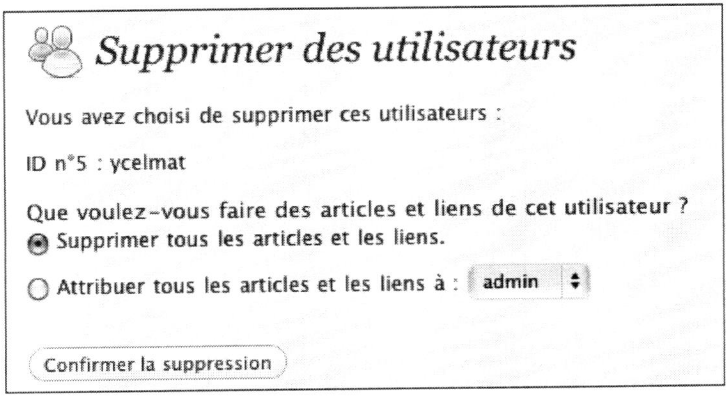

- Cliquez sur le bouton **Confirmer la suppression**.

7. S'inscrire dans le site

L'administrateur peut autoriser ou non l'inscription des visiteurs en tant qu'utilisateur référencé. Ils auront alors un profil et un rôle, déterminé par l'administrateur.

- Dans le menu **Réglages** choisissez **Général**.

- Cochez l'option **Inscription - Tout le monde peut s'enregistrer**.
- Dans la liste déroulante **Rôle par défaut de tout nouvel utilisateur**, choisissez le rôle qu'auront les inscrits. Faites attention au rôle que vous donnez ! Nous vous conseillons de donner le rôle avec les droits les plus faibles : **Abonné**.

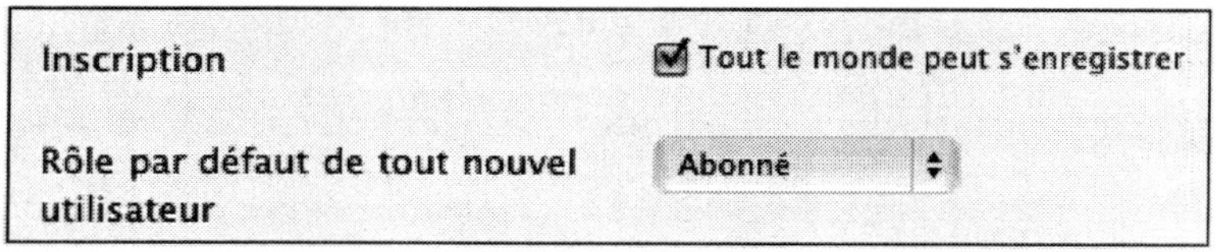

- Cliquez sur le bouton **Enregistrer les modifications**.

L'écran de connexion est modifié avec l'ajout du lien **Inscription** sous le formulaire de connexion.

En cliquant sur le lien, le visiteur peut s'inscrire dans le site (identifiant et mot de passe).

C. La gestion des rôles

1. Le rôle Administrateur

L'administrateur a le droit de tout faire, il a accès à toutes les fonctionnalités de WordPress. Vous pouvez avoir plusieurs administrateurs dans votre site, cela ne pose aucun problème.

2. Le rôle Editeur

Une fois connecté, l'éditeur a accès aux menus suivants :

- Tableau de bord (avec des restrictions de modules).
- Articles - Articles, Ajouter, Catégories et Mots-clefs.
- Médias - Bibliothèque et Ajouter.
- Liens - Ajouter et Catégories de liens.
- Pages - Pages et Ajouter.
- Commentaires.
- Profil - Votre profil.
- Outils - Outils.

L'éditeur n'a pas accès à la gestion des extensions et aux réglages du site. Par contre certaines extensions peuvent être accessibles.

L'éditeur peut créer des articles et des pages, il peut ouvrir ceux des autres utilisateurs pour les modifier, les publier.

3. Le rôle Auteur

Une fois connecté, l'auteur a accès aux menus suivants :

- Tableau de bord (avec des restrictions de modules).
- Articles - Articles et Ajouter.
- Médias - Bibliothèque et Ajouter.
- Commentaires.
- Profil - Votre profil.
- Outils - Outils.

L'auteur ne peut qu'écrire des articles, les enregistrer et les publier. Il n'a pas accès aux pages, ni aux liens. De plus, il ne peut pas ouvrir les articles des autres utilisateurs. Il peut avoir accès à certaines extensions.

4. Le rôle Contributeur

Une fois connecté, le contributeur a accès aux menus suivants :

- Tableau de bord (avec des restrictions de modules).
- Articles - Articles et Ajouter.
- Commentaires.
- Profil - Votre profil.
- Outils - Outils.

Le contributeur ne peut qu'écrire et enregistrer des articles, mais ne peut pas les publier. Il ne peut qu'ouvrir ses propres articles. Il ne peut pas gérer les médias (il ne peut donc pas insérer des images dans ses articles) et peut utiliser certaines extensions.

5. Le rôle Abonné

Une fois connecté, l'abonné a accès aux menus suivants :

- Tableau de bord (avec des restrictions de modules).
- Profil - Votre profil.

Le rôle d'abonné permet uniquement d'être référencé dans le site. Il n'a aucun droit de rédaction et de gestion.

D. Pour une gestion plus fine des rôles

1. Les limitations de WordPress

Pour la gestion d'un site où les utilisateurs ne sont pas nombreux, la gestion des rôles de WordPress peut être suffisante. Mais nous sommes limités aux rôles existants et nous n'avons pas la possibilité de modifier les droits des rôles existants.

2. L'extension Members

Pour lever ces limitations nous allons utiliser une extension : **Members**.

➧ Allez à cette URL : http://wordpress.org/extend/plugins/members/

- Téléchargez le fichier **members.0.1.1.zip**, installez et activez l'extension.

3. Éditer les rôles

Dans un premier temps nous allons affiner les possibilités des rôles.

- Dans le menu **Réglages**, choisissez **Members Components**.
- Cochez l'option **Edit Roles** et cliquez sur le bouton **Activate**.

☑ **Edit Roles**	The *Edit Roles* component allows you to manage all roles on your site. You can change which capabilities individual roles have. Once you've selected this component, you should immediately give at least one role the `edit_roles` capability. This makes sure only the roles you select can edit roles.

- Dans le menu **Utilisateurs**, choisissez le nouvel item **Roles**.
- Dans la liste des rôles, sélectionnez celui auquel nous allons ajouter des droits, le rôle **Administrator** par exemple.

Role Name	Role	Users	Capabilities
Administrator Edit | View Users	administrator	1 User	65 Capabilities

- Dans la liste des **Capabilities**, cochez les droits **edit_roles** (pour pouvoir modifier les rôles), **delete_roles** (pour pouvoir supprimer des rôles) et **create_roles** (pour pouvoir créer des rôles).
- Cliquez sur le bouton **Update Role**.

Vous pouvez ainsi modifier les droits de chaque rôle prédéfini : **Administrator** (administrateur), **Editor** (éditeur), **Author** (auteur), **Contributor** (contributeur) et **Subscriber** (abonné).

Role Name	Role	Users	Capabilities
Administrator Edit | View Users	administrator	1 User	65 Capabilities
Author Edit | Delete | View Users	author	1 User	10 Capabilities
Contributor Edit | Delete | View Users	contributor	1 User	5 Capabilities
Editor Edit | Delete | View Users	editor	1 User	34 Capabilities
Subscriber Edit | Default Role | View Users	subscriber	1 User	2 Capabilities

4. Créer un rôle

Nous allons pouvoir maintenant créer un nouveau rôle en le nommant et en lui attribuant les droits voulus.

- Dans le menu **Réglages**, choisissez **Members Components**.
- Cochez l'option **New Roles** et cliquez sur le bouton **Activate**.

*Il faut qu'un rôle existant ait la possibilité **create_role** vue précédemment.*

- Dans le menu **Utilisateurs**, choisissez le nouvel item **New Roles**.
- Dans le module **Create a new user role**, nommez ce nouveau rôle dans le champ **Role**. Ce champ a pour objectif d'être l'identifiant, donc ne saisissez que des lettres et des chiffres.
- Dans le champ **Role label**, saisissez le nom de ce nouveau rôle (vous pouvez utiliser tous les caractères que vous voulez).
- Dans la zone **Capabilities**, cochez les droits que vous donnez à ce nouveau rôle.

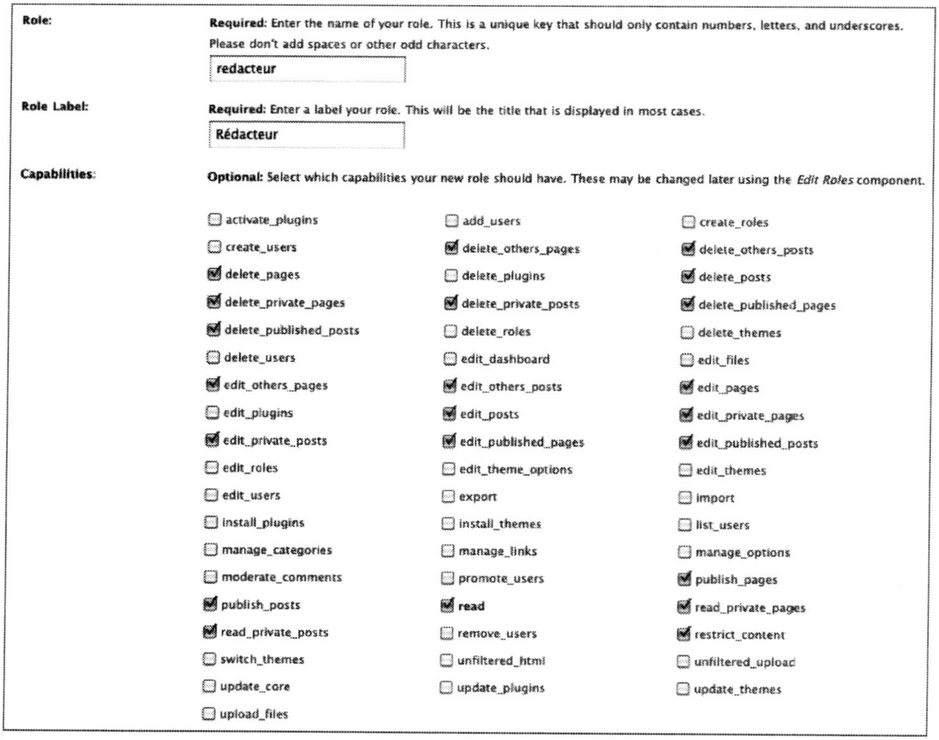

- Cliquez sur le bouton **Create Role**.

Le nouveau rôle est créé et disponible :

- Créez le rôle **Gestion des utilisateurs** de la même manière, en choisissant vous-même les droits.
- Dans le menu **Utilisateurs**, choisissez **Roles**.
- Vous visualisez les deux rôles : **Gestion des utilisateurs** et **Rédacteur**. Ces deux rôles n'ont pas d'utilisateurs pour le moment.

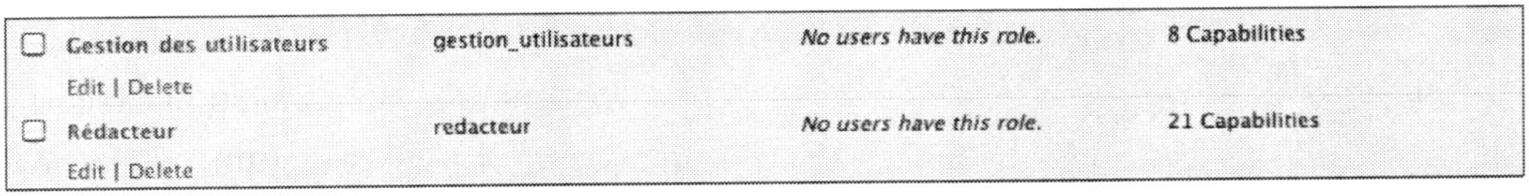

Maintenant, vous pouvez créer un nouvel utilisateur et lui affecter un rôle.

- Dans le menu **Utilisateurs**, choisissez **Ajouter**.
- Saisissez les renseignements voulus.
- Dans la liste déroulante **Rôles**, vous trouvez les nouveaux rôles créés précédemment.

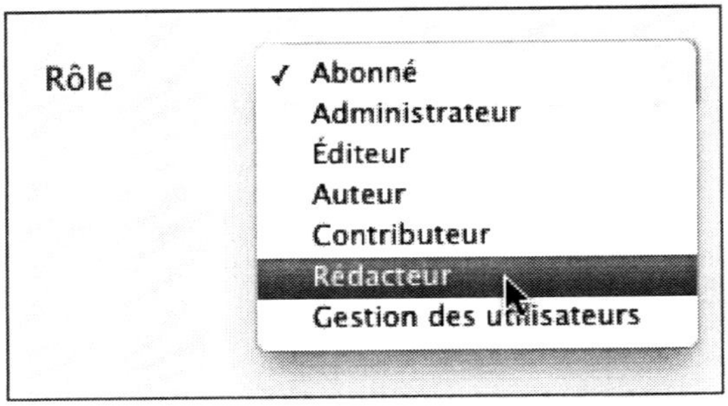

Le nouvel utilisateur possède bien un nouveau rôle :

Lorsque l'utilisateur se connecte, en fonction de ses droits, il aura alors une interface d'administration plus ou moins complète. Voici les menus accessibles pour un utilisateur ayant un rôle Rédacteur tel qu'il a été précédemment défini.

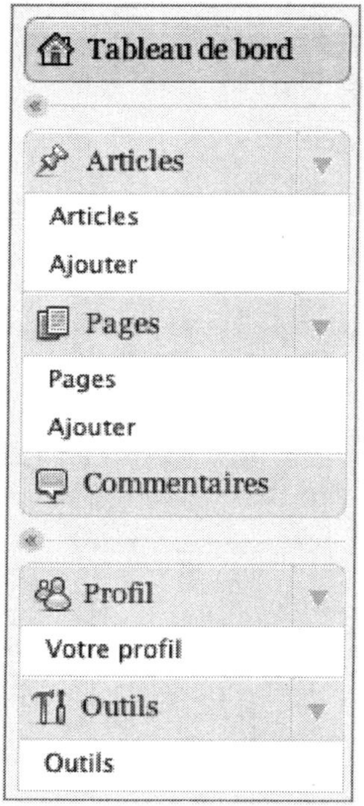

5. Restreindre la lecture d'articles

Vous avez aussi la possibilité de restreindre la lecture de certains articles aux utilisateurs possédant un rôle défini.

- Dans le menu **Réglages**, choisissez **Content Permissions**.
- Cochez l'option **New Roles** et cliquez sur le bouton **Activate**.

*Il faut qu'un rôle existant ait la possibilité **restrict_content**.*

- Ouvrez un article.
- Dans le nouveau module **Content Permissions**, cochez les rôles qui auront la possibilité de lire l'article.

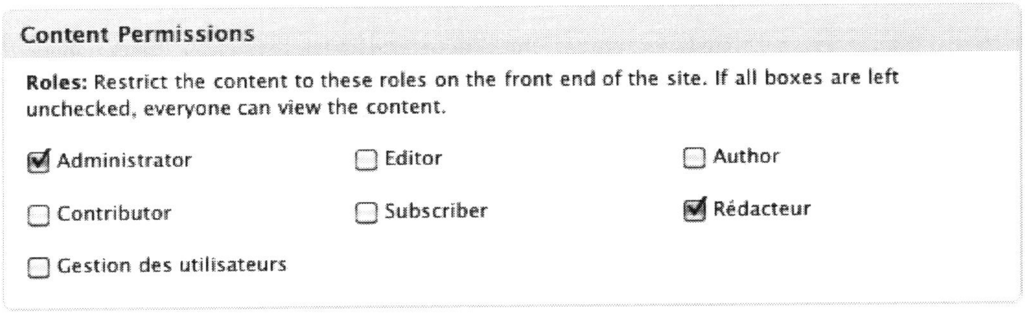

- Dans le module **Publier**, cliquez sur le bouton **Mettre à jour**.
- Affichez l'article, selon votre rôle vous pourrez lire l'article ou non.

Cela peut être très pratique pour créer une partie « privée » du site. Si vous voulez avoir un site accessible uniquement pour des utilisateurs référencés, cochez l'option **Private Blog**. Pour accéder au contenu de votre site, les visiteurs devront obligatoirement s'identifier.

Chapitre 13

Optimiser le site

A. L'objectif

Nous allons terminer ce livre en étudiant comment optimiser le référencement de votre site et comment sauvegarder votre base de données et comment la « nettoyer ».

B. Le référencement

1. Le référencement naturel et payant

Vous souhaitez certainement que votre site soit « bien référencé » dans les moteurs de recherche. Pour cela il y a deux principales possibilités : le référencement naturel et le référencement payant.

Le référencement naturel, SEO en anglais (*Search Engine Optimisation*), est basé sur un référencement effectué par les « robots » des moteurs de recherche. Ces « robots » sont des petites applications web qui se « baladent » sur Internet et qui vont « disséquer » les pages de votre site pour en ressortir des mots-clefs pertinents et les stocker dans de gigantesques bases de données. C'est l'indexation.

Le référencement payant vous permet d'afficher votre site dans le résultat d'une requête d'un internaute quand des mots-clefs saisis par l'internaute sont communs avec ceux que vous avez achetés. Votre site apparaît alors dans une zone particulière de la page des résultats.

2. Les techniques SEO

Actuellement Google est le principal moteur de recherche puisqu'il monopolise 85 % des recherches sur Internet. Pour indexer les pages des sites, Google utilise un certain nombre de procédés qu'il faut connaître. Pour ce faire, Google a récemment mis en ligne un guide sur le sujet : http://static.googleusercontent.com/external_content/untrusted_dlcp/www.google.com/fr//web masters/docs/search-engine-optimization-starter-guide.pdf. Lisez-le.

Voilà un résumé des éléments à prendre en compte :

- Avoir un contenu rédactionnel de qualité.
- Mettre régulièrement son site à jour.
- Avoir des sites extérieurs qui font des liens vers le vôtre, c'est ce qui s'appelle des liens entrants. Ces sites extérieurs doivent être de bonne qualité et réputés.
- Utiliser des éléments HTML d'en-tête (`<h1>`, `<h2>`, `<h3>`...) pour saisir vos titres de vos articles.
- Utiliser des mots-clefs potentiels dans ces titres.

- Utiliser des mots-clefs potentiels au début des textes.

Attention à ne pas tomber dans l'excès : écrivez pour vos lecteurs et non pour Google !

- Utiliser des URLs en séparant les mots-clefs potentiels par un tiret qui est le séparateur de mots pour Google. Si par exemple vous devez avoir une catégorie d'articles sur les promotions de Noël pour des ventes de chocolats, n'indiquez pas comme nom de catégorie : rubriquechoco, ce qui pour Google ne veut rien dire. Par contre indiquez plutôt : vente-chocolat-promotions-noel.
- Utiliser des noms de fichier (page HTML et images) qui reprennent les préconisations ci-dessus.
- Utiliser la balise meta description.
- Avoir une structure de site simple à naviguer et placer une carte du site XML dans votre site.
- Utiliser des libellés pour les liens qui soient pertinents.
- Utiliser l'attribut `alt` (texte alternatif) pour les images.

C. Les URLs dans WordPress

1. Les permaliens du site

La création des URLs dans WordPress se fait avec les « permaliens ». Par défaut les URLs sont créées avec l'identifiant de l'article ou de la page.

- Si l'identifiant d'un article est 59, l'URL pour afficher cet article sera : http://www.maville.fr/?p=59.
  En affichage local, voilà l'URL affichée :

  http://localhost:8888/maville/?p=59

- Si l'identifiant d'une page est 132, l'URL pour afficher cette page sera : http://www.maville.fr/?page_id=132.
  En affichage local, voilà l'URL affichée :

  http://localhost:8888/maville/?page_id=132

Ce qui fait que ces URLs ne sont pas du tout pertinentes. Nous allons pouvoir les personnaliser.

➧ Dans le menu **Réglages**, choisissez **Permaliens**.

- Dans la zone **Options les plus courantes** vous trouvez les possibilités proposées par WordPress dont la **Valeur par défaut** évoquée précédemment.

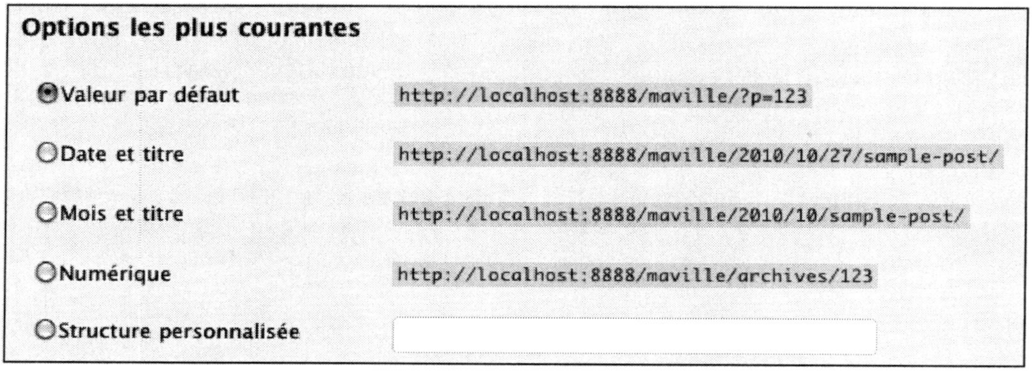

Dans le texte d'introduction de cette page, un lien (http://codex.wordpress.org/Using_Permalinks) vous permet d'accéder à la page officielle des permaliens (permalinks en anglais) du Codex WordPress.

Voilà les éléments que vous pouvez utiliser :

- **%year%** affiche l'année de publication de l'article sur quatre chiffres.
- **%monthnum%** affiche le mois sur deux chiffres.
- **%day%** affiche le jour dans le mois sur deux chiffres.
- **%hour%** affiche l'heure sur deux chiffres.
- **%minute%** affiche les minutes sur deux chiffres.
- **%second%** affiche les secondes sur deux chiffres.
- **%postname%** affiche le nom de l'article créé à partir de son titre, sans espace, sans accent, sans caractères spéciaux, mais avec des tirets à la place. C'est ce qui s'appelle le slug de l'article.
- **%post_id%** affiche l'identifiant de l'article.
- **%category%** affiche le nom de la catégorie de l'article. C'est ce qui s'appelle le slug de la catégorie.
- **%tag%** affiche les mots-clefs de l'article.
- **%author%** affiche l'auteur de l'article.

Pour une optimisation des URL, nous allons utiliser le nom de la catégorie et le nom de l'article.

- Dans le champ **Structure personnalisée** saisissez :**/%category%/%postname%/**

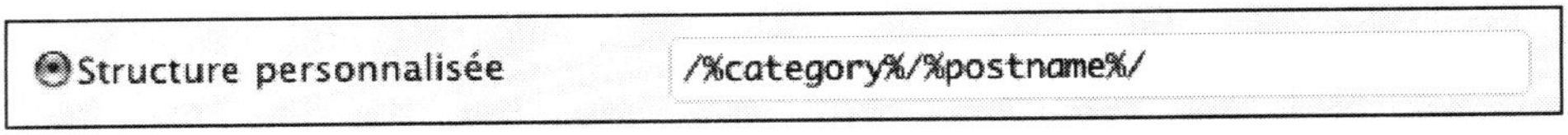

- Cliquez sur le bouton **Enregistrer les modifications**.
- Affichez un contenu du site : le permalien est bien personnalisé.

Voilà l'exemple de l'URL pour un article :

http://localhost:8888/maville/actualites/les-conseils-de-quartier/

2. Les permaliens des articles

- Pour voir le libellé généré pour le permalien, le slug des articles, dans la liste des articles, cliquez sur le lien **Modification rapide**.

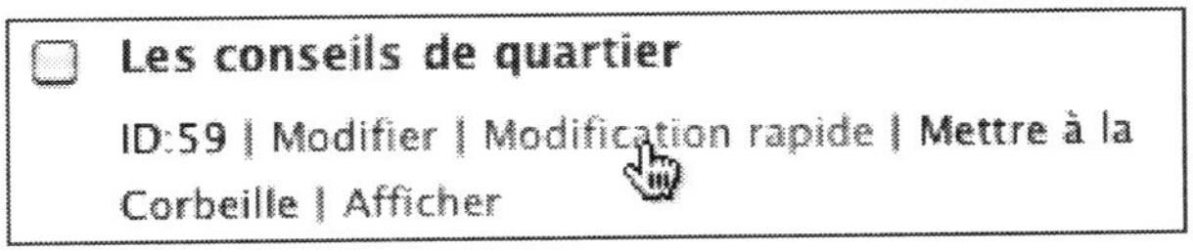

Vous avez le slug dans le champ **Identifiant**.

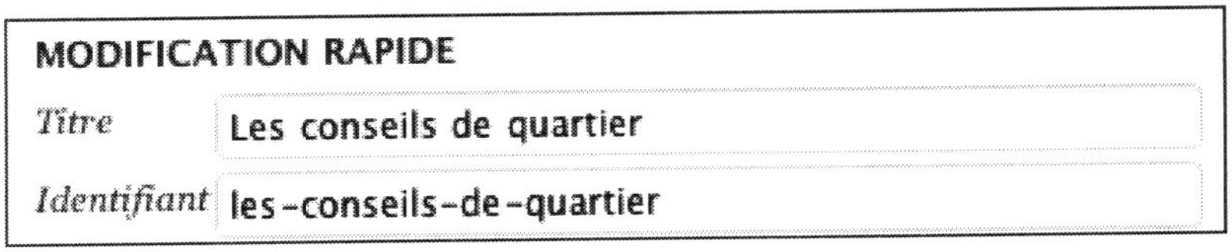

Même principe avec les pages.

3. Personnaliser le permalien

Le réglage que nous venons de faire est utilisable pour tous les articles et toutes les pages du site. Mais nous pouvons parfaitement faire une exception pour un contenu dont le permalien généré ne nous convient pas. Le slug est trop long, les apostrophes ne sont bien gérées, présence d'articles non justifiés...

- Affichez l'article ou la page concerné.

- Sous le titre, vous avez le **Permalien** tel qu'il est généré.

- Cliquez sur le bouton **Modifier**.
- Dans le champ de saisie du permalien, faites les modifications voulues.

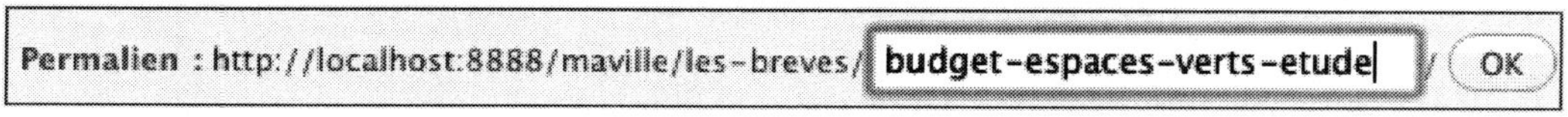

- Cliquez sur le bouton **OK** et sur le bouton **Mettre à jour** dans le module **Publier**.
- Affichez l'article : le permalien est bien personnalisé.

Vous notez la présence du bouton ***Obtenir le lien court****, qui permet d'afficher le permalien par défaut avec l'identifiant.*

4. Le slug des catégories

Quand vous créez vos catégories, l'**Identifiant**, le slug se crée automatiquement à partir des mots du titre.

- Dans le menu **Articles**, choisissez **Catégories**.
- Cliquez sur la catégorie à modifier ou utilisez le lien **Modification rapide**.

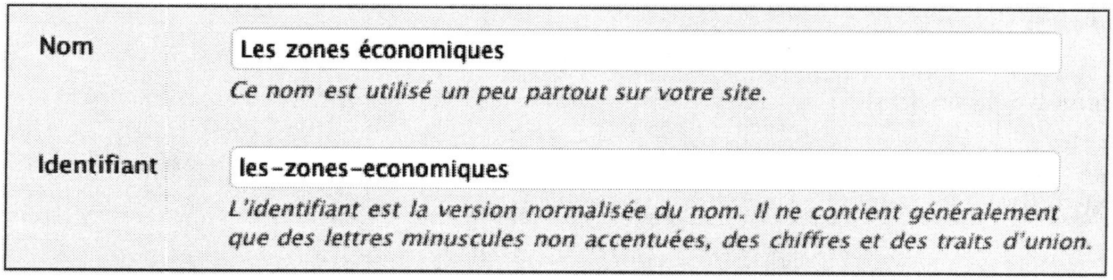

Là aussi, vous pouvez personnaliser le slug dans le champ **Identifiant**, pour les mêmes raisons que celles vues pour les articles.

5. Le slug des mots-clefs

Vous avez exactement le même principe d'utilisation pour les mots-clefs.

➽ Dans le menu **Articles**, choisissez **Mots-clefs**.

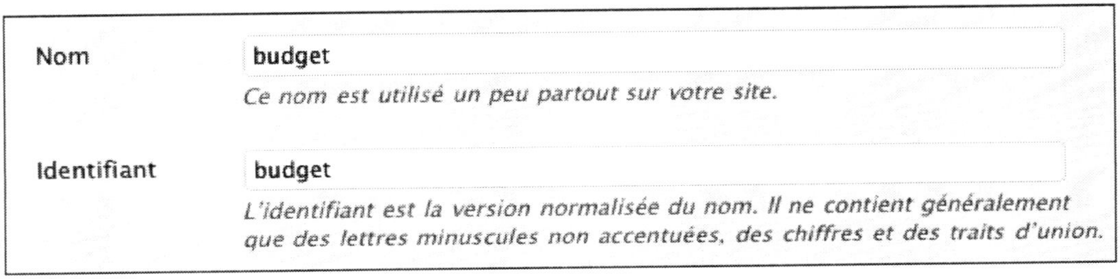

D. Les éléments de l'en-tête

1. Le titre de la page

C'est l'élément <title>, placé dans l'élément <head>, qui affiche le titre de la page. Ce titre est visible dans la barre de titre du navigateur. Cet élément n'a pas une grande importance dans l'indexation des pages par Google, mais il est très important car c'est le premier contact visuel qu'a l'internaute quand il fait une recherche. C'est que ce va lire en premier l'internaute pour voir si la page trouvée répond bien à sa requête.

Il convient donc de ne pas négliger le <title> des articles et des pages.

Par défaut, WordPress utilise le titre de l'article et le titre du blog pour générer le contenu de l'élément <title>. Voilà l'exemple de l'article présent par défaut, dans une installation standard et vierge de toute modification de WordPress.

```
<title>Bonjour tout le monde ! | Mon site à moi</title>
```

Voilà le titre de l'article :

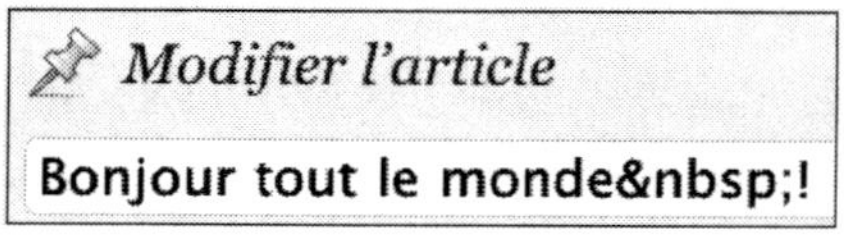

Voilà le titre du site :

2. La description de la page

La description de la page est placée dans l'attribut content de l'élément **meta-description** : `<meta name="description" content="...">`, qui est inséré dans l'élément `<head>`. Le texte de la description n'est pas visible dans le navigateur par l'internaute. La description n'a pas une grande importance pour l'indexation dans Google, mais elle intervient aussi dans la première vue de la page trouvée suite à une requête.

Par défaut, WordPress ne génère pas de description.

Par contre le thème Arras que nous avons choisi utilise le contenu de l'**Extrait** pour générer la description.

Voilà l'Extrait d'un article :

Voilà le code source de la page web de cet article :

```
<meta name="description" content="Nouveau ralentisseur pour
l'école Jean Jaures" />
```

Avec le thème Arras, s'il n'y a pas d'extrait saisi, la description est générée en utilisant les premiers mots du texte.

- Pour gérer ce nombre de mots, dans le menu **Arras**, choisissez **Options du thème**.
- Dans la zone **Options des extraits**, dans le champ **Limite de l'extrait**, indiquez combien de mots doivent être utilisés pour créer la description.

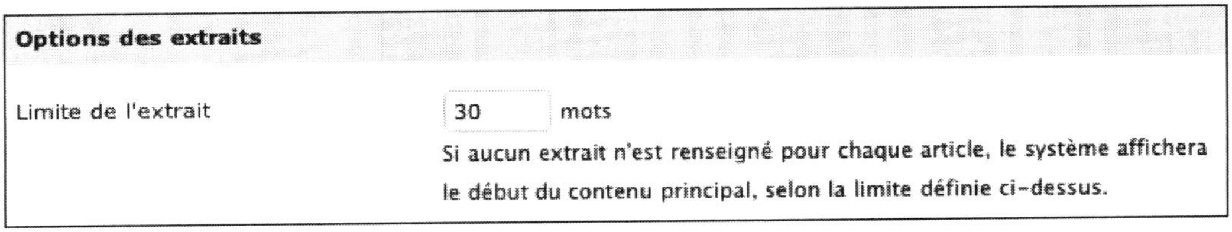

Donc vous voyez que l'extrait des articles va avoir deux fonctions : l'accroche pour les articles en page d'accueil et le contenu de la description.

3. Les mots-clefs

L'utilisation des mots-clefs pour améliorer le référencement est à l'heure actuelle une technique obsolète. C'est l'élément **meta-keywords** :

```
<meta name="keywords" content="Maville, élus, quartier, permanence" />
```

WordPress prend les mots-clefs associés aux articles pour les utiliser dans l'élément <meta>.

E. Une extension pour le SEO

1. All in One SEO Pack

Nous allons utiliser la deuxième extension la plus téléchargée sur le site des plugins de WordPress : **All in One SEO pack**, qui, comme son nom l'indique, est un package tout en un pour optimiser le référencement de votre site.

- Allez à cette URL : http://wordpress.org/extend/plugins/all-in-one-seo-pack/
- Téléchargez le fichier **all-in-one-seo-pack.zip**, installez et activez l'extension.
- Pour obtenir une interface en français, allez à cette URL : http://www.wptrads.fr/all-in-one-seo-pack/
- Décompressez l'archive ZIP téléchargée et placez le fichier **all_in_one_seo_pack-fr_FR.mo** dans le dossier **/wp-content/plugins/all-in-one-seo-pack/**.

2. Démarrer l'extension

- Dans le menu **Réglages**, choisissez **All in One SEO**.
- Dans la zone **Statut du plugin**, cochez l'option **Enabled**.
- Cliquez sur le bouton **Mettre à jour les options**.

3. La page d'accueil

Nous allons personnaliser le `<title>` et les éléments `<meta>`**description** et **keywords** pour la page d'accueil du site.

- Utilisez les champs **Balise <title>**, **Méta "description"**et **Méta "keywords" (items séparés par une virgule)**.

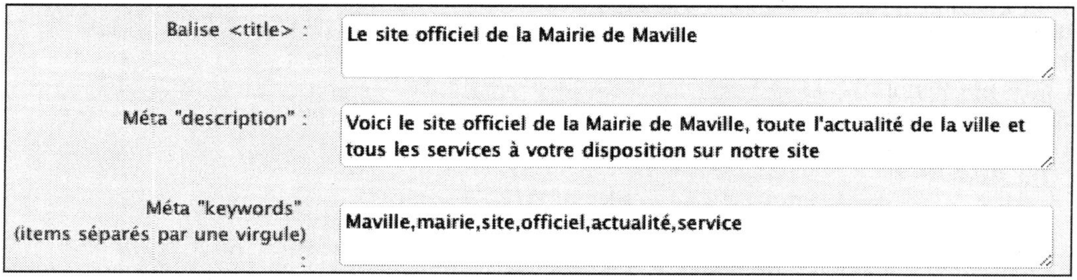

- Laissez cochée l'option **URLs Canoniques**.

Une URL canonique permet d'indiquer à Google quelle est l'URL « conforme » et unique dans les pages du site. Cela évite d'avoir plusieurs déclinaisons de pages qui pointent vers une même URL, car cela est pénalisant pour l'indexation dans Google. Dans le `<head>` de l'article, nous aurons alors un nouvel élément `<link>`, avec un attribut rel="canonical" et le href sera alors la page unique à cibler par les moteurs de recherche :

```
<link rel="canonical"
href="http://localhost:8888/maville/actualites/les-conseils-de-
quartier/" />
```

- Cliquez sur le bouton **Mettre à jour les options**.

4. Les titres des pages

Maintenant, réglons les options pour les articles et les pages, pour l'ensemble du site. Mais cela n'empêchera pas par la suite de faire des exceptions pour tel ou tel article, pour telle ou telle page.

- Pour utiliser les titres personnalisés pour les autres contenus (articles et pages) que la page d'accueil, cochez l'option **Utiliser les <title> générés par AiOSEO**.
- Pour chaque type de contenu WordPress, vous pouvez personnaliser le titre avec des éléments (nommés macro) utilisables avec All in One SEO.

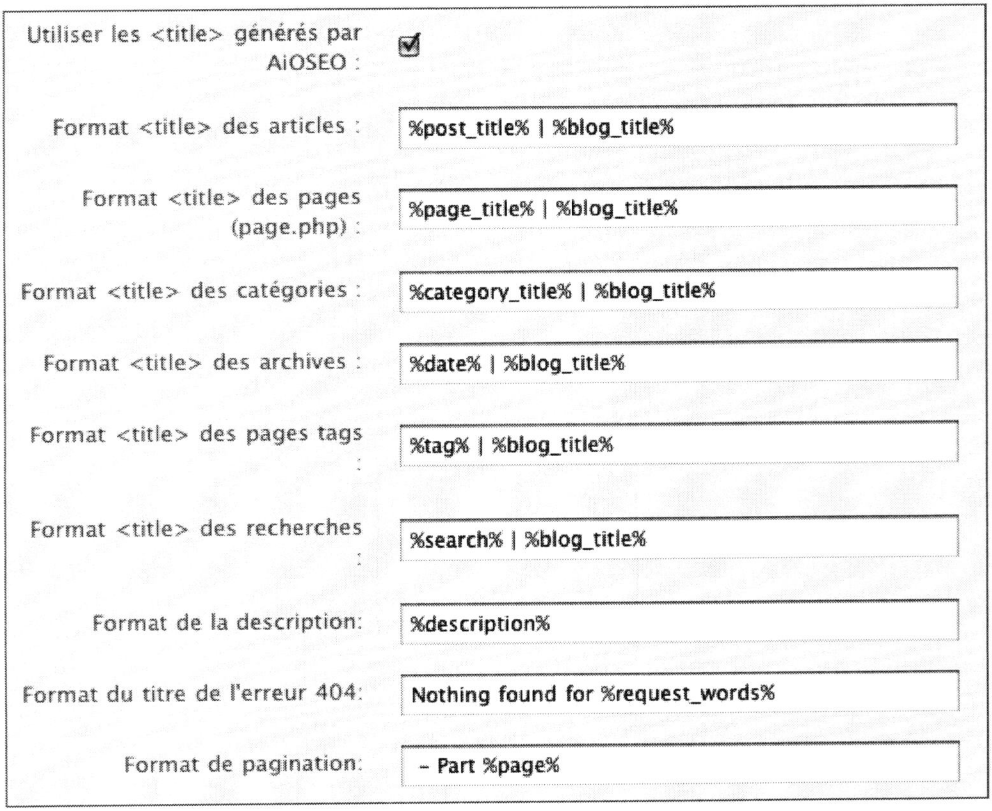

➧ En cliquant sur le libellé de chaque champ, vous avez la liste des éléments utilisables.

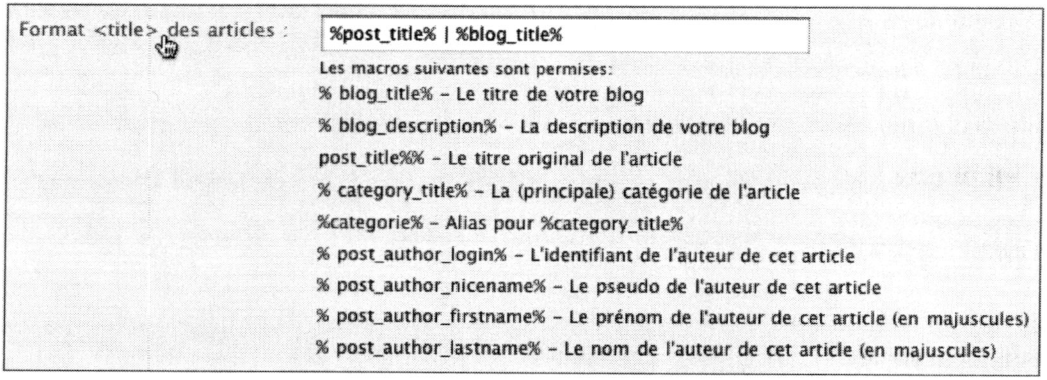

5. Les éléments meta

Viennent ensuite les options concernant l'utilisation des éléments meta.

- L'option **Utiliser les noms de catégories pour les métas "keywords"** permet d'utiliser le ou les noms des catégories de l'article ou de la page, comme mots-clefs (élément meta – keywords).
- L'option **Utilisez des Tags pour les mots-clefs META** permet d'utiliser le ou les mots-clefs saisis de l'article ou de la page comme mots-clefs.
- Cochez l'option **Mots-clés générés dynamiquement pour la page des articles** pour que les mots-clefs soient générés automatiquement.
- Les trois options **noindex** peuvent être utilisées pour que les moteurs de recherche n'indexent pas les pages des **catégories**, des **archives** et des **mots-clés**, pour éviter de dupliquer les pages et d'être pénalisé dans l'indexation.
- L'option **Générer automatiquement les métas "description"** permet de créer automatiquement l'élément meta – description pour les pages n'utilisant pas d'extrait.
- L'option **Mettre en majuscules la première lettre de chaque mot des Titres des Catégories** permet de mettre une majuscule à chaque premier mot des titres des catégories.

6. Exclure des pages

Vous pouvez indiquer quels contenus ne doivent pas être affectés par l'utilisation du plugin **All in One SEO Pack**.

- Indiquez le chemin d'accès à ces contenus dans le champ de saisie **Pages à exclure**.

7. Ajouter des en-têtes

Vous pouvez ajouter des données supplémentaires dans les en-têtes des articles, des pages et dans la page d'accueil.

- Utilisez les champs **En-têtes d'articles supplémentaires**, **En-têtes de page additionnels** et **En-têtes additionnels de pages d'accueil**.

Exemple :

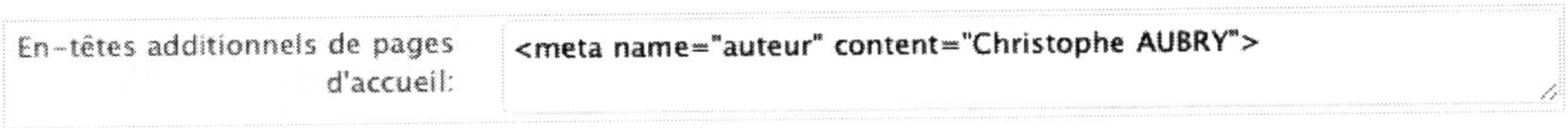

Cet élément meta sera placé tel quel dans l'en-tête `<head>` de la page d'accueil.

8. Gestion des articles

Ces réglages sont faits pour l'ensemble du contenu du site, mais pour chaque article, pour chaque page, nous pouvons gérer le titre, la description et les mots-clefs.

- Ouvrez un article ou une page.

L'option **All in One SEO Pack** est disponible.

- Utilisez les champs **Titre**, **Description** et **Mots-clés** pour personnaliser cet article.

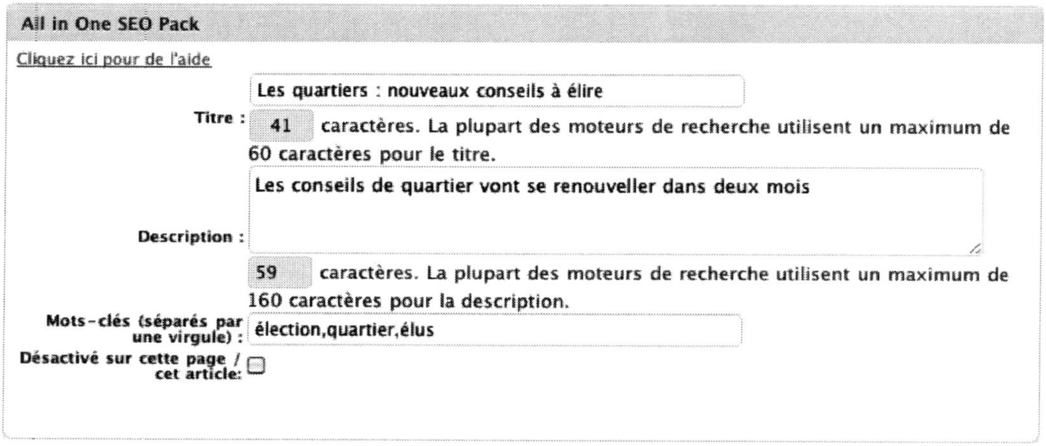

➧ Dans le module **Publier**, cliquez sur le bouton **Mettre à jour**.

➧ Pour vérifier la bonne application, affichez cet article et affichez le code source.

*Vous notez la présence de l'option **Désactivé sur cette page / cet article**, pour ne pas utiliser **All in One SEO Pack** pour cet article ou pour une page.*

Une fois les éléments ajoutés, ils sont listés dans les colonnes **SEO Title**, **SEO Keywords** et **SEO Description**, dans la liste des articles.

Titre	Auteur	Catégories	Mots-clefs		Date	Identifiants	SEO Title	SEO Keywords	SEO Description
Les conseils de quartier ID:59 | Modifier | Modification rapide | Mettre à la Corbeille | Afficher	admin	Actualités	conseil, élu, quartier		05/10/2010 Publié	59	Les quartiers : nouveaux conseils à élire	élection,quartier, élus	Les conseils de quartier vont se renouveller dans deux mois

F. Sauvegarder les données

1. La base de données

Rappelons que toutes les données sont stockées dans la base de données MySQL de votre site. Cette base de données est située sur les serveurs de votre hébergeur. Il est donc très important de sauvegarder la base régulièrement pour faire face à toute perte des données. Pour un maximum de sécurité, vous pourrez conserver la sauvegarde sur votre machine et en faire une copie de sauvegarde sur un autre disque local ou dans le nuage.

2. Utiliser une extension

Nous allons utiliser l'extension **WP-DB-Backup**.

- Allez à cette URL : http://wordpress.org/extend/plugins/wp-db-backup/
- Téléchargez le fichier **wp-db-backup.2.2.2.zip**, installez et activez l'extension.

3. Les sauvegardes manuelles

- Dans le menu **Outils**, choisissez **Backup**.

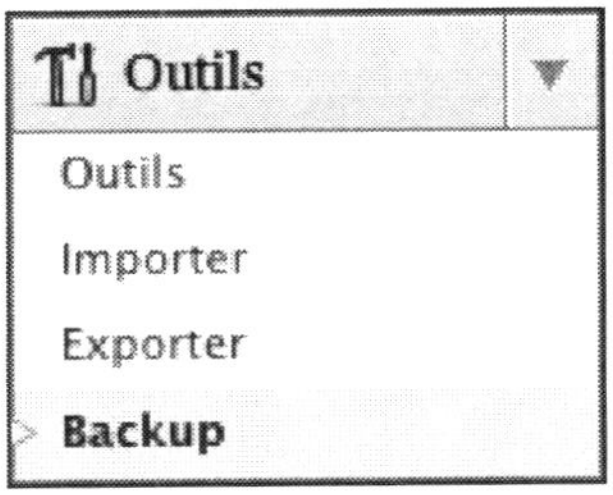

- Dans la zone **Tables**, choisissez les tables supplémentaires que vous souhaitez sauvegarder. Par défaut la sauvegarde se fait sur les tables de WordPress, mais les extensions que vous avez ajoutées créent leurs propres tables pour y stocker leurs propres données. Donc vous devez décider des tables à inclure dans la sauvegarde.

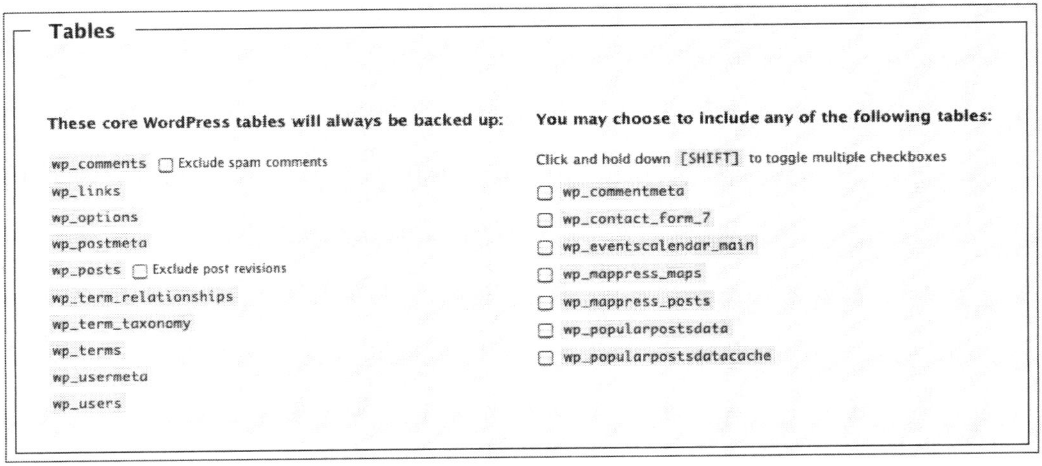

- Dans la zone **Backup Options**, choisissez ce que vous voulez faire du fichier de sauvegarde :
  - **Save to server** permet de placer le fichier sur le serveur qui héberge votre site.
  - **Download to your computer** permet de télécharger le fichier sur votre ordinateur.
  - **Email backup to** permet d'envoyer le fichier à l'adresse mail spécifiée.

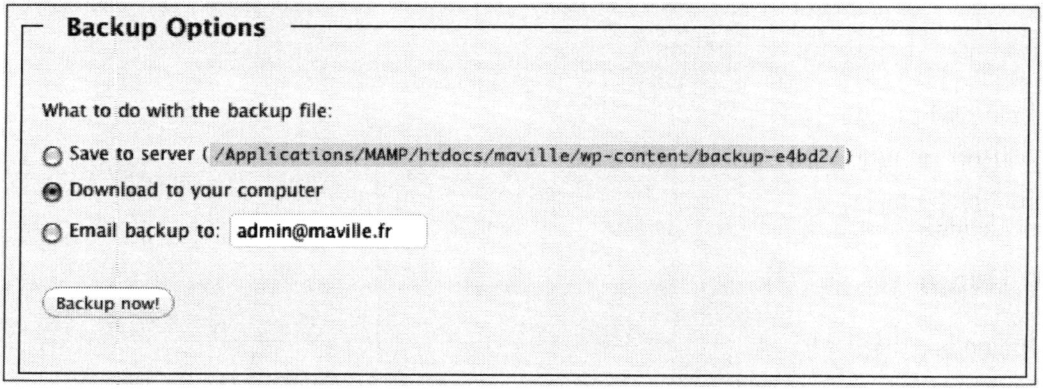

- Cliquez sur le bouton **Backup now** pour lancer la sauvegarde.

La sauvegarde est alors déclenchée.

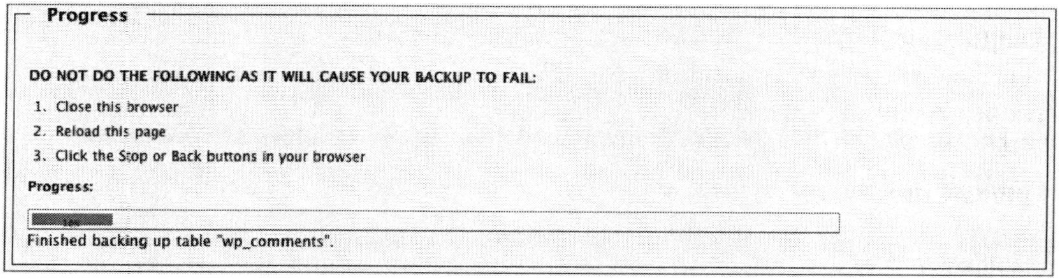

Vous obtenez alors un fichier SQL compressé : **maville_wp_20101028_363.sql.gz**.

4. Les sauvegardes programmées

Vous avez la possibilité de programmer régulièrement vos sauvegardes.

- Dans la zone **Scheduled Backup**, choisissez la fréquence de vos sauvegardes dans la colonne **Schedule** et les tables supplémentaires à sauvegarder dans la colonne **Tables to include in the scheduled backup**.

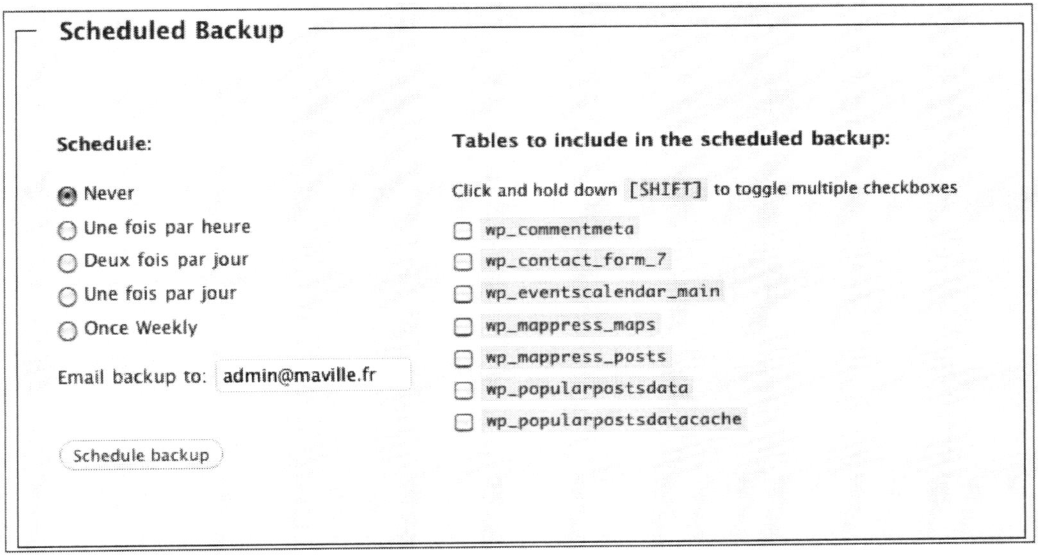

- Cliquez sur le bouton **Schedule backup** pour lancer la sauvegarde programmée.

G. Nettoyer la base de données

1. Installation et désinstallation

Nous avons appris à utiliser de nombreuses extensions dans cet ouvrage. Pour vos tests, vous allez les utiliser, certaines vous satisferont, d'autres moins et vous installerez vos propres « trouvailles ». De ce fait toutes les options de ces extensions vont accroître la taille de la base. Et quand vous allez désinstaller une extension, ses options ne seront pas supprimées de la base de données.

Il en va de même avec les thèmes. Un grand nombre de thèmes ont des options de design. Toutes ces options sont aussi enregistrées dans la base de données de votre site.

2. Utiliser une extension

Nous allons utiliser une extension pour supprimer les extensions non utilisées ! L'extension **Clean Options** va lister les options de la table **wp_options** qui ne sont pas appelées par les fonctions **get_option** et **get_settings**.

- Allez à cette URL : http://wordpress.org/extend/plugins/clean-options/

- Téléchargez le fichier **clean-options.zip**, installez et activez l'extension.

3. Le nettoyage de la base

- Dans le menu **Outils**, choisissez **CleanOptions**.

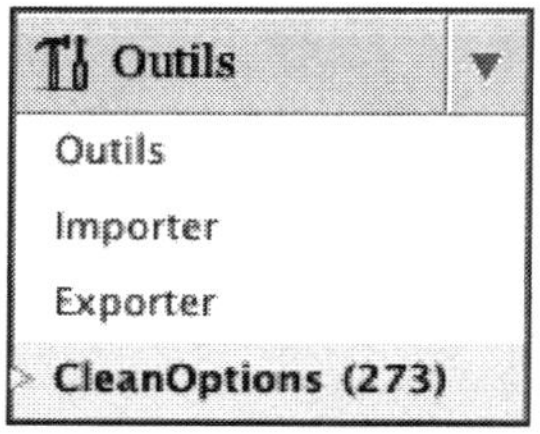

- Cliquez sur le bouton **Find Orphaned Options**.

L'extension liste les options orphelines.

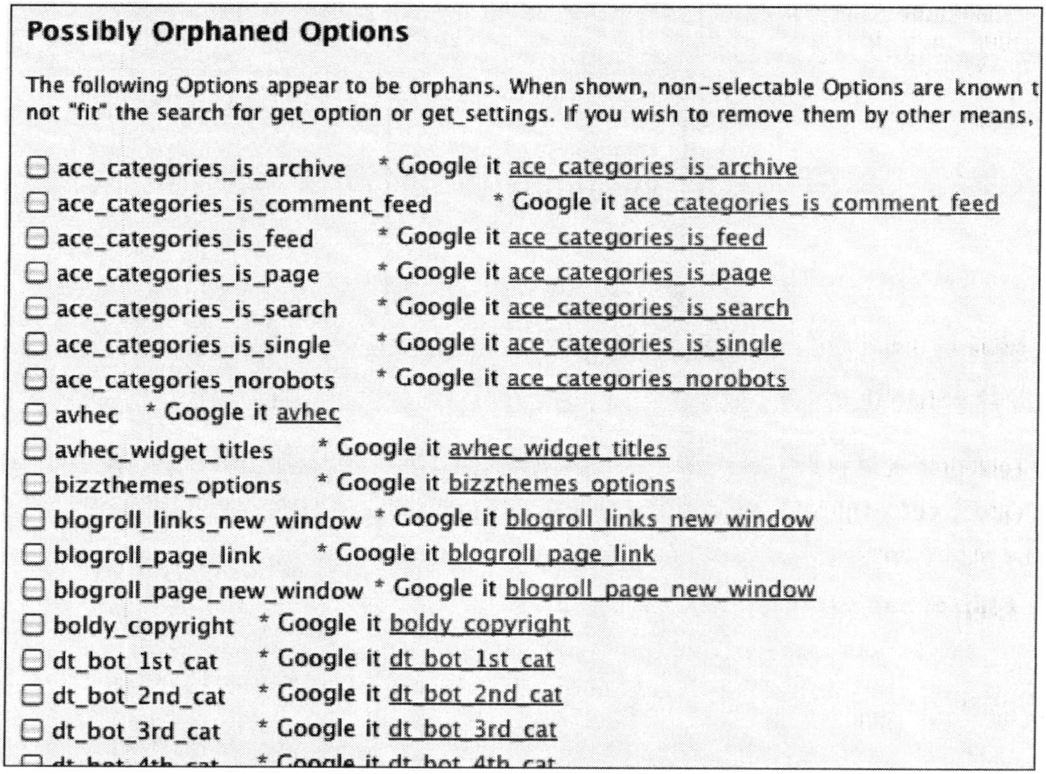

- Sous cette liste, cliquez sur le lien **Select all** pour sélectionner toutes les options orphelines trouvées.
- Cliquez sur le bouton **View Selected Options Information** pour afficher le détail, les valeurs des options orphelines. Voici un extrait :

ppr_versio n	3.1
post_templ ates_plugi n_options	a:3:{s:14:"acti ve_version";s:5 :"3.3.0";s :17:"active_db_ versior
widget_men us_plus	a:3:{i:2;a:0:{}i:3;a :2:{s:5:"title& quot;;s:6:"Menu s+";s:4:"m enu
widget_myp ageorder	a:2:{i:2;a:0:{}s:12: "_multiwidget&q uot;;i:1;}
wp-mainten ance-mode	a:14:{s:4:"time ";i:1;s:4:" ;unit";i:3;s:4: "link";i:0 ;s:5:"theme&q quot;En-tÃv df;te";s:7:&quo t;heading";s:15 :"DeuxiÃ ¨me titr :13:"administra tor";}s:5:" ;radio";i:0;s:4 :"date";s: 0:"";s:6:& qu
itsas_vers ion	2.8.1
wp_plugin_ post_page_ associator	a:2:{s:14:"post s_position";s:6 :"bottom"; s:6:"Submit&quo t;;s:
people-lis ts	a:1:{s:5:"lists ";a:2:{i:0;a:4: {s:4:"list" ;;a:1:{s:3:"uid ";a:3:{i:0;s:1 "template" ;s:171:"<div class =\'user-thumbnail\'& gt;%thumb <div class =\'user-bio\'>%bi o%</div>" ;}i:1;a:4:{s:4:" ;list";a: "les-parents&qu ot;;s:8:"templa te";s:171:" ;<div class =\'user info\'>%e mail%</div> <div class =\'user-bio\'>%bi o%</div
blogroll_p age_link	no

- Sous ce tableau, cochez l'option **Yes, Remove ALL of these options from the wp_options table**, si vous êtes sûr de vouloir supprimer toutes les options orphelines trouvées.
- Cliquez sur le bouton **Submit**.

(•) Yes, Remove ALL of these options from the wp_options table.
( ) No, Don't remove them, return to the first screen.

[Submit]

Les options sont alors supprimées.

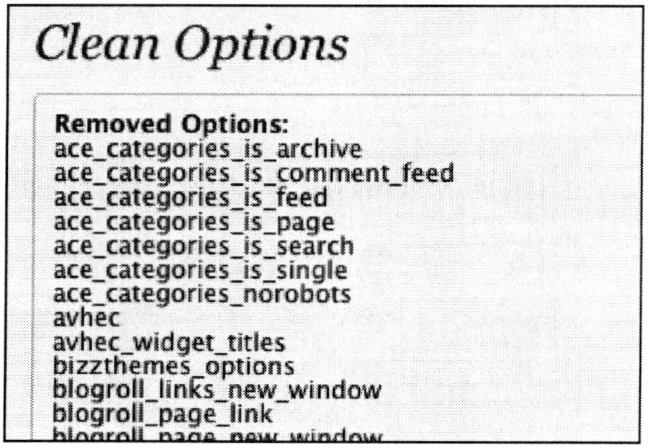

A

B

C

M

N

O

P